"十四五"职业教育辽宁省规划教材

汽车机械基础
（第2版）

主　编　王　影　胡锦达

副主编　王佳珺　杨志丰　马　潇

主　审　王忠良

北京理工大学出版社
BEIJING INSTITUTE OF TECHNOLOGY PRESS

内 容 提 要

本书属于职业院校汽车类各专业的专业基础课教材,与汽车构造、汽车运用技术、汽车维修技术、汽车维护技术等专业课内容密切结合,为学生学习专业课程提供必要的机械基础方面的知识,主要包括材料、力学、制造工艺、机械加工工艺、机构、机械传动等内容。

本书可作为职业教育汽车运用与维修、汽车钣金与涂装、汽车装饰与美容、汽车检测、汽车营销等相关专业教材使用,也可以作为成人高等教育、汽车技术培训等相关课程的教材。

图书在版编目(CIP)数据

汽车机械基础 / 王影,胡锦达主编. —2版. —北京:北京理工大学出版社,2019.10
(2022.8重印)

ISBN 978-7-5682-7749-5

Ⅰ.①汽… Ⅱ.①王… ②胡… Ⅲ.①汽车–机械学–职业教育–教材 Ⅳ.①U463

中国版本图书馆CIP数据核字(2019)第239857号

出版发行 / 北京理工大学出版社有限责任公司
社　　址 / 北京市海淀区中关村南大街5号
邮　　编 / 100081
电　　话 / (010)68914775(总编室)
　　　　　 (010)82562903(教材售后服务热线)
　　　　　 (010)68944723(其他图书服务热线)
网　　址 / http://www.bitpress.com.cn
经　　销 / 全国各地新华书店
印　　刷 / 定州市新华印刷有限公司
开　　本 / 787毫米×1092毫米　1/16
印　　张 / 15.5   责任编辑 / 张荣君
字　　数 / 367千字   文案编辑 / 张荣君
版　　次 / 2019年10月第2版　2022年8月第4次印刷   责任校对 / 周瑞红
定　　价 / 41.50元   责任印制 / 边心超

前　言

本书自2014年9月出版以来，深受广大师生的欢迎，为北京理工大学出版社的畅销教材。我国汽车行业飞速发展，2019年6月我国汽车保有量已达2.5亿辆。社会对汽车领域人才质量的要求也不断提高。为了适应社会对汽车类各专业人才的需求，加强学生基本技能训练和应用型技能培养，以达到职业能力培养目标，结合职业院校的教学实际，对《汽车机械基础》教材进行了修订。

本书是汽车各专业的专业基础课程教材，对后续课程的学习有重要作用。主要内容包括：汽车材料、静力学、汽车制造工艺与选择、机械加工工艺与装配、平面机构的运动简图及自由度、平面连杆机构、凸轮机构和其他常用机构、汽车常用连接、带传动和链传动、齿轮传动、蜗杆传动、汽车齿轮系、轴和轴承十四个项目。

在修订过程中，我们本着文字简明、内容简练、知识面宽、方便教学的编写特点。在内容选取上，遵循够用为度的原则，去除繁琐的理论推导，保证后续专业课程所需的最基本、最主要的机械基础的内容。本次修订主要做了以下工作：

（1）结合汽车专业技术技能素质培养，加强实践性教学，以强化学生对汽车结构的认识及机械基础知识的应用。

（2）增加目前汽车上应用的新技术、新材料，将机械基础知识与汽车技术的实际应用紧密联系起来。

（3）更换、补充各章节中与行业联系不够紧密的实例和插图，更新了相关的标准，更正了原书中的错漏之处。

（4）增加本书的配套资源。

本书推荐教学学时为60～80学时，各院校在教学中可根据具体情况进行内容的取舍。

本书由王影、胡锦达主编，王佳珺、杨志丰、马潇副主编。其中项目一、二、三、四由王影编写，项目五、六、七由胡锦达编写，项目九、十由王佳珺编写，项目十一、十二由杨志丰编写，项目八、十三、十四由马潇编写。

本书修订的过程中参阅了大量的书籍和文献，有些内容引自其中，在此对原作者一并表示诚挚的谢意！

限于编者水平有限，书中难免有疏漏和错误之处，恳请广大读者提出宝贵的意见，以便进一步修改和完善。

编　者

C 目 录 ontents

项目一　汽车材料

1. 金属的力学性能指标。
2. 钢的热处理方法及作用。
3. 金属材料类型、牌号、力学性能及用途。
4. 非金属材料的分类、特性及用途。
5. 汽车运行材料的性能。

1.1　金属材料的力学性能

学习目标

1. 描述材料力学性能的基本概念。
2. 叙述材料强度、塑性、硬度的概念。
3. 叙述疲劳极限和冲击韧度的意义。

任务分析

材料的使用性能与其成分、组织及加工工艺密切相关，尤其是金属材料，可通过不同的热处理方法来改变金属的内部组织结构和表面成分，以获得不同的性能，从而满足不同的使用要求。

机械设计和制造的重要任务之一，就是合理选用材料和正确制定材料的加工工艺。不同的零件由于所承受载荷的性质不同，对其使用性能的要求也就不同。选择材料时要重点考虑材料的力学性能。力学性能主要包括：强度、塑性、硬度、冲击韧性和疲劳强度。学生要重点掌握强度、塑性、硬度、冲击韧性和疲劳强度的基本概念及各种指标的评价。

相关知识

在汽车制造领域，广泛应用的汽车工程材料主要是金属材料，因为金属材料有较好的使用性能和工艺性能。使用性能，是指材料在使用过程中所表现出的特性，主要是指力学性能、物理性能和化学性能。工艺性能，是指材料在加工制造过程中所表现出的特性，如铸造性能、锻造性能等。在选择和研制材料时，主要依据使用性能；工艺性能则对提高材料及其产品的劳动生产率、改善质量、降低成本有重要作用。

材料在外加载荷作用下所表现出的特性，称为力学性能，评定材料的各项力学性能指标可采用国家标准所规定的实验条体来测定。根据实验条件的不同，有静态力学性能（如强度、塑性、硬度）、动态力学性能（如冲击韧性、疲劳强度）及高温力学性能等。

1.1.1 强度和塑性

金属材料在外力作用下，抵抗塑性变形和断裂的能力称为强度。强度的大小通常用应力来表示，符号为 σ，单位为兆帕（MPa）。金属材料受到外力作用时，为了保持其形状不变，在材料内部产生与外力相对抗的力，这个力称为内力。应力就是单位面积上所承受的内力。

塑性是指金属材料在外力作用下，产生永久变形而不断裂的能力。衡量指标分别为断后伸长率和断面收缩率，两个指标可以通过拉伸试验测得。

试样被拉断后，标距的伸长量与原始标距的百分比称为断后伸长率，用 δ 表示。

$$\delta = \frac{L_1 - L_0}{L_0} \times 100\% \tag{1-1}$$

式中　L_1——试样拉断后标距的长度；

　　　L_0——试样的原始标距。

试样被拉断后，端口处横截面积的缩减量与试样原始横截面积的百分比称为断面收缩率，用 ψ 表示。

$$\psi = \frac{S_0 - S_1}{S_0} \times 100\% \tag{1-2}$$

式中　S_1——试样断后断裂处的最小横截面积；

　　　S_0——试样原始横截面积。

良好的塑性是金属材料进行塑性加工的先决条件，金属材料的断后伸长率和断面收缩率数值越大，表示材料的性能越好，塑性变形能力越强。例如，低碳钢的塑性较好，故可以通过锻压加工成形；灰铸铁的塑性差，因而不便进行压力加工，只能铸造成形。

1.1.2 硬度

硬度是指金属材料抵抗局部弹性变形、塑性变形、压痕或破裂的能力，是衡量材料软硬的度量，能够反映出金属材料内部的化学成分、金相组织和热处理状态上的差异，是各种零件及工具、量具、模具等必备的性能指标。

由于测定硬度的试验设备比较简单，操作方便、迅速，又属无损检验，故在生产上和科研中应用十分广泛。硬度测试方法很多，最常用的硬度测试方法有布氏硬度和洛氏硬度。

1. 布氏硬度

测试原理：使用一定直径 D 的硬球，以规定的试验力 F 压入试样表面，经规定的保持时间后，去除试验力，测量试样表面的压痕直径为 d，然后计算硬度值，如图 1-1 所示。压痕单位面积上的载荷，作为布氏硬度值。

布氏硬度值可用下式计算：

$$\text{HBS（HBW）} = \frac{F}{S} = 0.102\frac{2F}{\pi D\left(D - \sqrt{D^2 - d^2}\right)} \tag{1-3}$$

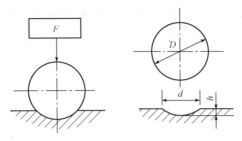

图 1-1 布氏硬度试验原理

选择淬火钢球压头时，用符号 HBS 表示，适合于布氏硬度值在 450 以下的材料，如灰铸铁、有色金属等；选择硬质合金球压头时，用符号 HBW 表示，适合于布氏硬度值为 450～650 的材料。硬度数值写在符号 HBS 或 HBW 之前，例如 270HBS、550HBW。

布氏硬度试验测定的数据准确、稳定，数据重复性强，主要用于铸铁、有色金属以及经退火、正火和调质处理的钢材的硬度测定。其缺点是压痕较大，易损坏成品的表面，不能测定太薄的试样硬度。

2. 洛氏硬度

测试原理：以锥顶角为 120° 的金刚石圆锥或直径为 1.588 mm 的淬火钢球作压头，先加初试验力 F_0，压头在 F_0 作用下压入试样 h_1 位置；再加主试验力 F_1，将压头压入试样表面，压头在 F_0+F_1 作用下压入 h_2 位置；经规定的保持时间后，卸除主试验力 F_1，在初试验力 F_0 下测定残余压入深度，压头的位置 h_3。用深度 $e=h_3-h_1$ 的大小来表示材料的洛氏硬度值，如图 1-2 所示。材料越硬，e 越小，所测得的洛氏硬度值越大。

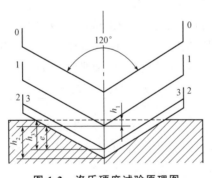

图 1-2 洛氏硬度试验原理图

洛氏硬度试验原理示意图

$$洛氏硬度值 = C - \frac{e}{0.002} \tag{1-4}$$

式中　h——压痕深度；

　　C——常数，当压头为淬火钢球时，$C=130$，压头为金刚石圆锥时，$C=100$。

为使同一硬度计能测试不同硬度的材料，可采用不同的压头和试验力，常用的洛氏硬度标尺有 HRA、HRB、HRC 三种，例如 58HRC、92HRA。洛氏硬度的试验条件和应用范围见表 1-1。

表 1-1　常用洛氏硬度的试验条件和应用范围

硬度符号	压头类型	初试验力 F/N	主试验力 F/N	硬度值有效范围	应用举例
HRA	120°金刚石圆锥	98.1	490.3	70~85	硬质合金，表面淬火、渗碳钢等
HRB	ϕ1.588 mm 淬火钢球	98.1	882.6	20~100	有色金属，退火、正火钢
HRC	120°金刚石圆锥	98.1	1373	20~70	淬火钢，调质钢等

　　洛氏硬度试验操作迅速、简便，可从表盘上直接读出硬度值，不必查表或计算，而且压痕小，可测量较薄工件的硬度。但因压痕小，对内部组织和硬度不均匀的材料，所测结果不够精确，硬度值重复性差。因此通常需要在材料的不同部位测试数次，取其平均值来代表材料的硬度。

1.1.3　冲击韧度

　　许多机械零件在工作时要受到冲击载荷的作用，如活塞销、锤杆、冲模及锻模等。用于制造这类零件的金属材料，不能仅用静载荷作用下的韧性（即金属材料在断裂前吸收变形能量的能力）指标来衡量其性能的好坏，还应考虑金属材料抵抗冲击载荷的能力，即冲击韧性，其指标以冲击韧度表示。金属材料冲击韧度值用一次摆锤冲击试验法测定。

　　测试原理：把按规定制作的标准冲击试样放在冲击试验机支座上 [图 1-3（a）]，缺口（脆性材料不开缺口）背向摆锤方向，将质量为 m 的摆锤扬起到规定高度 H_1，然后自由落下，将试样冲断，后继续向另一方向上升到高度 H_2 [图 1-3（b）]。根据能量守恒原理可知：摆锤冲断试样所消耗的势能即是摆锤冲击试样所做的功，称为冲击吸收功，用符号 A_K 表示，可从冲击试验机上直接读出。用 A_K 除以试样缺口处的横截面积 S，即可得为该材料的冲击韧度值，用符号 α_k 表示，单位为焦耳/厘米^2（J/cm^2）。即：

$$\alpha_k = \frac{A_K}{S} = \frac{mg（H_1 - H_2）}{S} \tag{1-5}$$

　　α_k 是衡量冲击韧度的指标，α_k 值越大，表示材料的冲击韧度越好，在受到冲击时越不容易断裂。一般将 α_k 值低的材料称为脆性材料，α_k 值高的材料称为韧性材料。一般来说，强度、塑性两者均好的材料，α_k 值也高。

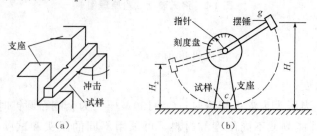

图 1-3　摆锤式一次冲击试验原理图
(a) 试样安放位置；(b) 冲击示意图

1.1.4 疲劳强度

许多机械零件都是在循环载荷的作用下工作的，如曲轴、齿轮、弹簧、各种滚动轴承等。承受循环载荷作用的零件，在工作过程中，常常在工作应力远低于制作材料屈服极限的情况下，仍然会发生断裂，这种现象称为疲劳。

疲劳断裂是指在变动载荷的作用下，零件经过较长时间工作或多次应力循环后所发生的突然断裂现象。在循环载荷作用下，金属所承受的循环应力 σ 和断裂时相应的应力循环周次 N 之间的关系，可以用曲线来描述，这种曲线称为 $\sigma - N$ 疲劳曲线，如图 1-4 所示。

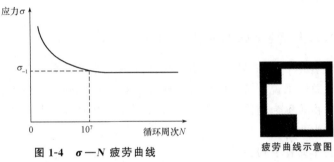

图 1-4 $\sigma - N$ 疲劳曲线   疲劳曲线示意图

金属在循环应力作用下能经受无限次循环而不断裂的最大应力值，称为金属的疲劳强度，对称循环应力的疲劳强度用符号 σ_{-1} 表示。显然 σ_{-1} 的数值越大，金属材料抵抗疲劳破坏的能力越强。

实际上，金属材料不可能作无数次循环应力试验，一般都是求疲劳极限，即对应于规定的循环基数，试样不发生断裂的最大应力值。对于钢铁材料的循环周次取 10^7，有色金属取 10^8。

金属的疲劳极限受很多因素的影响，如材料本质、材料的表面质量、工作条件、零件的形状、尺寸及表面残余压应力等。合理地选择材料、改善零件的结构形状、降低零件表面粗糙度、采取各种表面强化方法、尽可能减少各种热处理缺陷等都可以提高零件的疲劳极限。

1.2 金属与合金的结构及铁碳合金相图

🌐 学习目标

1. 描述金属的晶体结构及其结晶过程、实际金属的晶体结构和性能特点。
2. 了解铁的同素异构转变规律。
3. 了解铁碳合金的基本组织及其性能特点。
4. 掌握铁碳合金的分类。
5. 了解碳对钢性能的影响。

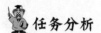

任务分析

不同的金属材料具有不同的力学性能。同一种金属材料，由于所处的状态不同，其力学性能也是不同的。金属性能的这些差异是由其内部组织结构决定的。因此，研究金属的晶体结构及其变化规律，是了解金属性能，正确选用金属材料，合理确定加工方法的基础。本部分要求学生重点掌握铁碳合金的结构及特性。

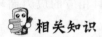

1.2.1 纯金属的晶体结构及其结晶

自然界中的一切固态物质，根据其内部原子或分子的聚集状态，可分为晶体和非晶体两类。总的来说，凡是内部原子或分子在三维空间内，按照一定几何规律做周期性的重复排列的物质称为晶体，如雪花、食盐和固态金属等。凡是内部原子或分子呈无规则堆积的物质称为非晶体，如普通玻璃、松香和沥青等。

晶体具有下列特点：

1）具有规则的外形。晶体在一般情况下应具有规则的外形，如天然金刚石、水晶和食盐等。但有时外形也不一定是规则的，这与晶体的形成条件有关。所以不能仅从外形来判断是否是晶体，而应该从其内部原子或分子的排列情况来确定。

2）有固定的熔点。任何一种晶体物质，当加热到一定温度，就要熔化。各种晶体物质，都有各自的熔点，如铁的熔点为 1 538 ℃，而非晶体是各向同性的。

3）具有各向异性。在同一种晶体物质中的不同方向上，具有不同的性能，称之为各向异性。而非晶体是各向同性的。

一般情况下的固态金属都是晶体。晶体和非晶体虽然有上述区别，但在一定条件下是可以相互转化的。如非晶体玻璃在高温下长时间加热可以变为晶态玻璃，即钢化玻璃。而有些金属如从液态快速冷却，可以制成非晶态金属，和晶态金属相比，非晶态金属有很高的强度和韧性等。

值得注意的是，某些晶体即使是由相同元素组成的，如其排列方式不同，即晶体结构不同，它们的性能往往也有较大差异。如金刚石和石墨，虽然都是由碳原子组成的，可是由于两者的原子排列方式不同，它们的性能便相差很大。金刚石很硬，而石墨却很软。

1. 晶体结构的基本概念

在金属晶体中，原子是按一定的几何规律周期性规则排列的。为了便于研究，人们把金属晶体中的原子近似地设想为刚性小球，这样就可将金属看成是由刚性小球按一定的几何规则紧密堆积而成的晶体，如图 1-5 （a） 所示。

为了研究晶体中原子的排列规律，假定理想晶体中的原子都是固定不动的刚性球体，并用假想的线条将晶体中各原子中心连接起来，形成了一个空间格架，这种抽象的、用于描述原子在晶体中规则排列方式的空间格架称为晶格，如图 1-5 （b） 所示。

晶体中原子的排列具有周期性的特点，因此，通常只从晶格中选取一个能够完全反映晶格特征的、最小的几何单元来分析晶体中原子的排列规律，这个最小的几何单元称为晶胞。

晶胞的大小和形状常以晶胞的棱边长度 a、b、c 及棱边夹角 α、β、γ 来表示，如图 1-5（c）所示。晶胞的棱边长度称为晶格常数，当棱边长度和棱边夹角都相等时，这种晶胞称为简单立方晶胞，由简单立方晶胞组成的晶格称为简单立方晶格。

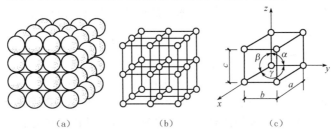

图 1-5　晶格与晶胞示意图

2. 常见的金属晶格

（1）体心立方晶格

体心立方晶格的晶胞是一个立方体。其晶格常数：$a=b=c$，在立方体的中心和 8 个顶角上各排列着一个原子，如图 1-6（a）所示。每个晶胞中实际含有的原子数为 $1+8\times1/8=2$（个）。具有体心立方晶格的金属有铁（α-Fe）、铬（Cr）、钨（W）、钼（Mo）、钒（V）等。这类金属的塑性较好。

（2）面心立方晶格

面心立方晶格的晶胞也是一个立方体。其晶格常数：$a=b=c$，在立方体的 6 个面的中心和 8 个顶角各排列着一个原子，如图 1-6（b）所示。每个晶胞中实际含有的原子数为 $(1/8)\times8+6\times1/2=4$（个）。具有面心立方晶格的金属有铁（$\gamma$-Fe）、铝（Al）、铜（Cu）、镍（Ni）、金（Au）、银（Ag）等。这类金属的塑性优于体心立方晶格的金属。

（3）密排六方晶格

密排六方晶格的晶胞是一个六方柱体，它是由 6 个呈长方形的侧面和两个呈正六边形的底面所组成。该晶胞要用两个晶格常数表示，一个是六边形的边长，另一个是柱体高度。在密排六方晶胞的 12 个角上和上、下底面中心各有一个原子，另外在晶胞中间还有 3 个原子，如图 1-6（c）所示。每个晶胞中实际含有的原子数为 $(1/6)\times12+2\times(1/2)+3=6$（个）。具有密排六方晶格的金属有镁（Mg）、锌（Zn）、铍（B）等、钛（α-Ti），这类金属较脆。

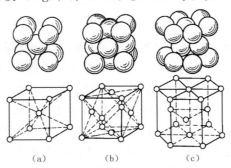

(a)　　　　(b)　　　　(c)

图 1-6　常见晶格晶胞示意图

金属晶体的一个显著特点是其原子趋于最紧密的排列，因而金属晶格中原子排列的紧密程度是反映经书晶体结构特征的一个重要因素。晶体中原子排列的紧密程度也常用晶格的致密度表示，晶格的致密度是指晶胞中所含原子的体积与该晶胞的体积之比。

在不同晶格类型的晶体中，由于原子排列的紧密程度不同，因而具有不同的比容，当金属的晶格类型发生转变时，会引起金属体积的变化。若体积的变化受到约束，则会在金属内部产生内应力，从而引起工件的变形或开裂。

3. 金属的实际晶体结构

晶体具有各向异性，但工业上实际应用的金属材料，一般不具备各向异性。例如，对体心立方晶格的 α-Fe（纯铁）进行测定，其任何方向上的弹性模量均为 211GPa。原来工业上实际应用的金属材料通常是多晶体材料，而只有单晶体材料才具有各向异性。

所谓单晶体是指晶格位向（或方位）一致的晶体，而所谓的位向（方位）一致，是指晶体中原子（或离子，或分子）按一定几何形状做周期性排列的规律没有破坏，因此，晶体中实际的晶面与晶向的位置和方向保持与晶体所假想的周期性延伸时的晶面与晶向一致，如图 1-7（a）所示。实际使用的金属材料即使体积很小，其内部仍包含了许许多多颗粒状的小晶体，每个小晶体的内部晶格位向是一致的，而各个小晶体彼此之间晶格位向不同，如图 1-7（b）所示。小晶体的外形呈不规则的颗粒状，通常称为晶粒。两晶粒间的交界处称为晶界。这种实际上由许多晶粒组成的晶体称为多晶体。一般金属材料都是多晶体结构。

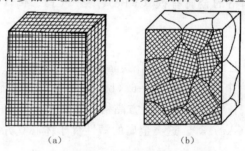

(a)   (b)

图 1-7　单晶体和多晶体结构示意图

在实际晶体中，原子排列并不像理想晶体那样规则和完整。由于许多因素（如结晶条件、原子热运动及加工条件等）的影响，使某些区域的原子排列受到干扰和破坏，这种区域称为晶体缺陷。金属晶体中的晶体缺陷、杂质、晶界等，对晶体的性能往往有重大影响，如晶界的抗腐蚀性差、熔点低等。

4. 纯金属的结晶

金属自液态经冷却转变为固态的过程是原子从排列不规则的液态转变为排列规则的固态晶体的过程，此过程称为金属的结晶。纯金属都有一个固定的结晶温度（或称凝固点），所以纯金属的结晶过程总是在一个恒定的温度下进行的。它是不断形成晶核和晶核不断长大的过程，如图 1-8 所示。当液态金属冷却到结晶温度时，某些部位的原子按金属固有的晶格，有规律地排列成小晶体，这细小的晶体称为晶核。晶核周围的原子按固有规律向晶核聚集，使晶核长大。在晶核不断长大的同时，又有新的晶核产生、长大，直至结晶完毕。因此，一般金属是由许多外形不规则、位向不同的小晶粒所组成的多晶体。

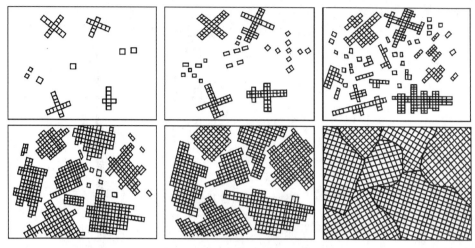

图 1-8　纯金属结晶过程示意图

金属结晶后的晶粒大小可用单位体积内的晶粒数目来表示。实验证明，在常温下细晶粒金属的力学性能比粗晶粒金属高，表 1-2 说明了晶粒大小对纯铁力学性能的影响。

表 1-2　晶粒大小对纯铁力学性能的影响

晶粒平均直径/μm	抗拉强度/MPa	伸长率/%	晶粒平均直径/μm	抗拉强度/MPa	伸长率/%
97	168	28.8	2	268	48.8
70	184	30.6	1.6	270	50.7
25	215	39.5	1	284	50

由结晶过程可知，晶粒大小决定于晶核数目的多少和晶核长大的速率。凡是能促进形核，抑制长大的因素，都能细化晶粒。

5. 金属的同素异构转变

大多数金属结晶后，其晶格不再发生变化，但也有少数金属（如铁、铬、锡、钛、钴等）在固态时会发生晶格类型的转变，这种在固态下随温度的变化由一种晶格转变为另一种晶格的现象称为同素异构转变。

铁是典型的具有同素异构转变特性的金属。如图 1-9 所示，液态纯铁在 1 538℃结晶后，具有体心立方晶格，称为 δ-Fe；继续冷却到 1 394℃，晶格类型转变为面心立方晶格，称为 γ-Fe；再继续冷却到 912℃，晶格类型转变为体心立方晶格，称为 α-Fe；此后继续冷却晶格类型不再发生变化。上述转变可逆向进行，即：

$$\delta\text{-Fe} \xrightarrow{\quad 1\,394℃\quad} \gamma\text{-Fe} \xrightarrow{\quad 912℃\quad} \alpha\text{-Fe}$$
（体心立方晶格）（面心立方晶格）（体心立方晶格）

需要强调的是，同素异构转变不仅存在于纯铁中，而且存在于以铁为基础的钢铁材料中，这是钢铁材料性能多种多样，用途广泛，并能通过各种热处理进一步改善其组织与性能的重要因素。

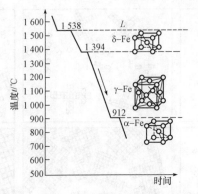

图 1-9　纯铁的冷却曲线及晶体结构变化

1.2.2　合金的晶体结构

由于纯金属材料的力学性能较差，而且价格较高，所以使用的金属材料中绝大多数材料是合金。

合金是由两种或两种以上的金属元素（或金属与非金属元素）组成的具有金属特性的物质。

组元是组成合金最基本的、独立的物质，可以是金属元素、非金属元素或稳定的化合物。根据组元数目的多少，合金分为二元合金、三元合金和多元合金。例如，普通黄铜是由铜和锌两个组元组成的二元合金；硬铝是铝、铜、镁或铝、铜、锰组成的三元合金。

根据合金中各组元之间结合方式的不同，合金的基本结构可分为：固溶体、金属化合物和机械混合物。

1. 固溶体

在固态下，合金组元间相互溶解，形成在某一组元的晶格中包含其他组元的新相，称为固溶体。保留原有晶格类型的组元称为溶剂，其他组元称为溶质。固溶体可分为置换固溶体和间隙固溶体两类，如图 1-10 所示。置换固溶体，是指溶剂晶格上的原子被溶质原子所取代而形成的固溶体。间隙固溶体，是指溶质原子溶入溶剂晶格的间隙中所形成的固溶体。

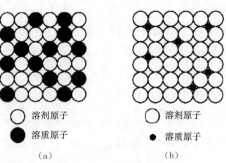

　　○ 溶剂原子　　　　　　○ 溶剂原子
　　● 溶质原子　　　　　　● 溶质原子
　　　（a）　　　　　　　　　（b）

图 1-10　固溶体的两种基本类型
（a）置换固溶体；（b）间隙固溶体

由于溶质原子的溶入，使溶剂晶格产生畸变，增加了晶格变形抗力，导致材料强度、硬度提高的现象，称为固溶强化，它是改善材料力学性能的重要途径之一。

2. 金属化合物

金属化合物是合金各组元间按一定比例化合而形成的具有金属特性的一种新相。其晶格类型和性能完全不同于合金中的任一组元，一般可用分子式表示。金属化合物一般具有复杂的晶格，熔点高，硬而脆，但塑性和韧性低。它能提高合金的强度、硬度和耐磨性，但会降低塑性和韧性。金属化合物是各种合金钢、硬质合金及非铁金属的重要组成相。

3. 机械混合物

组成合金的各组元，在固态下既不溶解，也不形成化合物，而以混合形式组合在一起，其各相仍保持原来的晶格结构和性能，称为机械混合物。所以，机械混合物的性能取决于各相的性能、相对数量、形状、大小及分布情况。

在常用的合金中，合金结构可以是单相固溶体，也可以是金属化合物，大多是固溶体和金属化合物的机械混合物。

1.2.3 铁碳合金相图

钢铁材料是工业生产和日常生活中应用最为广泛的材料，其基本组元是铁和碳，故称铁碳合金。由于含碳量大于5%的铁碳合金脆性很大，没有实用价值，因此，在铁碳合金中实际是研究 $Fe-Fe_3C$ 部分，包括钢和铸铁。

1. 铁碳合金的基本结构

(1) 铁素体 (F)

碳溶于 α-Fe 中形成的间隙固溶体称为铁素体。由于 α-Fe 的间隙很小，因而溶碳能力极差，在727℃时溶碳量最大，为0.0218%，室温时几乎为零。因此，铁素体的结构、性能与纯铁相近，强度、硬度低，塑性、韧性好（$\sigma_b=180\sim280$ MPa；$50\sim80$ HBS；$\delta=30\%\sim50\%$；$\alpha_k=160\sim200$ J/cm^2）。

(2) 奥氏体 (A)

碳在 γ-Fe 中形成的间隙固溶体称为奥氏体。由于 γ-Fe 的间隙相对很大，故溶碳能力较大，在1 148℃时溶解度最大，为2.11%，727℃时溶碳量降为0.77%。奥氏体的塑性、韧性好，强度、硬度低，常作为各类钢的加工状态（$\sigma_b=400$ MPa；$170\sim220$ HBS；$\delta=40\%\sim50\%$）。

(3) 渗碳体 (Fe_3C 或 Cm)

铁与碳形成的具有复杂结构的化合物 Fe_3C 称为渗碳体。渗碳体的含碳为6.69%，硬度很高（800HBW），极脆，塑性和韧性几乎等于零，熔点为1 227℃。渗碳体是钢的主要强化相，其形状、大小、数量和分布对钢的力学性能有很大影响。渗碳体在一定条件下可以分解成铁和石墨，这一分解过程对铸铁的组织和性能有重要意义。

(4) 珠光体 (P)

铁素体和渗碳体组成的机械混合物称为珠光体，含碳量为0.77%。由于珠光体是硬的渗碳体片和软的铁素体片相间组成的层片状组织，固其力学性能取决于两者各自的性能和相对数量，并与它们的形状、大小、分布有关。

（5）莱氏体（Ld）

铸铁在凝固过程中发生共晶转变所形成的奥氏体和渗碳体组成的机械混合物，平均含碳量为 4.3％。奥氏体仅能在 727℃ 以上稳定存在，当冷却到 727℃ 以下奥氏体转变为珠光体，则低温时莱氏体由珠光体和渗碳体组成，也称低温莱氏体，用符号 Ld′ 表示。莱氏体中存在大量渗碳体，塑性极差，属于硬而脆的组织。

2. Fe-Fe₃C 相图

Fe-Fe₃C 相图是指在极其缓慢的冷却条件下，不同成分的铁碳合金的组织状态随温度变化的图解。简化后的 Fe-Fe₃C 相图，如图 1-11 所示。

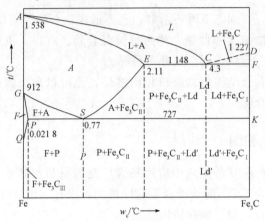

图 1-11　简化的铁碳合金相图

相图中，用字母标注的点都表示一定的特性——成分、温度和某种临界状态，称为特性点；各条线段都表示铁碳合金内部组织发生转变时的成分、温度界线，称为组织转变线或特性线。各主要特性点、特性线的含义列于表 1-3 和表 1-4。

表 1-3　Fe-Fe₃C 相图中主要特性点的含义

特性点	温度/℃	碳的质量分数/%	含　义
A	1 538	0	纯铁的熔点
C	1 148	4.3	共晶点　$L_c \leftrightarrow Ld$（$A_E + Fe_3C$）
D	1 227	6.69	渗碳体的熔点
E	1 148	2.11	碳在奥氏体中的最大溶解度
G	912	0	纯铁的同素异构转变温度 $\alpha\text{-Fe} \leftrightarrow \gamma\text{-Fe}$
S	727	0.77	共析点　$A_S \leftrightarrow P$（$F_P + Fe_3C$）
P	727	0.0218	碳在铁素体中的最大溶解度

表 1-4　Fe-Fe₃C 相图中的特性线

特性线	含　义
AC	液相线，液态合金冷却到该线时开始结晶出奥氏体
DC	液相线，液态合金冷却到该线时开始结晶出一次渗碳体

特性线	含　义
AE	固相线，奥氏体结晶终了线
ECF	共晶线，液态合金冷却到该线时发生共晶转变
ES（A_{cm}）	碳在奥氏体中的溶解度线，常称 A_{cm} 线
GS（A_3）	奥氏体转变为铁素体的开始线，常称 A_3 线
GP	奥氏体转变为铁素体的终了线
PSK（A_1）	共析线，奥氏体冷却到该线时发生共析转变，常称 A_1 线
PQ	碳在铁素体中的溶解度线

3. 铁碳合金的分类

根据铁碳合金碳含量和室温组织的不同，一般把铁碳合金分为工业纯铁、钢和铸铁三类，如表 1-5 所示。

表 1-5　铁碳合金的分类

合金类别	工业纯铁	钢			白口铸铁		
		亚共析钢	共析钢	过共析钢	亚共晶白口铸铁	共晶白口铸铁	过共晶白口铸铁
碳的质量分数/%	≤0.0218	0.0218～0.77	0.77	0.77～2.11	2.11～4.3	4.3	4.3～6.69
温室组织	F	F+P	P	P+Fe$_3$C$_{\text{II}}$	P+Fe$_3$C$_{\text{II}}$+Ld	Ld′	Fe$_3$C$_{\text{II}}$+Ld′

（1）工业纯铁（$\omega_c < 0.0218\%$）

工业纯铁的室温组织为铁素体加少量的 Fe$_3$C$_{\text{III}}$。

（2）钢（$\omega_c = 0.0218\% \sim 2.11\%$）

根据碳含量的多少，钢又可以分为三类：

亚共析钢：亚共析钢的室温平衡组织为铁素体和珠光体。

共析钢：共析钢的室温平衡组织为珠光体。

过共析钢：过共析钢的室温平衡组织为珠光体和二次渗碳体。

（3）铸铁（$\omega_c = 2.11\% \sim 6.69\%$）

铸铁中碳以 Fe$_3$C 形式存在，其端口呈亮白色。根据碳的质量不同，可分为：

亚共晶铸铁：亚共晶铸铁的室温平衡组织为珠光体、二次渗碳体和低温莱氏体。

共晶铸铁：共晶铸铁的室温平衡组织为低温莱氏体。

过共晶铸铁：过共晶铸铁的室温平衡组织为一次渗碳体、低温莱氏体。

4. 钢的冷却过程及组织转变

如图 1-12 所示，钢从液态缓慢冷却的过程中，经液相线 AC 和固相线 AE 转变为单相奥氏体。然后，共析钢（合金）经共析点 S 转变为珠光体组织。亚共析钢（Ⅱ合金）经 A_3

线析出铁素体，形成F＋A组织，再经A_1线剩余奥氏体转变形成珠光体，故其室温组织为铁素体和珠光体。过共析钢（Ⅲ合金）经A_{cm}线析出渗碳体，呈网状沿奥氏体晶界分布，再经A_1线剩余奥氏体转变成珠光体，其室温组织为珠光体和网状二次渗碳体。

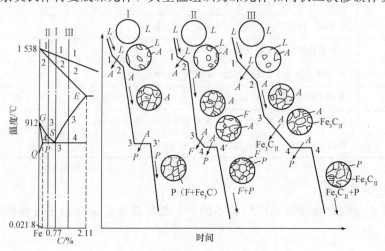

图 1-12　钢合金结晶过程示意图

5. 碳的质量分数对铁碳合金性能的影响

随着碳的质量分数增加，铁碳合金的室温平衡组织中，渗碳体的数量增加，且渗碳体的形态、分布发生变化，因此，铁碳合金的力学性能也相应改变。铁碳合金的成分、组织组成及力学性能之间的变化规律如图 1-13 所示。

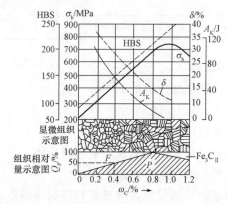

图 1-13　碳的质量分数对钢组织和性能的影响

碳的质量分数小于0.9％时，随着碳的增加，钢的强度和硬度直线上升，而塑性和韧性不断下降。当碳的质量分数大于0.9％以后，二次渗碳体已沿晶界形成较完整的网，因此钢的强度开始明显下降，但硬度仍在增高，塑性和韧性继续降低。为保证工业用钢具有足够的强度、一定的塑性和韧性，钢中碳的质量分数一般不超过1.4％。

6. 铁碳相图的应用

铁碳相图揭示了合金的性能与成分之间的关系，为合理选择材料提供了依据。根据铁碳相图可以找出不同成分的铁碳合金的熔点，从而确定合适的熔化温度和浇注温度。从铁碳相图中可以看出，白口铸铁的组织主要是莱氏体，硬度高，脆性大，不适合于压力加工，而钢的高温固态组织为单相奥氏体，强度低，塑性好，易于锻压成形。焊接时，从焊缝到母材各区域的温度是不同的，根据铁碳相图可知，在不同的温度下会获得不同的组织，冷却后也就可能出现不同组织与性能，这就需要在焊接后采用适当的热处理方法加以改善。各种热处理工艺与铁碳相图有非常密切的关系。

1.3 钢的热处理

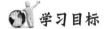 学习目标

1. 掌握钢的热处理概念。
2. 了解钢的组织转变。
3. 叙述钢的热处理方法及作用。
4. 了解热处理工件的结构工艺性。

任务分析

热处理是指采用适当的方式对金属材料或工件在固态下进行加热、保温和冷却，以获得预期的组织结构和性能的工艺方法。热处理只改变材料的组织和性能，而不改变其形状和尺寸，是提高金属使用性能和改善工艺性能的重要加工工艺方法。在机械制造中，绝大多数的零件都要进行热处理。例如，汽车、拖拉机工业中70％～80％的零件要进行热处理；各种量具、刀具和模具几乎100％要进行热处理。

相关知识

钢的热处理是指将钢在固态范围内采用适当的方式进行加热、保温和冷却，以改变其组织，从而获得所需性能的一种工艺方法。

钢的热处理具有以下三个特点：

1）只改变机械零件的内部组织及其性能，而不改变其外形和尺寸，是改善钢材性能的重要措施。

2）热处理能充分发挥钢材的性能潜力，显著提高零件使用寿命，节省金属材料，节约能源。

3）机械零件毛坯通过热处理可以改善其加工性能；零件通过最终热处理，可以获得所需的使用性能。

根据热处理的目的、加热和冷却方式的不同，可分为以下几类：

根据热处理在零件加工过程中的工序位置及作用不同，热处理又可分为：为使工件获得所要求的使用性能的热处理称为最终热处理；为消除坯料或半成品的某些缺陷或为后续的切削加工和最终热处理作组织准备的热处理称为预备热处理。

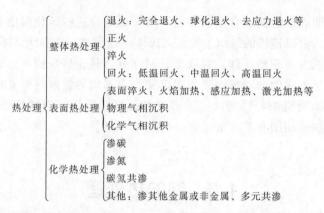

热处理方法虽然很多，但都是由加热、保温和冷却三个阶段组成的，通常用温度—时间坐标图表示，称为热处理工艺曲线，如图 1-14 所示。

热处理工艺曲线

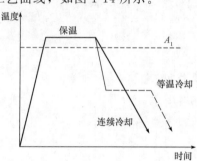

图 1-14　热处理工艺曲线

1.3.1　钢热处理的组织转变原理

在 Fe-Fe₃C 相图中，PSK 线、GS 线、ES 线上的相变点分别用 A_1 点、A_3 点、A_{cm} 点表示，都是平衡相变点。实际上，钢在热处理时，加热时的组织转变是在平衡相变点以上进行的，冷却时是在平衡相变点以下进行的，而且，加热或冷却时的速度越快，其组织转变时的温度与平衡相变点之间的差距越大。一般，加热时的相变点用 A_{c1}、A_{c3}、A_{cm} 表示；冷却时的相变点用 A_{r1}、A_{r3}、A_{rcm} 表示，如图 1-15 所示。

1. 钢加热时的组织转变

加热是热处理的第一道工序，加热的目的是获得奥氏体。共析钢加热到 A_1 温度以上时组织可由珠光体转变成奥氏体，对于亚共析钢和过共析钢要加热到 A_3 和 A_{cm} 温度以上，组织才完全转变为奥氏体。奥氏体的转变过程要经过奥

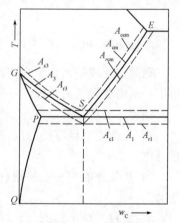

图 1-15　加热、冷却时的相变点

氏体成核、奥氏体长大、残余渗碳体的溶解和奥氏体的均匀化四个阶段。故钢加热时不但要加热到一定温度，而且要保温一段时间，使内外温度一致，组织转变完全，成分均匀，以便在冷却后得到均匀的组织和稳定的性能。

珠光体最初全部转变为奥氏体时的晶粒比较细小，但若加热温度过高或保温时间过长，奥氏体晶粒会长大。奥氏体晶粒长大的程度，对热处理后的材料组织有影响（晶粒大的奥氏体冷却后的组织粗大），从而影响材料的力学性能。所以，热处理时加热温度和保温时间不能过高和过长。

2. 钢冷却时的组织转变

冷却过程是钢热处理的关键，它对控制钢在冷却后的组织和性能有决定性意义。实践表明，同一种钢在相同的加热条件下获得奥氏体组织，但以不同的冷却条件冷却后，钢的力学性能有明显的差异，见表1-6。

表1-6 45钢加热到840℃，以不同方法冷却后的力学性能

冷却方法	抗拉强度/MPa	屈服点/MPa	伸长率/%	断面收缩率/%	硬度
炉内冷却	530	280	32.5	49.3	160～200HBS
空气中冷却	670～720	340	15～18	45～50	170～240HBS
油中冷却	900	620	18～20	48	40～50HRC
水中冷却	1100	720	7～8	12～14	52～60HRC

钢在奥氏体化后的冷却方式有如下两种：

（1）连续冷却

将奥氏体化的钢以一定的冷却速度连续冷却到室温，使奥氏体在一个温度范围内连续转变。

（2）等温冷却

将奥氏体化的钢快速冷却到 A_1 以下某一温度进行保温，使奥氏体在该温度下完成转变，然后冷却到室温。在相变温度 A_1 以下，未发生转变而处于不稳定状态的奥氏体称为过冷奥氏体。

3. 奥氏体的等温转变曲线

图1-16所示是由实验获得的共析钢奥氏体等温转变曲线图。A_1 线以上的区域是奥氏体稳定区，M_s 线以下是马氏体转变区。aa 线是奥氏体开始转变线，bb 线是转变终了线，aa 线左面是过冷奥氏体区，两曲线之间是奥氏体的转变区，bb 线右面为奥氏体转变的产物区。在等温转变图上孕育期最短的地方，被称为等温转变图的鼻尖。奥氏体等温转变曲线由于形状像字母"C"，故又称C曲线。每种成分的钢都有自己的奥氏体等温转变曲线，可在有关的手册中查到。

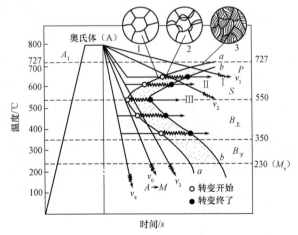

图1-16 共析钢奥氏体等温转变曲线

共析碳钢的过冷奥氏体在不同的温度区间将发生不同的相变（见表1-7）。

表 1-7　共析碳钢过冷奥氏体等温转变产物的组织与性能

转变温度范围	转变产物	符号	组织形态	硬度
$A_1 \sim 650℃$	珠光体	P	粗片状	160～250HBS
650℃～600℃	索氏体	S	细片状	25～30HRC
600℃～550℃	托氏体	T	极细片状	35～40HRC
550℃～350℃	上贝氏体	$B_上$	羽毛状	40～48HRC
350℃～M_s	下贝氏体	$B_下$	黑色针片状	45～50HRC
$M_s \sim M_f$	马氏体	M	板条状	约40HRC
			片状	55～60HRC

（1）高温转变（珠光体型转变）

奥氏体过冷到727℃～550℃之间，等温转变为层片状铁素体和渗碳体所组成的机械混合物，即珠光体，称为珠光体型的转变。过冷度越大，层片状越薄，硬度也越高。

（2）中温转变（贝氏体型转变）

奥氏体过冷到550℃～230℃之间，等温转变为含过量碳的铁素体和微小渗碳体的机械混合物，称为贝氏体（用 B 表示）。贝氏体比珠光体硬度高。

（3）低温转变（马氏体型转变）

奥氏体过冷到230℃（M_s）以下时，由于温度过低，奥氏体来不及析出，只发生晶格的改变（γ-Fe 变为 α-Fe），碳原子全部保留在 α-Fe 的晶格中，形成过饱和的 α-Fe 固溶体，称为马氏体（用 M 表示）。马氏体的硬度很高（HRC60～65），但塑性、韧性几乎等于零。

4. 奥氏体等温转变曲线的应用

由于连续冷却转变图测定较困难，所以生产中常用等温转变图来分析连续冷却转变的结果。将某一冷却速度的冷却曲线画在奥氏体等温转变曲线上（图 1-16），根据两曲线的相交位置，可以大致确定钢在连续冷却时获得的组织及性能。

冷却速度 v_1（炉冷），按其与奥氏体等温转变曲线相交的位置判断，奥氏体转变为珠光体。

冷却速度 v_2（空冷），转变产物为索氏体（细珠光体，用 S 表示）。

冷却速度 v_3（油冷），过冷奥氏体一部分转变为托氏体（极细珠光体，用 T 表示），剩余部分被过冷到 M_s 温度以下转变为马氏体，最后得到 T＋M 复合组织。

冷却速度 v_4（水冷），冷却曲线与奥氏体等温转变曲线不相交，奥氏体过冷到 M_s 以下转变为马氏体。

若过冷速度为 v_0，冷却曲线恰好与奥氏体等温转变曲线"鼻尖"相切，这是奥氏体全部过冷到 M_s 以下转变为马氏体的最小冷却速度，称为临界冷却速度。它对钢的热处理冷却方式有重要意义。

1.3.2　常用的热处理方法

各种机械零件的形状和尺寸、性能要求、所用钢材是各式各样的，因此，钢的热处理工艺方法是多种多样的。这里主要介绍各种常用的热处理工艺。

热处理分为普通热处理和表面热处理。普通热处理即所说的"四火"工艺，包括退火、正火、淬火、回火。表面热处理包括表面淬火和化学热处理。

1. 退火

将钢加热到 A_{c3}、A_{c1} 以上某一温度范围，保温一定时间，随后缓慢冷却（一般为随炉冷却）的热处理工艺过程，称为退火。

其目的是消除残余应力，稳定工件尺寸并防止其变形与开裂；降低硬度，提高塑性，改善切削加工性能；细化晶粒，改善组织，为最终热处理作准备。根据钢的化学成分和退火目的不同，退火方法可分为完全退火、球化退火、等温退火、均匀化退火、去应力退火等。

2. 正火

将钢加热到 A_{c3} 或 A_{cm} 以上某一温度范围，保温适当的时间后，在静止空气中冷却的热处理工艺过程，称为正火。

正火与退火的主要区别在于正火的冷却速度较快，过冷度较大，所以正火后所获得的组织比较细小，组织中珠光体的数量较多，因而强度、硬度及韧性比退火后的高。正火与退火相比，操作简单，生产周期短，能量耗费少，正火后钢的力学性能高，故在可能的条件下，应优先考虑正火处理。正火主要用于以下几个方面：改善低碳钢的切削加工性能；消除网状二次渗碳体；作为重要零件的预备热处理；作为普通结构零件的最终热处理。

3. 淬火

淬火是将钢加热到 A_{c3} 或 A_{c1} 以上某一温度范围，保温，然后急剧冷却（如水冷、油冷、盐碱冷等）的热处理工艺。

淬火是强化工件的最重要的热处理工艺，淬火的目的是为了得到马氏体（或贝氏体）组织，提高钢的强度、硬度及耐磨性，再经适当回火后使工件获得良好使用性能，更好地发挥钢材的潜力。因此，重要的结构零件及各种工具等都要进行淬火处理。

铁碳合金在冷却时形成马氏体（而不形成其他组织）的能力称为淬透性。淬透性的大小可用在一定条件下淬硬层的深度表示，淬硬层越深，淬透性越好。影响淬透性的主要因素是临界冷却速度的大小，而影响临界冷却速度的关键是铁碳合金的含碳量和合金元素的种类与含量。

4. 回火

回火是把已经淬火的工件重新加热到 A_{c1} 以下某一温度，保温后再以适当的冷却速度冷却到室温的热处理工艺。其目的在于获得工件所需组织，以改善性能；消除残留奥氏体，稳定工件尺寸；消除淬火内应力，防止工件变形与开裂。

淬火钢在回火过程中，由于组织发生了变化，钢的性能也随之发生改变。一般随回火温度升高，强度、硬度降低，而塑性、韧性升高，如图 1-17 所示。

根据加热温度的不同，回火可以分为以下三类：低温回火（150℃～250℃），主要是降

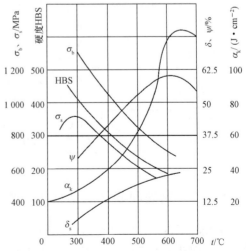

图 1-17　40 钢力学性能与回火温度的关系

低工件的淬火应力和减少脆性，并保持高硬度和高耐磨性；中温回火（350℃～550℃），是为了获得高的弹性极限和高的屈服强度，同时具有一定的韧性和抗疲劳能力；高温回火（500℃～650℃），在获得较高强度的同时，还有较好的塑性和韧性，生产中将淬火后紧接着进行高温回火的热处理的工艺称为调质处理。

5. 表面淬火

铁碳合金的表面淬火是通过快速加热，使工件表层奥氏体化，在心部组织尚未发生改变时，立即淬火冷却，使表层获得高硬度、高耐磨性的马氏体组织，而心部仍保持原来的塑性和韧性都较好的退火、正火或调质状态的组织。对于承受弯曲、扭转、摩擦或冲击的零件，就需要采用表面热处理来满足要求。

按表面加热的方法，表面淬火可分为高频感应加热表面淬火、火焰加热表面淬火、激光加热表面淬火等。由于高频感应加热速度快，生产效率高，产品质量好，易于实现机械化和自动化，所以应用广泛，但设备较贵，多用于大批量生产的形状较简单的零件。对于表面淬火的钢，碳的质量分数大多在 0.4%～0.5%。

6. 表面化学热处理

表面化学热处理是将工件置于某种化学介质中，通过加热和保温，使介质中的一种或几种元素渗入工件表层，以改变表层化学成分和组织的表面热处理工艺。

表面渗层的性能，取决于渗入元素与基体金属所形成合金或化合物的性质及渗层的组织结构。化学热处理的种类很多，一般以渗入的元素来命名。常见的化学热处理有渗碳、渗氮、碳氮共渗、渗铝和渗铬等。其中，渗碳、渗氮应用最多。一般，渗碳后还需进行适当的热处理。钢的最常用的化学热处理方法及其作用见表 1-8。

渗入各种非金属元素的基本过程是：①由化学介质分解出能够渗入工件表面的活性原子；②活性原子由钢的表面进入铁的晶格中形成固溶体，甚至可能形成化合物；③渗入的活性原子由表面向内部扩散，形成一定厚度的扩散层。

表 1-8　钢的常用化学热处理方法及其作用

工艺方法	渗入元素	作　用	应用举例
渗碳 （900℃～950℃） 淬火＋回火	C	提高钢件表面硬度、耐磨性和疲劳强度，使之能承受重载荷	齿轮、轴、活塞销、万向节、链条等
渗氮 （500℃～600℃）	N	提高钢件的表面硬度、耐磨性、抗胶合性、疲劳强度、耐蚀性以及抗回火软化能力	汽缸、精密轴、齿轮、量具、模具等
碳氮共渗 淬火＋回火	C、N	提高钢件表面硬度、耐磨性和疲劳强度。低温共渗还能提高工具的热硬性	齿轮、轴、链条、工模具、液压件等

1.3.3　热处理零件的结构工艺性

零件的结构工艺性是指所设计的零件在满足使用要求的条件下，实施制造的可行性和经济性，即加工零件的难易程度。设计需要热处理的零件时，须考虑热处理工艺对零件结构的要求如图 1-18 所示：避免截面薄厚悬殊，必要时可安排工艺孔或工艺槽［图 1-18（a）、

(b)]；避免尖角和棱角结构，尽量采用圆角结构［图 1-18（c）］；合理采用封闭或对称结构［图 1-18（d）］；合理采用组合结构［图 1-18（e）］。

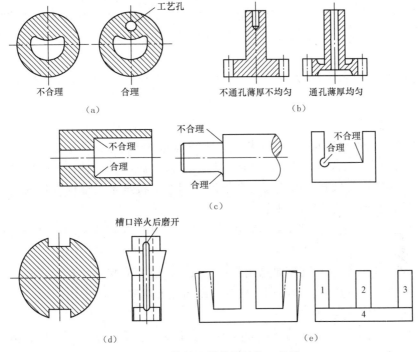

图 1-18　热处理零件的结构工艺性

1.4　常用金属材料

🌐 **学习目标**

1. 了解钢的分类和常用钢材的牌号、性能、热处理及其应用。
2. 了解铸铁的分类、牌号、性能及其应用。
3. 了解各种合金的分类、牌号、性能及其应用。

📋 **任务分析**

金属材料是汽车工业应用的主要材料。一辆汽车是由 3 万多个零部件组成，这些部件 80% 都是由金属材料制成的。可见，金属材料对汽车生产的重要性。本部分重点掌握金属材料的分类、牌号、性能及其热处理等。

🤖 **相关知识**

在工业生产中通常称铁及其合金为黑色金属材料，而把钢铁以外的金属材料称为有色金属材料或非铁金属材料。在汽车行业中应用最广的是铁基金属材料，即钢和铸铁。

1.4.1 钢

钢是指以铁为主要元素，碳的质量分数在 2.11% 以下，并含有其他元素的材料。其品种多、规格全、性能好、价格低，并且可用热处理的方法改善性能，所以是工业中应用最广的材料。

由于钢的种类繁多，为了方便生产、管理、选用与研究，必须对钢材加以分类与编号。

1. 钢的分类

（1）按用途分类

1）结构钢。包括建筑及工程用结构钢和机械制造用结构钢两类。建筑及工程用结构钢是指用于建筑、桥梁、船舶、锅炉或其他工程上制造金属结构的钢，如碳素结构钢、低合金高强度结构钢等；机械制造用结构钢是指用于制造机械设备中结构零件的钢，包括渗碳钢、调质钢、弹簧钢、滚动轴承钢等。

2）工具钢。工具钢是指用于制造各种工具的钢，按工具用途不同，可分为刃具钢、模具钢和量具钢。

3）特殊性能钢。特殊性能钢是指用特殊方法生产、具有特殊物理、化学性能或力学性能的钢，如不锈钢、耐热钢、耐磨钢、磁钢、超高强度钢等。

（2）按化学成分分类

1）碳素钢。碳素钢是指碳的质量分数小于 2.11%，并含有少量锰、硅、硫、磷等杂质元素的铁碳合金。按碳的质量分数可分为低碳钢（$\omega_C < 0.25\%$）、中碳钢（$\omega_C = 0.25\% \sim 0.6\%$）、高碳钢（$\omega_C > 0.6\%$）。

2）合金钢。合金钢是指在碳钢的基础上，为了改善钢的性能，在冶炼时有目的地加入一些元素（称为合金元素）而获得的多元合金。按合金元素总的质量分数可分为低合金钢（$\omega_{Me} < 5\%$）、中合金钢（$\omega_{Me} = 5\% \sim 10\%$）、高合金钢（$\omega_{Me} > 10\%$）。另外，根据钢中主要合金元素种类不同，还可将合金钢分为锰钢、铬钢、铬镍钢、铬锰钛钢等。

（3）按质量分类

钢中的硫和磷是有害杂质，当含硫量过大的钢材进行热加工时，导致钢材强度降低，韧性下降，这种现象称为热脆。含磷量过大的钢材在室温下塑性、韧性急剧下降，这种现象称为冷脆。

根据钢中有害杂质硫、磷的质量分数多少可分为普通质量钢（$\omega_S = 0.035\% \sim 0.050\%$，$\omega_P = 0.035\% \sim 0.045\%$）、优质钢（$\omega_S \leqslant 0.035\%$，$\omega_P \leqslant 0.035\%$）、高级优质钢（$\omega_S = 0.020\% \sim 0.030\%$，$\omega_P = 0.025\% \sim 0.030\%$）、特级优质钢（$\omega_S \leqslant 0.015\%$，$\omega_P \leqslant 0.025\%$）。

（4）按冶炼时脱氧程度和浇注制度分类

分为沸腾钢、半镇静钢、镇静钢和特殊镇静钢。

2. 钢的编号

（1）碳素结构钢

碳素结构钢的牌号由"屈"字汉语拼音的字首 Q、屈服点数值、质量等级符号（A、B、C、D）和脱氧方法符号（F、b、Z、TZ）四个部分按顺序组成。例如，Q235—A·F 表示屈服点为 235MPa、A 级质量的沸腾钢。F、b、Z、TZ 依次表示沸腾钢、半镇静钢、

镇静钢、特殊镇静钢，一般 Z 和 TZ 在牌号表示中可省略。

（2）优质碳素结构钢

优质碳素结构钢的牌号用两位数字表示，两位数字表示钢中平均碳的质量分数的万分之几。例如，45 表示平均碳的质量分数为 0.45% 的优质碳素结构钢。优质碳素结构钢按锰的质量分数不同，分为普通锰（$\omega_{Mn}=0.25\%\sim0.80\%$）和较高锰（$\omega_{Mn}=0.70\%\sim1.20\%$）两组，较高锰的优质碳素结构钢在两位数字后面再加符号 Mn，如 65Mn。如果是沸腾钢则在两位数字后面加符号 F，如 08F。专用优质碳素结构钢在牌号尾部加用途符号，如锅炉用钢表示为 20g。

（3）碳素工具钢

碳素工具钢的牌号由"碳"字汉语拼音的字首 T 与数字组成，数字表示钢中平均碳的质量分数的千分之几。例如，T8 表示平均碳的质量分数为 0.8% 的优质碳素工具钢。如果是高级优质钢则在数字后面加符号 A，如 T8A。较高锰（$\omega_{Mn}=0.40\%\sim0.60\%$）的碳素工具钢则在数字后面加符号 Mn，如 T8Mn、T8MnA。

（4）铸造碳钢

铸造碳钢的牌号由"铸"、"钢"二字汉语拼音的字首 ZG 与两组数字组成，第一组数字表示屈服点的数值（单位为 MPa），第二组数字表示抗拉强度（单位为 MPa）。例如，ZG200－400 表示最低屈服点为 200 MPa，最低抗拉强度为 400 MPa 的铸造碳钢。

（5）低合金高强度结构钢

低合金高强度结构钢的牌号由"屈"字汉语拼音的字首 Q、屈服点数值、质量等级符号（A、B、C、D、E）和脱氧方法符号（F、b、Z、TZ）四个部分按顺序组成。例如，Q390A 表示屈服点为 390MPa、A 级质量的低合金高强度结构钢。一般 Z 和 TZ 在牌号表示中可省略。

（6）合金结构钢与合金弹簧钢

合金结构钢与合金弹簧钢的牌号由两位数字、元素符号与数字组成，前面两位数字表示钢中平均碳的质量分数的万分之几，元素符号表示钢中所含合金元素，元素符号后面的数字则表示该元素平均质量分数的百分之几。合金元素的平均质量分数<1.5%时，一般只标明元素符号而不标含量；当平均质量分数≥1.5%、≥2.5%、≥3.5%……时，则在合金元素符号后面分别用数字 2、3、4……表示其平均质量分数。例如，40Cr 表示平均碳的质量分数为 0.4%，平均铬的质量分数小于 1.5% 的合金结构钢。如果是高级优质钢则在牌号的后面加符号 A，如 38CrMoAlA。

（7）滚动轴承钢

滚动轴承钢的牌号由"滚"字汉语拼音的字首 G、元素符号 Cr 和数字组成，数字表示钢中平均铬的质量分数的千分之几。例如，GCr15 表示平均铬的质量分数为 15‰ 的滚动轴承钢。在滚动轴承钢的牌号中不表示碳的质量分数。若含有其他合金元素时，这些合金元素的表示方法与合金结构钢的相同，如 GCr15SiMn。由于滚动轴承钢都是高级优质钢，所以在牌号后面就不用再加符号 A 了。

（8）合金工具钢

合金工具钢的牌号也是由数字、元素符号与数字组成的，前面的数字表示平均碳的质量分数的千分之几，但当碳的质量分数≥1%时，则不予标出。合金元素及其质量分数的表示方法与合金结构钢的相同。例如，9SiCr 表示平均碳的质量分数为 0.9%、平均硅、铬的质量分数均小于 1.5% 的合金工具钢。

对于高速工具钢，无论其碳的质量分数多少，在牌号中均不予表示，如 W18Cr4V。

合金工具钢与高速工具钢都是高级优质钢，在牌号后面也不必再标符号 A。

(9) 不锈钢与耐热钢

不锈钢与耐热钢的牌号表示方法与合金工具钢的基本相同，只是当碳的质量分数 ≤ 0.08% 及 0.03% 时，在牌号前分别冠以 "0" 及 "00"，如 0Cr21Ni5Ti、00Cr30Mo2 等。

常用钢的牌号、力学性能及用途举例见表 1-9。

表 1-9　常用钢的牌号、力学性能及用途举例

类别	牌号	σ_s/MPa	σ_b/MPa	δ_5/%	特点及用途举例
碳素结构钢	Q235	235	375～500	26	具有一定的强度、硬度和良好的塑性，用于制造受力不大的零件，如螺钉、螺母、垫圈等，也可用于冲压件、焊接件及建筑结构件等
优质碳素结构钢	45	355	600	16	具有较高的综合力学性能。主要用于制造要求高强度、高塑性、高韧性的重要零件，如齿轮、轴类零件等
低合金高强度结构钢	Q345	345	470～630	21	具有良好的综合力学性能和焊接性能，用于制造船舶、桥梁、车辆、大型容器、大型钢结构等
合金结构钢	20CrMnTi	835	1080	10	性能要求较高或截面尺寸较大，且在循环载荷、冲击载荷及摩擦条件下工作的零件，如汽车中的变速齿轮、内燃机中的凸轮等
铸造碳钢	ZG270－500	270	500	18	具有较高的强度和塑性，铸造性能和切削加工性能良好，焊接性能较好。用于制造轧钢机机架、轴承座、箱体、缸体等
合金弹簧钢	60Si2Mn	1175	1275	5	截面为 25～30 mm 的弹簧，如机车板弹簧、测力弹簧等
不锈钢	00Cr30Mo2		450	20	用于制造有机酸设备、苛性碱等
滚动轴承钢	GCr15SiMn	硬度 HRC61～65			直径大于 50 mm 的滚珠或大于 22 mm 的滚柱，壁厚大于 12 mm、外径大于 250 mm 的套圈等
碳素工具钢	T8Mn	硬度 HRC62			用于制造承受冲击，要求硬度较高的工具，如冲头、压缩空气工具、木工工具等
合金工具钢	9SiCr	硬度 HRC60～62			用于制造耐磨性要求高、切削不剧烈的刀具，如板牙、丝锥、钻头、铰刀、齿轮铣刀、拉刀等，还可用于制造冷冲模具、冷轧辊等
高速工具钢	W18Cr4V	硬度 HRC 63			热硬性较高，过热敏感性较小，磨削性能好，但热塑性较差，热加工废品率较高，故适于制造一般的切削刃具，不适合制造薄刃刃具

1.4.2 铸铁

铸铁是指含碳量大于 2.11% 的铁碳合金。工业上常用铸铁的含碳量为 2%～4%，且比碳钢含有较多的锰、硫、磷等杂质。与钢相比，虽然铸铁的力学性能较低，但由于它具有良好的铸造性能、良好的减摩性能、良好的切削加工性能、优良的消振性和缺口敏感性低等优点，因此在工业上得到了广泛应用。根据碳在铸铁中存在形态的不同，铸铁可分为以下几种：

1. 白口铸铁

碳在铁中以渗碳体形式存在，断口呈亮白色，称白口铸铁。由于有大量硬而脆的渗碳体，故其硬度高、脆性大，极难切削加工。除要求表面有高硬度和耐磨并受不大冲击的铸件（如轧辊、犁等）外，一般不用来制造机械零件，而主要用作炼钢原料。

2. 灰铸铁

碳在铸铁组织中以片状石墨的状态存在，断口呈灰色。灰铸铁生产工艺简单，成本低廉，是生产中使用最多的铸铁。常用于受力不大、冲击载荷小、需要减振或耐磨的各种零件，如机床床身、机座、箱体、阀体等。灰铸铁的牌号是以"HT"和最小抗拉强度值表示。如 HT250，表示是最小抗拉强度为 250 MPa 的灰铸铁。

3. 可锻铸铁

碳在铸铁组织中以团絮状石墨形式存在，它是由白口铸铁经过长期的高温退火而得的铸铁。团絮状石墨对金属基体的割裂作用较片状石墨小得多，所以可锻铸铁有较高的力学性能，尤其是塑性和韧性有明显提高，但可锻铸铁并不可锻造。常用于制造汽车、拖拉机的薄壳零件、低压阀门和各种管接头等。可锻铸铁的牌号用"KT"加两组数字组成，数字分别表示最小抗拉强度和最小伸长率。如 KT300－06，表示最低抗拉强度为 300 MPa，最小伸长率为 6% 的可锻铸铁。

4. 球墨铸铁

碳在铸铁组织中以球状石墨形式存在。球墨铸铁是将铁液经过球化处理和孕育处理而得到的，具有较好的力学性能，抗拉强度甚至优于碳钢，因此广泛应用于机械制造、交通、冶金等行业，如制造气缸套、曲轴、活塞等零件。球墨铸铁牌号用"QT"加两组数字表示，数字分别表示最小抗拉强度和最小延伸率。QT400－18，最小抗拉强度为 400 MPa，最小延伸率为 18%。

5. 合金铸铁

在灰口铸铁或球墨铸铁中加入一定量的合金元素，可使铸铁具有某些特殊性能，这种铸铁称为合金铸铁。例如，在铸铁中加入少量的磷、铬、钼、铜等合金元素，可大大提高铸铁的耐磨性，获得耐磨铸铁；在铸铁中加入硅、铝、铬等合金元素，可在铸件表面形成一层致密的、牢固的、均匀的保护膜，使铸件在 700℃～1 000℃ 高温下具有抗氧化性，称为耐热铸铁；在铸铁中加入少量的铬、钼、铜、镍、硅等合金元素，可获得各种耐蚀铸铁等。它们主要应用于内燃机活塞环、水泵叶轮等耐磨、耐热、耐蚀的零件。

1.4.3 有色金属及硬质合金

常用的有色金属材料有铝、铜、锌、钛等金属及其合金。与钢铁相比，它们具有许多特殊的物理、化学和力学性能，因而成为现代工业中不可缺少的材料。

1. 铝及其合金

纯铝具有面心立方晶格结构，所以塑性好（$\delta = 80\%$），强度、硬度低，一般不作为结构材料，主要用来制作电容、电子管隔离罩、电缆、导电体、装饰品等。在铝中加入一定量的其他元素而制成有较高强度的铝合金。根据其成分和工艺特点，分为变形铝合金和铸造铝合金两大类。

变形铝合金具有较高的强度和良好的塑性，可通过压力加工制成各种半成品，也可以焊接。按其主要性能特点可分为防锈铝、硬铝、超硬铝和锻铝。一般都由冶金厂加工成各种规格的型材（板、带、管、线等）供应给用户，具体见表1-10。

表 1-10 常用变形铝合金的牌号、力学性能及用途

类别	牌号	抗拉强度/MPa	伸长率/%	用途举例	旧牌号
防锈铝	5A02	≤245	12	油箱、油管、液压容器、饮料罐、焊接件、冷冲压件、防锈蒙皮等	LF2
	3A21	≤185	16		LF21
硬铝	2A11	≤245	12	螺栓、铆钉、空气螺旋桨叶片等	LY11
	2A12	390~440	10	飞机上骨架零件、翼梁、铆钉、蒙皮等	LY12
超硬铝	7A04	≤245	10	飞机大梁、桁条、加强框、起落架等	LC4
锻铝	2A50	353	12	压气机叶轮及叶片、内燃机活塞、在高温下工作的复杂锻件等	LD5
	2A70	353	8		LD7

铸造铝合金的塑性差，但在液态时流动性能好，适合铸造，见表1-11。

表 1-11 常用铸造铝合金的牌号、代号、力学性能及用途

牌号	代号	抗拉强度/MPa	伸长率/%	硬度HBS	用途举例
ZAlSi7Mg	ZL101	205	2	60	形状复杂的零件，如飞机及仪表零件、抽水机壳体等
ZAlCu5Mn	ZL201	295	8	70	175℃～300℃以下工作的零件，如内燃机气缸头、活塞等
ZAlMg10	ZL301	280	10	60	在大气或海水中工作的零件，承受大振动载荷、工作温度低于200℃的零件，如氨用泵体、船用配件等
ZAlZn11Si7	ZL401	245	1.5	90	工作温度低于200℃，形状复杂的汽车、飞机零件，仪器零件及日用品等

2. 铜及其合金

工业纯铜又称为紫铜，为面心立方晶格结构，强度低，塑性好，可进行冷变形强化，

焊接性能良好。具有良好的导电性、导热性及抗大气腐蚀性，是抗磁性金属。广泛用作电工导体、传热体及防磁器械等。工业上常用的铜合金主要有黄铜和青铜。

黄铜是以锌作为主要合金元素的铜合金；青铜原先是指人类最早应用的 Cu-Sn 合金，现代工业中把以铝、硅、铍、锰、铅、钛等为主加元素的铜合金均称为青铜，见表1-12。

表1-12 常用铜合金的牌号、代号、力学性能及用途

类别	代号（牌号）	抗拉强度/MPa	伸长率/%	硬度 HBS	用途举例
黄铜	H62	330	49	56	螺钉、螺母、垫圈、弹簧、铆钉等
	HPb59—1	400	45	44	螺钉、螺母、轴套等冲压件或加工件
	（ZCuZn38）	295	30	60	螺母、法兰、手柄、阀体等
	（ZCuZn33Pb2）	180	12	50	仪器、仪表的壳体及构件等
青铜	QSn4—3	350	40	60	弹性元件、管道配件、化工机械中的耐磨零件及抗磁零件等
	（ZCuSn10Pb1）	200	3	80	重载荷、高速度的耐磨零件，如轴承、轴套、蜗轮等

3. 轴承合金

在滑动轴承中用于制造轴瓦或内衬的合金称为轴承合金。滑动轴承具有承压面积大、工作平稳、无噪声以及修理、更换方便等优点，应用广泛。常用的轴承合金主要是非铁基金属合金，其分类方法依据合金中含量多的元素分类，主要有锡基、铅基、铜基和铝基轴承合金等，见表1-13。

表1-13 常用轴承合金的牌号、力学性能及用途

类别	牌号	硬度 HBS	用途举例
锡基轴承合金	ZSnSb11Cu6	27	蒸汽机、涡轮机、涡轮泵中的高速轴承等
铅基轴承合金	ZPbSb16Sn16Cu2	30	工作温度低于120℃、无明显冲击载荷作用的高速轴承，如汽车和拖拉机中曲轴轴承、电动机轴承、起重机轴承、重载荷推力轴承等
铜基轴承合金	ZCuPb30	30	高速、重载荷下工作的轴承，如航空发动机、高速柴油机及其他高速机器中的主轴承等

4. 硬质合金

硬质合金是以一种或几种难熔金属的碳化物，如碳化钨（WC）、碳化钛（TiC）等粉末为主要成分，加入起粘结作用的金属（Co）粉末，经压制成形、烧结、后处理等粉末冶金工艺方法处理后所获得的合金材料。

硬质合金具有高硬度、高热硬性、高耐磨性的特点，常温下的硬度可达 69～81HRC，红硬性可达 900℃～1 000℃，硬质合金刀具的切削速度比高速工具钢高 4～10 倍，使用寿

命可提高 5～8 倍。硬质合金的抗压强度高，但抗弯强度低，韧性较差。另外，硬质合金具有良好的耐腐蚀性、抗氧化性，热膨胀系数低，导热性差，切削加工困难。因此，硬质合金主要用于制造刀具、冷作模具、量具及耐磨零件等。

常用的硬质合金有以下几类：

1）P 类，包括 P01～P50。其成分为 5％～40％TiC＋Ta（Nb）C，其余为 WC＋Co。由于碳化钛的加入，使硬度、耐磨性和红硬性都得到提高，但强度和韧性比钨钴类合金低，一般用于加工韧性材料（如钢材）。

2）M 类，包括 M10～M40。其成分为 5％～10％TiC＋Ta（Nb）C，其余为 WC＋Co。具有良好的韧性和强度，适于切削脆性材料，如铸铁、有色金属等。

3）K 类，包括 K10～K40。其成分为 90％～98％WC＋2％～10％Co2，个别牌号约含 2％的 Ta（Nb）C。其特点是抗弯强度高，适用于加工各种钢材，特别对于高锰钢、不锈钢等难加工材料进行加工，又称为万能硬质合金。

1.5　常用非金属材料简介

学习目标

1. 了解非金属材料的分类。
2. 了解工程塑料和橡胶的特点、分类与用途。
3. 了解陶瓷材料的概念、种类及性能特点。
4. 了解复合材料的性能特点与分类。

任务分析

非金属材料指除金属材料以外的其他一切材料。这类材料发展迅速，种类繁多，已在工业领域内广泛应用。在汽车制造中使用的非金属材料主要包括有高分子材料、陶瓷材料和复合材料等其中工程塑料和工程陶瓷在工程结构中占有很重要的地位。非金属材料与其他材料组成的复合材料在汽车制造中的应用也在迅速发展。本部分重点掌握塑料、合成橡胶、陶瓷、玻璃等非金属材料。

相关知识

1.5.1　高分子材料

高分子材料分为天然和人工合成两大类。天然高分子材料有羊毛、蚕丝、淀粉、橡胶等。工程上使用的高分子材料主要是人工合成的，如塑料、合成纤维、合成橡胶等。

高分子材料品种繁多，性质各异，为了合理使用高分子材料，必须对其进行适当的分类。常见的分类方法见表 1-14。

表 1-14　高分子材料常见的分类方法

分类原则	类　别	举　例
按高分子材料的用途	塑料	ABS、尼龙等
	橡胶	丁苯橡胶、氯丁橡胶等
	纤维	玻璃纤维、石棉纤维等
	胶粘剂	骨胶、环氧通用胶等
	涂料	环氧树脂漆等
按高分子材料的来源	天然高分子材料	淀粉、天然橡胶、纤维素等
	人造及合成高分子材料	合成纤维、合成橡胶等

1. 塑料

塑料是在一定温度和压力下可塑制成形的高分子合成材料的通称。塑料一般以合成树脂为基础,再加入各种添加剂(填充剂、增塑剂、固化剂、防老化剂等)而制成。与金属材料相比,塑料具有密度小、比强度高、化学稳定性好、优异的电绝缘性、减摩、耐磨性好、消声吸振性好、成形加工性好、耐热性低等特点。

常用的热塑性塑料有聚乙烯(PE)、聚氯乙烯(PVC)、有机玻璃(PMMA)、尼龙(PA)、聚甲醛(POM)等。常见的热固性塑料有酚醛塑料(PF)、环氧塑料(EP)、氨基塑料(UF)等。

2. 橡胶

橡胶是以生胶为基础加入适量的配合剂而组成的高分子材料。生胶是指未加配合剂的天然橡胶或人工合成橡胶。生胶是橡胶制品的主要原料,它也是把各种配合剂和骨架材料粘成一体的胶粘剂。橡胶具有高弹性、一定的耐蚀性、良好的耐磨性、隔声性和绝缘性,并有足够的强度,吸振能力强。根据原料来源不同,橡胶可分为天然橡胶和合成橡胶;根据应用范围,可分为通用橡胶和特种橡胶。

1.5.2　陶瓷材料

陶瓷是指以天然或人工合成的各种化合物为基本原料,经原料处理、成形、干燥、高温烧结而成的一种无机非金属固体材料,包括陶器、瓷器、玻璃、搪瓷、耐火材料等。

陶瓷硬度高,一般在 1 500HV(维氏硬度)以上,其抗拉强度较低,但抗压强度高,在室温下塑性几乎为零,韧性和疲劳性能较差;具有高的熔点和高温强度,在 1 000℃以上仍能保持其室温下的强度;高的抗氧化能力,在室温下及在高温下都不会发生氧化,对酸、碱、盐的腐蚀有较强的抵抗能力;较好的绝缘性能,有的陶瓷具有特殊性能,如压电陶瓷、磁性陶瓷、透明铁电陶瓷等。按成分、性能和用途,陶瓷分为以下两种:

1. 普通陶瓷(传统陶瓷)

以天然的硅酸盐矿物为原料(如黏土、长石、石英等),经成形、烧结而成的产品,因而又称硅酸盐陶瓷,如日用陶瓷、化工陶瓷、电器绝缘陶瓷等。这类陶瓷质地坚硬,不氧化生锈,耐腐蚀,不导电,能耐一定的高温,成本低,加工成形性好,但强度低,耐高温性能比其他陶瓷低。

2. 特种陶瓷（新型陶瓷）

采用纯度较高的人工合成原料，并采用烧结工艺制成的具有独特的力学、物理或化学性能的陶瓷。

（1）氧化铝陶瓷

以 Al_2O_3 为主要成分，具有耐高温性能好，耐酸、碱和化学药品的腐蚀，有优良的电绝缘性，但脆性大，不耐冲击，抗热振性差。常用来制作高温容器和内燃机的火花塞、刀具、耐磨零件等。

（2）碳化硅陶瓷

以 SiC 为主要成分，高温强度大，其抗弯强度在 1 400℃仍可保持在 500～600 MPa，有很高的热传导能力，良好的热稳定性、耐磨性、耐蚀性和抗蠕变性。常用来制作火箭尾喷管的喷嘴，浇注金属用的喉嘴，还可制作燃气轮机的叶片、轴承等。

（3）氮化硅陶瓷

以 SiN 为主要成分，具有良好的化学稳定性。除氢氟酸外，能耐各种无机酸和碱溶液的腐蚀，也能抵抗熔融的非铁金属的侵蚀；硬度高，有良好的电绝缘性和耐磨性；摩擦系数小，是一种良好的耐磨材料；热膨胀系数小，抗高温蠕变性能和抗热振能力比其他陶瓷强。常用来制作高温轴承、燃气轮机的转子叶片、泵和阀的密封环。

1.5.3 复合材料

由两种或两种以上物理、化学性质不同的物质，经人工合成而成的多相固体材料，称为复合材料。复合材料可以克服或改善单一材料的弱点，充分发挥其优点，并能得到单一材料不易具备的性能和功能。复合材料为多相体系：一类为基本相，起胶粘剂作用；另一类为增强相，起提高强度（或韧性）的作用。

复合材料的种类很多，常见的分类方法有以下三种：按基体分类，分为非金属基体（如高聚物、陶瓷等）和金属基体两类；按性能分类，分为结构复合材料和功能复合材料；按增强相的种类和形状分类，分为颗粒复合材料、层叠复合材料和纤维增强复合材料，如图 1-19 所示。部分纤维增强复合材料的名称、性能和用途见表 1-15。

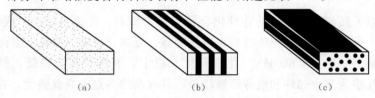

（a）　　　　　　　　（b）　　　　　　　　（c）

图 1-19　复合材料结构示意图

（a）颗粒复合材料；（b）层叠复合材料；（c）纤维增强复合材料

表 1-15　部分纤维增强复合材料的名称、性能和用途

纤维种类	基　体	特　性	用　途
玻璃纤维（玻璃钢）	合成树脂	优良的抗拉、抗弯、抗压强度及好的抗蠕变性能，耐冲击、电绝缘性好	制作轴承、齿轮等精密零件，汽车的仪表盘、前后灯，空气调节器叶片，照相机壳体等

纤维种类	基　体	特　性	用　途
碳纤维	陶瓷	很高的高温强度和弹性模量，冲击韧性好	制作喷气发动机的涡轮叶片等
硼纤维	合成树脂	压缩、剪切强度高，蠕变小，硬度和弹性模量高，疲劳强度高，耐辐射，热导性和电导性好	用于航天、航空工业，制造翼面、仪表盘、推进器零件

1.6　汽车运行材料

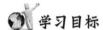

学习目标

1. 掌握汽油和柴油的主要性能。
2. 掌握各种润滑油的作用及主要性能。
3. 了解制冷剂、制动液等工作液的特性及使用。

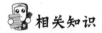

任务分析

众所周知，汽车要行驶就需要消耗燃料，因为汽车就是将燃料燃烧的热能转变为机械能的机器。为了保证汽车的正常行驶仅仅有燃料还不够，因为汽车在工作中还需要润滑、冷却、制动等，所以一辆能正常工作的汽车在运行中需要除燃料之外的多种运行材料的供应，如冷却液、机油、齿轮油、制动液等。本部分重点掌握汽油和润滑油的作用、使用性能。

相关知识

1.6.1　汽车燃油

1. 汽油

（1）汽油的使用性能与评定指标

汽车的使用性能直接影响发动机的燃油经济性、动力性、可靠性和使用寿命。评定车用汽油的性能指标主要有蒸发性、抗爆性、氧化安定性、防腐性和清洁性。

（2）汽油的牌号、规格、选用

汽油的质量标准称为汽油的规格，其规格大小是根据汽油的辛烷值来划分的。例如，90号汽油表示辛烷值不低于90，93号汽油表示其辛烷值不低于93。

选择汽油就是选择汽油的辛烷值，即汽油的牌号。正确选用汽油牌号不仅可以使发动机获得更好的动力性、燃油经济性，而且能满足更严格的尾气排放法规要求。

选择汽油牌号要注意以下几点：

1）根据汽车使用说明书的要求选择；

2）根据汽车发动机压缩比选择；

3）根据使用时间调整汽油的牌号；

4）汽油、柴油不能混用；

5）溶剂汽油不能与车用汽油混合使用。

2. 柴油

（1）柴油的使用性能及评定指标

柴油分为轻柴油和重柴油，轻柴油主要用于高速柴油机；重柴油主要用于中、低速柴油机。汽车上装配的柴油机属于高速柴油机，所以车用柴油指的是轻柴油。

轻柴油与汽油相比，具有馏分重，自然点低、黏度大、密度大、蒸发性差、储运过程中损耗少和使用安全等特点；而柴油发动机与汽油发动机相比，具有耗油量低、能量利用率高、废气排放量小、工作可靠性好和功率使用范围宽等优点。

（2）柴油的牌号

车用柴油按凝点分为 5 号、0 号、−10 号、−20 号、−35 号和−50 号六种牌号。

（3）柴油的选用

选择车用柴油时，应根据不同地区和不同季节选用不同牌号的柴油。气温高的地区，选用凝点高的柴油；气温低的地区，选用凝点低的柴油。

（4）注意事项

1）不同牌号的轻柴油可以掺和使用；

2）不需要专门换季换油；

3）柴油不能与汽油混用；

4）柴油应做好净化，防止杂质混入其中；

5）加入油箱前的柴油要经过沉淀和过滤；

6）冬季使用桶装高凝点柴油时，不得用明火加热，以免发生爆炸。

3. 液化石油气

液化石油气主要由丙烷、丁烷、丙烯等气体混合而成。其特点为：与汽油相比，液化石油气的热值与辛烷值都要高，所以具有较好的抗爆性；液化石油气混合均匀，燃烧性能好，而且不含有铅和硫化物，所以污染较低。液化石油气汽车在车用新能源中发展最快。

4. 天然气

天然气的主要成分是甲烷，占其体积分数的 90% 以上，其余由乙烷、丙烷和丁烷等物质组成。其特点为：与汽油相比，天然气的热值和辛烷值都要高，所以具有良好的抗爆性；天然气的着火界限宽，容易实现稀薄燃烧，所以排放污染少。

5. 醇类

醇类燃料主要是指甲醇和乙醇，属于新能源低公害燃料。醇类燃料的资源非常丰富，甲醇可以从天然气、煤、木材和垃圾等物质中提炼；乙醇可以利用发酵的方法，从甘蔗、玉米、薯类等农作物和木质纤维素中提取，这些原料储量大，而且可以再生。其特点为：制取的原料丰富，价格便宜，甲醇和乙醇均可以直接由植物发酵获得；在相同的热效率下，醇类燃料经济性低；辛烷值比汽油高，抗爆性能好；与汽油的互溶性差，当与汽油混用时遇水容易分层，需要添加助溶剂；低温时雾化性能差，发动机不易起动；对金属有腐蚀性，零件磨损较大，其中甲醇还具有毒性，会引起中毒。

6. 氢燃料

氢气其来源主要通过水裂解制取，此外，还来源于各种工业副产品。其特点为：燃烧热效率高，燃料经济性好；辛烷值高，发动机工作效率高；燃烧后不产生有害气体；制取氢气的成本高；氢燃料储运不方便。

1.6.2 润滑油

1. 发动机润滑油

发动机润滑油又称机油，是车用润滑油中用量最大、性能要求最高、品种规格最多、工作条件异常苛刻的一种油品，所以在汽车润滑剂中处于非常重要的地位。

（1）作用

减缓零部件的磨损，减少故障，延长发动机的使用寿命，最大限度地发挥发动机的应有功率。发动机润滑油的黏度高、黏温特性好、抗腐蚀、抗氧化稳定和热氧化安定行好、清洁分散性强。

（2）分类、牌号

1）按发动机的类型分类，汽油机发动机油（简称汽油机油）和柴油机发动机油（简称柴油机油）两类。

2）按使用性能（使用等级）分类，汽油机油共有 SC、SD、SE、SF、SG、SH 六个等级；柴油发动机油共有 CC、CD、CD－Ⅱ、CE、CF－4 五个等级。

3）按照黏度分类，可分为冬季用油和非冬季用油。

国产发动机油的品种与牌号见表 1-16。

表 1-16 国产发动机油的品种与牌号

品　种	黏　度　牌　号
SC	5W/20、10W/30、15W/40、30、40
SD（SE/CC）	5W/30、10W/30、15W/40、30、40
SE（SE/CC）	5W/30、10W/30、15W/40、20/20w、30、40
SF（SF/CD）	5W/30、10W/30、15W/40、30、40
CC	5W/30、5W/40、10W/30、10W/40、15W/40、20W/40、30、40、50
DD	5W/30、5W/40、10W/30、10W/40、15W/40、20W/40、30、40

（3）使用性能

发动机润滑油的工作条件很恶劣，因此对其使用性能也有很高的要求，具体如下：

1）润滑性：在各种条件下，发动机润滑油均具有良好的润滑性即能降低摩擦、减缓磨损和防止金属烧结。黏度是评定润滑性的重要指标。

2）低温操作性：发动机润滑油应具有良好的低温操作性能保证发动机在低温条件下易启动和可靠供油的性能。发动机润滑油低温操作性的评定指标主要有低温动力黏度、边界泵送温度和倾点等。

3）黏温性：温度对油品黏度的影响很大，温度升高，黏度降低；温度降低，黏度升高。发动机润滑油的黏度随温度的变化程度要小即应具有良好的黏温性。黏温性的评定指标是黏度指标，黏度指标是指将试验油的黏温性与标准油进行比较所得出的相对数值。

4）清净分散性：发动机润滑油应具有良好的清净分散性即润滑油具有良好的抵制积碳、漆膜和油泥生成或将这些沉积物清除的性能。

5）抗氧化性：发动机润滑油应具有良好的抗氧化性。

6）抗腐蚀性：发动机润滑油抵抗腐蚀性物质对金属腐蚀的能力。发动机润滑油抗腐蚀性的评定指标是中和值。

7）抗泡沫性：发动机润滑油消除泡沫的性质，评定指标是泡沫性。

（4）选择及使用

1）使用性能级别的选择。根据发动机油工作条件的苛刻程度选择发动机油的使用性能级别。

2）黏度级别的选择。根据气温、工况和发动机的技术状况选择发动机油的黏度级别。通常发动机应使用汽车厂商指定的发动机油。

发动机油的使用注意事项：正确选择润滑油的使用等级；正确选择润滑油的黏度；不同牌号的润滑油不能混合使用；定期换油；保持正常油位。

2. 车用齿轮油

车用齿轮油是指用于汽车手动变速器、后桥齿轮传动机构及转向机构的润滑油。

（1）作用

1）齿轮在啮合过程中会产生齿间摩擦，车用齿轮油会减少齿间摩擦，保证齿轮的使用寿命。

2）车用齿轮油能起到冷却零部件的作用，带走齿轮啮合过程中产生的热量。

3）可以缓和齿轮在传动过程中产生的振动、冲击和噪声。

4）车用齿轮油还有防腐防锈的作用，可以保证齿轮正常工作。

5）车用齿轮油还能起到清洗齿面脏物的作用。

（2）分类

1）按照齿轮油黏度分类。目前，世界各国的车用齿轮油采用美国的 SAE 黏度分类法，而我国车用齿轮油的分类是根据 GB/T 17477—2012《汽车齿轮润滑剂黏度分类》标准进行黏度分类的。按照齿轮油黏度为 150 000 MPa·s 时的最高温度和 100℃的运动黏度，车用齿轮油分为 70W、75W、80W、85W、90、140 和 250 七个黏度牌号，具体见表 1-17。

表 1-17　车用齿轮油的黏度分类

SAE 黏度等级	黏度为 150 000 MPa·s 的最高温度/℃	100℃的运动黏度/（mm²·s⁻¹）	
		最小值	最大值
70W	−55	4.1	—
75W	−40	4.1	—
80W	−26	7.0	—
85W	−12	11.0	—

SAE 黏度等级	黏度为 150 000 MPa·s 的最高温度/℃	100℃的运动黏度/（mm²·s⁻¹）	
		最小值	最大值
90	—	13.5	<24.0
140	—	24.0	<41.0
250	—	41.0	—

另外，车用齿轮油的黏度等级有单黏度等级和多黏度等级，其代号用低温黏度等级号和高温黏度等级号的组合来表示。如 85W/90，表示该油在低温时符合 85W 油的黏度等级，在高温时符合 90 油的黏度等级。

2）按照齿轮油使用性能分类。目前国际上广泛采用 API 使用性能分类法，按齿轮的承载能力和使用条件的不同，车用齿轮油分为 GL－1、GL－2、GL－3、GL－4、GL－5 和 GL－6 六个级别，具体见表 1-18。

表 1-18　车用齿轮油的使用性能分类

级别	使用性能
GL－1	低齿面压力、低滑动速度下运行的汽车弧齿锥齿轮，涡轮后轴和各种手动变速器。规定使用 GL－1 齿轮油
GL－2	汽车涡轮后轴，其负荷、温度及滑动速度的状况用 GL－1 齿轮油不能满足要求
GL－3	中等速度及负荷运转的汽车手动变速器和后桥弧齿锥齿轮，规定用 GL－3 级齿轮油，其承载能力比 GL－2 高，比 GL－4 低
GL－4	在高速低转矩下运转的轿车和其他汽车的各种齿轮，特别是准双曲面齿轮，规定使用 GL－4 齿轮油
GL－5	在高速冲击载荷、高速低转矩、低速高转矩条件下运转的轿车和其他汽车的各种齿轮，特别是准双曲面齿轮，规定使用 GL－5 齿轮油
GL－6	高速冲击负荷下运转的轿车和其他汽车的各种齿轮，特别是高偏置准双曲面齿轮，偏置大于大齿圈 5cm 或接近直径的 25％，规定使用 GL－6 齿轮油

3）我国齿轮油的分类。我国将车用齿轮油分为 CLC、CLD、CLE 三类，分别为普通车用齿轮油、中等负荷齿轮油和重负荷车用齿轮油，具体见表 1-19。

表 1-19　车用齿轮油分类

代号	名称	使用部位	对应 API
CLC	普通汽车齿轮油	手动变速器、弧齿轮的驱动桥	GL－3
CLD	中负荷汽车齿轮油	手动变速器、弧齿轮和使用条件不太苛刻的准双曲面齿轮的驱动桥	GL－4
CLE	重负荷汽车齿轮油	操作条件缓和或苛刻的准双曲面齿轮及其他各种齿轮的驱动桥，也可用手动变速器	GL－5

（3）规格

目前常用的齿轮油有如下三种：

①普通齿轮油：普通齿轮油分为 80W/90、85W/90 和 90 号。

②中负荷齿轮油：中负荷齿轮油分为 80W/90、85W/90 和 90 三个黏度牌号。

③重负荷齿轮油：重负荷齿轮油分为 75W、80W/90、85W/90、85W/140、90 和 140 号六个黏度牌号。

（4）主要性能

1）油性和极压性；

2）低温操作性和黏温性；

3）热氧化安定性；

4）防腐防锈性；

5）抗泡沫性。

（5）选择及注意事项

1）齿轮油的选用。

齿轮油的选择首先要根据齿轮的类型、负荷大小、滑动速度选定合适的质量级别。然后再根据使用的最高和最低工作温度来确定齿轮油的黏度级别。

2）齿轮油的更换。

齿轮油的更换一般根据车辆的传动结构特性、运行条件和润滑油的质量由汽车制造厂家推荐或用户自行确定固定的换油周期（时间或里程）。夏利威姿轿车一般行驶 2 万～3 万公里时才换油。

3）齿轮油的使用注意事项。

①不能将使用级较低的齿轮油用在要求较高的车辆上，但使用级较高的齿轮油可以用在要求较低的车辆上。

②使用黏度级别过高的齿轮油，将使燃料消耗及磨损显著增加，特别是高速轿车影响较大，应尽可能使用合适的多级齿轮油。

③不同使用级别的齿轮油不能混用。

④严防水分混入，以免极压抗磨添加剂失效。

3. 车用润滑脂

（1）作用

润滑脂俗称黄油，是在润滑油中加入了稠化剂，并根据需要加入各种添加剂而成的。实际上润滑脂就是稠化了的润滑油，常温下呈半固态膏状。润滑脂主要用在汽车上不宜使用液体润滑剂的部位，尤其是低速、大负荷和冲击力较大的部位，以及工作环境差、难以密封的部位。

（2）使用特点

1）有较高的承受负荷能力和较好的阻尼性；

2）润滑脂的蒸发损失小，高温、高速下的润滑性好；

3）有良好的附着性能；

4）可在较宽温度范围和较长时间内起到润滑作用；

5）轴承润滑中可起到密封作用。

（3）品种及使用

选用润滑脂应考虑工作温度、运动速度和承载的负荷，工作温度高，应选用滴点高的润滑脂；运动速度大，应选用低稠度级别的润滑脂；承载负荷大，应选用锥入度小的润滑脂，特殊环境选用特殊性能的润滑脂，具体见表1-20。

表1-20 润滑脂在汽车上的应用

类型	应用
复合钙基润滑脂	车辆轮毂轴承及水泵轴承的润滑
石墨钙基润滑脂	人字齿轮、汽车钢板弹簧、吊车等重负荷部位
钠基润滑脂	离发动机很近，温度较高的风扇离合器
钙钠基润滑脂	机械设备滚动轴承
通用锂基润滑脂	汽车轴承及各摩擦部位

（4）润滑脂的使用注意事项

1）各种稠化剂制成的润滑脂不能互相混用，不同种类的润滑脂不得混用；

2）润滑脂一次加入量不要过多；

3）一般情况下，润滑脂与润滑油不能混用；

4）润滑脂一旦混入杂质便难以除去。

1.6.3 车用工作液

1. 车用制动液

（1）工作特点及性能要求

在轿车和轻型汽车上广泛采用液压传动行车制动系，汽车制动液是汽车液压传功制动系所采用的传递压力的工作介质，汽车制动液应具有以下使用性能：

1）良好的高温抗气阻性；

2）适当的运动黏度；

3）良好的与橡胶配伍性；

4）良好的抗腐蚀性；

5）良好的稳定性；

6）良好的耐寒性；

7）良好的溶水性；

8）良好的抗氧化性；

9）良好的润滑性和材料适应性。

汽车制动液通常由溶剂、润滑剂（基础聚合物）和添加剂三部分组成。溶剂决定制动液的初沸点。润滑剂保持制动液的高温黏度和蒸发量，并且使制动液化学稳定性好。添加剂能长期保持制动液的物理性质，同时可弥补溶剂、润滑剂所缺少的物理性质必须加入的成分，例如抗氧剂、防锈剂、防腐剂等。

（2）种类、牌号及规格

国外典型的汽车制动液标准是：

1）美国联邦政府运输安全部（DOT）制定的联邦机动车辆安全标准（FMVSS），这是世界公认的汽车制动液规格的通用标准。

2）美国汽车工程师学会（SAE）标准。

3）国际标准化组织标准 ISO 4925—1978《机动车制动液》。

目前，西欧、美国、日本等发达国家的制动液仍执行 FMVSS No116 DOT4 和 DOT3 标准，我国制动液也是参照这一标准进行分级的。

现市场上销售的进口制动液主要有 SAE 系列、DOT 系列、TCL 系列和中美合资的康普顿系列，要求使用进口制动液的车辆可按照此对应关系选用相应等级的国内产品代用。

（3）选择及使用

1）选择合成型车用制动液。

2）选用车用制动液产品质量等级应等于或高于生产厂家提供的说明书上规定的车用制动液质量等级。

3）所选用的车用制动液的类型应与生产厂家提供的说明书中规定的产品类型相同。

4）尽量选择正规厂家生产的、有质量保证的车用制动液。

（4）注意事项

1）不同规格的制动液不能混用。

2）防止水分或矿物油混入。

3）制功缸橡胶皮碗不可敞开放置。

4）汽车制动液多以有机溶剂制成，易挥发、易燃，因此管理和使用中要注意防火。

（5）制动液的购买

目前制动液销售市场比较混乱，质量参差不齐。

国家质量技术监督局公布的有关结果显示，我国汽车制动液抽样合格率仅为 41.7%。因此，建议用户购买时要谨慎，一要尽可能购买长期为汽车厂提供配套制动液的生产厂家的产品，确保质量可靠，性能稳定；二要尽量到国有大型销售部门购买，以防假冒伪劣产品。

此外，在种类选择上，最好考虑选合成制动液，不要购买已淘汰的醇型制动液。

2. 液力传动油

（1）使用性能

由于汽车自动变速器的工作原理以液力和液压为基础，因此汽车自动变速器油（ATF，Automatic Transmission Fluid）是一种多功能（传递和改变转矩，实现控制、润滑及冷却等作用）的工作液，它对自动变速器的正常工作和使用寿命影响很大。

汽车自动变速器油应具有以下使用性能：

1）适当黏度和良好的黏温性。黏度过小，不易形成油膜，会加剧零件磨损，并使执行机构的油压降低，从而出现换挡不正常等故障。

黏度过大，流动性差，使发动机起动后，油液供至各控制阀、执行机构的时间延迟，造成换挡滞后时间增加，严重时可能引起离合器打滑或烧结。

2）良好的摩擦特性。动摩擦系数对转矩传递和换挡时间有明显影响，过小会影响传递功率和使离合器打滑，并使换挡时间延长。静摩擦系数过大，会使换挡后期转矩急剧增大，发出异响、使换挡过程恶化。自动变速器油的摩擦特性在很大程度上由被称作摩擦改进剂的添加剂所决定的。

3）良好的抗热氧化性。汽车在苛刻条件下远行时，自动变速器的油温可达到150℃～170℃。

4）良好的抗磨性。为使自动变速器的行星齿轮机构的齿轮及轴承和油泵等正常工作，要求自动变速器油应具有良好的抗磨性能，为此在自动变速器油中加有抗磨剂。

5）良好的防腐蚀性。

6）良好的密封材料适应性。

7）良好的抗泡沫性。

（2）分类、规格

国外液力传动油多采用由美国材料与试验协会（ASTM）和美国石油学会（API）共同提出的PTF（Power Transmission Fluid）使用分类，具体见表1-21。

表 1-21　液力传动油的应用

分类	应用范围
PTF—1	乘用车、普通载货车
PTF—2	普通载货车、越野车
PTF—3	农业和工程机械

（3）选择及注意事项

汽车自动变速器油的选择原则是一定要加注原厂推荐规格自动变速器油。以上介绍的仅是国外汽车自动变速器油的典型规格，实际上有些汽车公司常推荐自定的自动变速器油，部分汽车原厂要求的自动速器油的规格见表1-22。

表 1-22　自动变速器油的选用

车型	油品规格
北京切诺基（AW—4型自动变速器）	MERCON 或 NEXRONII
广州本田雅阁2.0（MAXA型自动变速器）	HONDA　ATF　PREMIDM 或等效 NEXRONI
奥迪A6	G052 162VW—ATF
上海别克GLX（4T65—E型自动变速器）	NEXRONIII
凌志LS400（A341E、A342E型自动变速器）	NEXRONII

3. 车用防冻液

（1）使用性能

汽车发动机广泛采用强制循环水冷却系，冷却液即为发动机水冷却系中带走高温零件热量的一种工作介质。为保证汽车发动机正常工作和延长发动机的使用寿命，发动机冷却液应具有以下使用性能：

1）冰点低、沸点高。

2）防腐蚀性好、不损坏汽车有机涂料。

3）不易产生水垢、抗泡沫性好。

（2）种类、性能

汽车防冻剂的种类很多，像无机物中的氯化钙（$CaCl_2$）、有机物中的甲醇（CH_3OH）、乙醇（C_2H_5OH，俗名酒精）、乙二醇[$C_2H_4(OH)_2$，俗名甜醇]、丙三醇 [$C_3H_5(OH)_3$，俗名甘油]、润滑油，以及我们日常生活中常见的砂糖、蜂蜜等，都可作为防冻液的母液，在加入适量纯净软水（不含或少量含有钙、镁离子的水，如蒸馏水、未受污染的雨水、雪水等，其水质的总硬度成分浓度在 $0 \sim 30$ ppm 之间）后，即可成为一般意义上的防冻液。

目前世界各国车厂大多采用以乙醇、乙二醇或丙三醇为母液的汽车防冻液，其中尤以乙二醇型防冻液使用居多。现在我国进口的汽车，绝大多数都采用乙二醇型防冻液。

乙二醇型防冻液采用乙二醇与软水按不同比例混合而成。纯净的乙二醇是无色、黏稠而有甜味的液体；乙二醇比水重，易溶于水和乙醇。乙二醇的冰点为 $-13℃$，沸点则高达 $197℃$。其优点是配兑容易、溶液不易挥发、使用安全可靠。其缺点是当乙二醇的百分比浓度过低时，其对机件的腐蚀性就会增加。因而一般乙二醇型防冻液都会添加一定比例的防锈剂，以达到防锈除垢的作用。

（3）牌号和规格

目前，汽车广泛使用的冷却液是用乙二醇或丙二醇等化学物质与水按一定比例混合而成的混合液，还要加入腐蚀剂、清洁剂、阻垢剂和着色剂等添加剂。国外典型的发动机冷却液规格是美国材料与试验协会（ASTM）制订的。我国汽车发动机冷却液现行执行标准是 SH 0521－1999《汽车及轻负荷发动机用乙醇型冷却液》。冷却液按冰点分为 -25 号、-30 号、-35 号、-40 号、-45 号和 -50 号六个品牌。

（4）使用及注意事项

虽然乙二醇本身并无毒性，但由于防锈剂等物质的存在，使防冻液也带有了一定的毒性，故车主应将防冻液储存在儿童不能触及的专用容器中。

加注防冻剂时还需注意不能让防冻剂溅在车漆上，因为它会损伤漆膜；还要注意不能让防冻剂溢流到高温状态下的发动机零件上，以免引起燃烧。

为了安全起见，车主在自行加注发动机冷却液和防冻剂时，应让发动机处于冷机状态。这样，不但加液量准确，而且更为安全。

不少车主为了减少防冻剂的挥发，有在夏季把发动机防冻液放出后储存起来的习惯，其实这样做弊多利少。因为没有了防冻液，冷却水中就没有了防腐剂，这样就很容易使水箱生锈并堵塞水路，导致发动机的使用寿命降低。

4. 车用减振器油

（1）作用

为了减少汽车在行驶中的振动与冲击，在载货汽车的前轮和轿车的前后轮都安装有减振器。车用减振器是汽车减振器的工作介质。

（2）减振器油的性能要求

车辆的减振装置要长期使用减振器油，减振器油不仅要适合不同的气候，而且在车辆行驶过程中还会经受各种剪切力的作用。所以，减振器油应具备如下性能：具有优良的黏温性；良好的低温流动性；良好的耐磨性；良好的抗氧化性；抗泡沫性和防锈性。

（3）减振油的选用

一般情况下，温暖地区可使用凝点不高于 $-8℃$ 的牌号，寒冷地区选用凝点不高于 $-55℃$ 的牌号。

目前，国内多数汽车推荐使用拉克玛依炼油厂生产的减振油和按照上海石油公司企业标准生产的减振器油，前者的特点是凝点低，有良好的黏温性，所以适合在寒冷地区使用；而后者的凝点不高于−8℃，所以适合在高温地区使用。

5. 车用空调制冷液

（1）使用性能

制冷剂是在汽车空调系统压缩机中循环，通过膨胀和蒸发吸收热量而产生制冷效应的工质汽车空调制冷剂应具有以下使用性能：

1）汽化潜热大，且易于液化。

2）化学安定性好，不易变质。

3）对金属材料无腐蚀性。

4）与压缩机润滑油、可以任何比例相溶。

5）不燃烧，不爆炸。

6）不破坏大气层，有利于保护环境。

汽车中调制冷剂最早广泛使用 R12（CFC−12），1999 年 12 月 26 日发布了《关于中国汽车行业新车生产限期停止使用 CFC—12 汽车空调的通知》的文件，规定从 2002 年 1 月 1 日起，所有新生产的汽车必须停止装配以 CFC−12 为介质的汽车空调器，以 HFC—134a（R134a）汽车空调器代之。

R134a 与 R12 空调制冷系统在结构和维护方面有较大的区别：两者热力性质和系统结构相似，最大的不同之处是冷冻油。

冷冻油是一种与制冷剂相容，能够对压缩机起润滑作用，且化学性质稳定的液体润滑剂。R12 的冷冻油是可溶于 R12 之中的矿物油。R134a 的冷冻油一般是用一种称为 PAG 或酯类的润滑剂。由于这种润滑剂的特殊性，R134a 只能在专门与其配套的空调系统中工作。因此，凡是车用的 R134a 空调系统，厂方都会在压缩机、冷凝器、蒸发器、橡胶管和灌充设备上注明 R134a 的标志，以防误用。

（2）注意事项

在一段时间内 R134a 与 R12 空调制冷系统将并存，因此在制冷剂选择等方面应防止将两种系统混淆，注意事项如下：

1）确认汽车是采用哪种制冷剂的空调系统。

2）NR134a 与 R12 两种制冷剂不能混用。

3）R12 空调制冷系统使用的压缩机润滑油不得用于 R134a 空调制冷系统中。

4）R12 空调制冷系统使用的干燥剂（硅胶与氟石）不得用于 R134a 空调制冷系统中。

5）两种制冷系统中的密封件、橡胶软管、检测仪表和加注工具等不能混用。

思考与练习

1-1 比较金属的各项力学性能指标，填写下表：

力学性能	符号	单位	含义	应用举例
强度				
塑性				

力学性能	符号	单位	含义	应用举例
硬度				
冲击韧度				
疲劳强度				

1-2 布氏硬度、洛氏硬度实验法有哪些优缺点？

1-3 金属常见的晶格有几种？性能有何区别？

1-4 金属晶粒的大小对金属材料的力学性能有何影响？

1-5 绘出简化的 $Fe-Fe_3C$ 相图，解释主要特性点和特性线的意义，并填上各区域的组织名称。

1-6 根据含碳量，铁碳合金可分为几类？碳的质量分数对铁碳合金的力学性能有何影响？

1-7 什么是钢的热处理？热处理方法有几种？

1-8 45 钢在 840℃ 保温一定时间放入不同介质中冷却，试回答表中问题：

冷 却 方 式	热处理名称	机械性能比较（按高低排序）	
		强 度	塑 性
炉 冷			
空 冷			
水 冷			
水冷＋高温回火			

1-9 如何对钢进行分类？

1-10 铸铁可分为哪几种？各类铸铁中碳分别以什么形态存在？

1-11 硬质合金的性能有哪些特点？常用的硬质合金有哪几类？各用于何种场合？

1-12 非金属材料分为哪三大类？

项目二　静力学

1. 掌握力系的基础概念。
2. 对物体进行受力分析和力系的简化。
3. 利用平衡条件对机械零部件求出未知力，确定机械零部件的承载能力。

2.1　静力学分析基础

 学习目标

1. 描述静力的基本概念。
2. 熟练掌握静力学公理。
3. 分析约束和反约束。
4. 进行简单的受力分析，并绘制受力分析图。

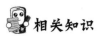 任务分析

对汽车机械基础的研究是以力学分析为基础的，而静力分析主要研究力系的简化以及物体在力的作用下平衡的普遍规律。学生要掌握力、力系、平衡、刚体等力学基本概念，同时还要掌握力学公理并加以应用。

相关知识

2.1.1　静力学基本概念

静力学是研究物体在力系作用下平衡规律的科学。力系是指作用于同一物体上的一组力。物体的平衡一般是指物体相对于地面静止或做匀速直线运动。

力在物体平衡时所表现出来的基本性质，也同样表现于物体做一般运动的情形中。在静力学里关于力的合成、分解与力系简化的研究结果，可以直接应用于动力学。静力学在工程技术中具有重要的实用意义。

1. 力的概念

人们在生产和生活实践中逐渐形成了力的概念。例如人在扛东西时感到肩膀受力；用手推车，车就由静止开始运动；用冲床冲压零件，零件就发生变形。这种作用可使物体的运动状态或形状发生变化。

1）力的定义。力是物体间的相互作用，其作用结果使物体运动状态或形状发生变化。物体运动状态的改变是力的外效应（又称运动效应），物体形状的改变是力的内效应（又称变形效应）。

2）力的三要素。力对物体的效应由三个要素决定：力的大小、力的方向和力的作用点。三个要素中任何一个改变时，都会改变作用效应。

3）力的单位。度量力大小的单位将随着采用的单位制不同而不同。本书采用国际单位制，力的单位为 N。

4）力的表示方法。力是矢量，力矢量的始端或末端表示力的作用点；沿力矢顺着箭头的指向表示力的方向；按一定比例所画的力矢长度表示力的大小。如图 2-1 所示，力矢表示小车受到 500 N 的推力。

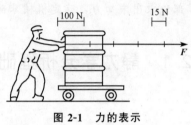

图 2-1　力的表示

2．力系

力系是同时作用在物体上的一群力。如果一个力系对物体的作用能用另一个力系来代替而不改变作用的外效应，这两个力系为互为等效力系。

对一个比较复杂的力系，求与它等效的简单力系的过程称为力系的简化。力系的简化是静力学最基本的内容。

3．平衡的概念

平衡是指物体相对地面处于静止或匀速直线运动状态。绝对平衡是不存在的，工程上所指的物体平衡，一般是相对于地球而言。物体在力系作用下处于平衡状态时，称该力系为平衡力系。

4．刚体和变形固体的概念

刚体是指在外力作用下，大小和形状始终保持不变的物体。变形固体是指在力的作用下，形状和大小发生变化的固体。静力学的研究对象为刚体。在实际工程问题中，受力而不发生变形的物体是不存在的。若物体所发生的变形相对于物体的几何尺寸非常微小，忽略之后并不影响计算结果的精确度，此类物体可理想化为刚体。所以，刚体是一个抽象化的概念。

2.1.2　静力学公理

在长期的生活和生产实践中，人们较系统地认识了力的基本性质及所遵循的基本定律，总结出静力学公理。这些公理是静力学全部理论及解题的基础。

公理一（二力平衡公理）

作用于刚体的两个力，使刚体保持平衡的充分和必要条件是：这两个力大小相等，方向相反且作用在同一直线上。

如图 2-2 所示，物体处于平衡状态，必须满足 $F_1 = F_2$。F_1 和 F_2 称为作用在同一物体上的一对平衡力。

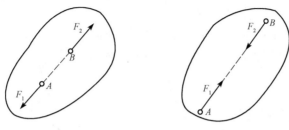

图 2-2　二力平衡

需要强调的是，二力平衡公理只适用于刚体；对于变形固体来说，公理所给出的条件仅是必要的但不充分。如图 2-3 所示，软绳受两个等值、反向的拉力作用是平衡的，但受两个等值、反向的压力作用就不能平衡。仅受两个力而处于平衡状态的构件称为二力构件，也称二力杆。

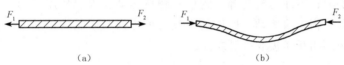

（a）　　　　　　　　　　　　（b）

图 2-3　二力平衡适用刚体

公理二（加减平衡力系公理）

对于作用在刚体上的任何一个力系，增加或减去任一平衡力系，不会改变原力系对刚体的作用效果。

推论 1（力的可传性原理）

作用在刚体上的力，其作用点可沿着作用线在刚体上任意移动，而不改变它对刚体的作用效果。

公理三（力的平行四边形公理）

作用于物体同一点的两个力的合力，其作用线必过该点，其大小和方向可由此二力的力矢为邻边所做的平行四边形的对角线表示，如图 2-4（a）所示。用矢量表示为 $\boldsymbol{F}_R = \boldsymbol{F}_1 + \boldsymbol{F}_2$。如图 2-4（b）、图 2-4（c）所示为力矢三角形法则。

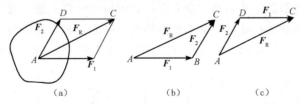

（a）　　　　　　　　（b）　　　　　　　（c）

图 2-4　力的平行四边形

推论（三力平衡汇交定理）

当刚体受到同一平面内互不平行的三个力作用而平衡时，此三力的作用线必汇交于一点，如图 2-5 所示。

公理四（作用力与反作用力公理）

两个物体之间的作用力与反作用力总是同时存在，且两力等值、反向、共线，分别作用在两个物体上。

必须指出，公理四是两个力分别作用于两个物体上，而公理一则是两个力作用在同一物体上，不要把公理四与公理一混同起来。

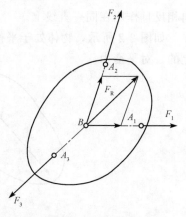

图 2-5　三力汇交

2.1.3　约束与约束反力

在工程上，每个零部件都是相互联系并相互制约的，它们之间存在着相互的作用力。例如转轴受到轴承的限制，使其只能绕轴线转动；汽车受到地面的限制，使其只能沿路面运动等。这种限制物体运动的周围物体，称为约束。由此可知，轴承是转轴的约束，地面是汽车的约束。

物体的受力可分为两类：主动力和约束反力。主动力是指使物体产生运动或运动趋势的力，如物体的重力、零件的载荷等。约束对物体运动起限制作用的力称为约束反力。由于约束的作用是限制物体的运动，所以约束反力的方向与限制的运动方向相反，其作用点在约束与被约束物体相互连接或接触之处。

1. 柔性体约束

柔性体约束是由绳索、链条或胶带等非刚性体所形成的约束。它们只能受拉不能受压，限制物体沿柔体约束的中心线离开约束的运动。约束反力的方向沿着中心线而背离被约束物体。约束反力通常用 F_T 来表示。如图 2-6 中线绳上的约束反力 F_{T1} 和 F_{T2}。

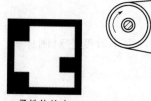

柔性体约束

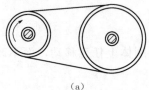

（a）

（b）

图 2-6　柔性体约束

2. 光滑接触面约束

物体相互作用的接触面，并不是完全光滑的，为研究问题方便，忽略不计接触面间的摩擦和变形，把物体的接触面看成是完全光滑的刚性接触面。其约束反力的方向沿接触表面的公法线并指向被约束物体，也称为法向反力，通常用符号 F_N 来表示，如图 2-7 中的 F_N。

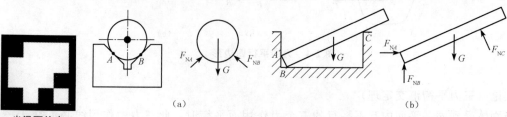

光滑面约束

（a）　　　　　　　　　　　　　　　（b）

图 2-7　光滑接触面约束

3. 光滑圆柱铰链约束

如图 2-8 所示物体经圆柱铰链连接所形成的约束。圆柱形铰链是由两个端部带圆孔的杆件，用一个销钉连接而成的，此时，受约束的两个物体都只能绕销钉轴线转动。由于销钉与物体的圆孔表面都是光滑的，两者之间有缝隙，根据光滑面约束反力的特点，销钉对物体的约束反力应沿接触点 K 处的公法线通过物体圆孔中心（即铰链中心）。但因为主动力的方向不能预先确定，接触点位置不能确定，所以约束反力 F_R 的方向也不能预先确定。约束反力 F_R 通常用两个通过铰链中心的互相垂直的分力 F_x 和 F_y 来表示。

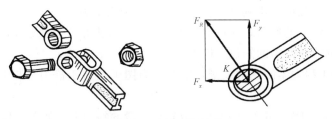

图 2-8　光滑圆柱铰链

根据被连接物体的形状、位置及作用，光滑圆柱铰链约束又可分为：中间铰链约束，固定铰链支座约束和活动铰链支座约束。由于活动铰链支座约束只能限制物体沿支撑面法线方向的运动，因此其约束反力 F_R 的作用线通过销钉中心且垂直于支撑面，如图 2-9 所示。

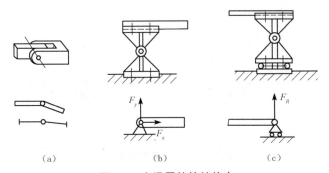

（a）　　　　　　（b）　　　　　　（c）

图 2-9　光滑圆柱铰链约束

4. 固定端约束

物体的一部分固嵌于另一物体所构成的约束，称为固定端约束。这种约束限制物体任何方向的移动和转动，其约束作用包括限制移动的两个正交约束反力 F_{Ax}、F_{Ay} 和限制转动的约束反力偶 M_A，如图 2-10 所示。

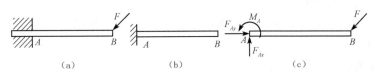

（a）　　　　　　（b）　　　　　　（c）

图 2-10　固定端约束

2.1.4 构件的受力分析及受力图

在对构件进行受力分析时，为了清楚地表示构件的受力情况，把所研究的对象解除全部约束，成为分离体，并在分离体上画出全部的主动力和约束力。这种表明构件受力情况的图形称为构件的受力图。

画受力图一般按下列方法进行：

1）明确研究对象，取分离体；

2）在分离体图上画出作用其上的主动力（一般为已知力）；

3）根据所解除约束的性质，在解除约束的位置，画出相应的约束反力；

4）最后，根据前面所学的知识，检查受力图画的是否正确。

受力图是解决工程力学问题的关键，掌握受力图画法对于静力分析非常重要。举例说明如下。

例 2-1 重量为 G 的球，用绳子拉住，放置在光滑的斜面上，如图 2-11（a）所示。试画出球的受力图。

解 （1）取球为研究对象，并画出分离体，如图 2-11（b）所示。

（2）画出主动力，球的重量 G。

（3）画出约束反力。小球受到的约束有绳和斜面：绳的约束为柔性约束 F_T；斜面的约束为光滑面约束 F_{NB}。

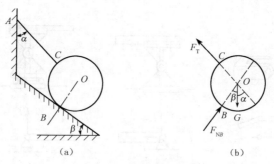

(a)   (b)

图 2-11　光滑面受力分析

例 2-2 如图 2-12（a）所示，画杆 AD、BC 的受力图。

解 （1）画 BC 杆的受力图。

①以 BC 杆为研究对象，并画出分离体图，如图 2-12（b）所示；

②BC 杆无主动力；

③画 BC 杆的约束反力（BC 杆为二力杆件，F_{NB}、F_{NC} 必然反向等值）。

（2）画 AD 杆的受力图

①以 AD 杆为研究对象，并画出分离体，如图 2-12（c）所示；

②画出主动力；

③画约束反力。

C 点处为铰链约束，由公理四，可画出 $F_{NC} = -F'_{NC}$，铰链 A 处的约束反力，由推论二可画出，也可用两个正交分力 F_{Ax}、F_{Ay} 表示。

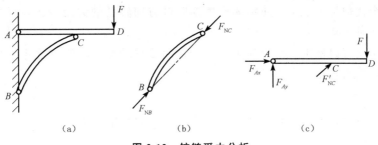

图 2-12 铰链受力分析

2.2 力矩与平面力偶系

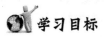学习目标

1. 描述力矩、力偶、力偶矩的基本概念。
2. 掌握力偶系的平衡，并加以应用。

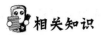任务分析

汽车发动机到驱动轮之间传递的不是力，而是转矩。本部分要重点掌握力矩的基本概念及应用，为今后汽车专业课程的受力分析奠定基础。

相关知识

2.2.1 力矩及其计算

1. 力对点之矩

在生产实践活动中人们认识到，力不仅能使物体移动，还能使物体产生转动。如图 2-13 所示，当用扳手拧螺母时，扳手连同螺母一起绕螺母的中心线转动。由经验可知，拧动螺母的作用不仅与力 F 的大小有关，而且与转动中心（O 点）到力的作用线的垂直距离 d 有关。因此，力 F 使物体绕 O 点转动的效应用两者的乘积 Fd 来度量，称为力 F 对 O 点之矩，简称力矩，以符号 $M_O(F)$ 表示，即：

$$M_O(F) = \pm Fd \tag{2-1}$$

式中，O 点称为力矩中心，简称矩心；O 点到力 F 作用线的垂直距离 d 称为力臂。

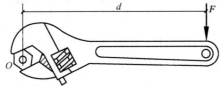

图 2-13 扳手拧螺母

力矩是一个代数量，规定：使物体产生逆时针方向转动的力矩为正，反之为负。力矩的单位为 N·m 或 kN·m。

从力矩的定义可以推论：①力在刚体上沿作用线移动时，力对点之矩不变；②力的作用线通过矩心，则力对点之矩为零。

2. 合力矩定理

平面汇交力系的合力对平面内任一点之矩，等于力系中各力对该点之矩的代数和，称为合力矩定理。即

$$M_O(F_R) = M_O(F_1) + M_O(F_2) + \cdots + M_O(F_n) = \sum M_O(F) \tag{2-2}$$

求平面内力对某点的力矩，一般采用以下两种方法：

1）用力和力臂的乘积求力矩。这种方法的关键是确定力臂 d。需要注意的是，力臂 d 是矩心到力作用线的距离，即力臂一定要垂直力的作用线。

2）用合力矩定理求力矩。在工程实际中，有时力臂 d 的几何关系较复杂，不易确定时，可将作用力正交分解为两个分力，然后应用合力矩定理求原力对矩心的力矩。

2.2.2 力偶和力偶矩

1. 力偶的概念

人们用两个手指旋转钥匙开门、拧动水龙头、驾驶员用两手转动车辆的方向盘时，在钥匙、水龙头和方向盘上都作用着一对等值、反向、作用点不在一条直线上的平行力，都能使物体产生转动。把作用在同一物体上的等值、反向、不共线的两个平行力称为力偶，以符号（F，F'）表示。

力偶中两力所在的平面称为力偶作用面，两力作用线间的垂直距离称为力偶臂，以 d 表示，如图 2-14 所示。

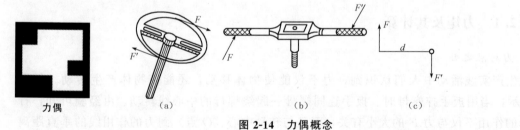

力偶

（a）　　　　　　　（b）　　　　　　　（c）

图 2-14　力偶概念

2. 力偶矩

由经验可知，力偶使物体产生转动的效应，不仅与力偶中力的大小成正比，而且还与力偶臂 d 的大小成正比。因此，用 F 与 d 的乘积来度量力偶，称为力偶矩，并以符号 M（F，F'）表示，简写为 M，即

$$M (F, F') = M = \pm Fd \tag{2-3}$$

力偶矩的正负号、单位规定与力矩相同。

3. 力偶的性质

1）力偶无合力，在坐标轴上的投影之和为零。力偶对刚体的移动不产生任何影响，力

偶不能与一个力等效或平衡，力偶只能用力偶来平衡。

2）力偶对其作用面上任意点之矩恒等于力偶矩，而与矩心的位置无关。这说明力偶使刚体对其作用平面内任一点的转动效应是相同的。

由上述力偶的要素和性质，可对力偶作以下等效处理：

由力偶的等效性，可以得出力偶的等效代换特性：只要保持力偶矩的大小和转向不变，力偶可以在其作用面内任意移转，且可以任意改变力偶中力的大小和力偶臂的长短，而不改变它对物体的转动效应。因此，力偶可用力和力偶臂来表示，也可直接用力偶矩来表示，即用带箭头的弧线表示，并将力偶矩值标出，箭头的转向表示力偶的转向，如图 2-15所示。

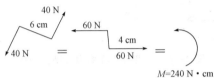

图 2-15　力偶的不同表示

4. 平面力偶系的合成

在同一平面内，由若干个力偶所组成的力偶系称为平面力偶系。若作用在同一平面内有 n 个力偶，则其合力偶矩应为

$$M = M_1 + M_2 + \cdots + M_n = \sum M_i \qquad (2\text{-}4)$$

即平面力偶系可以合成为一个和力偶，合力偶矩等于各分力偶矩的代数和。图 2-16 为力偶的合成过程。

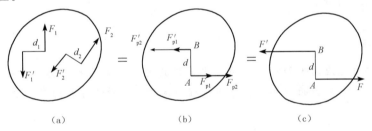

（a）　　　　　　　　（b）　　　　　　　　（c）

图 2-16　力偶的合成

5. 平面力偶系的平衡

平面力偶系的合成结果是一个合力偶，要使力偶系平衡，合力偶矩必须等于零，即

$$\sum M = 0 \qquad (2\text{-}5)$$

可见，平面力偶系平衡的充分与必要条件是：力偶系中各力偶矩的代数和等于零。

例 2-3　如图 2-17 所示的铰接四连杆机构 $OABD$，在杆 OA 和 BD 上分别作用着矩为 M_1 和 M_2 的力偶，而使机构在图示位置处于平衡。已知 $OA = r$，$DB = 2r$，$\alpha = 30°$，不计杆重，试求 M_1 和 M_2 间的关系。

解：杆 AB 为二力杆，对 AO 杆、BD 杆受力分析，如图 2-17（b）所示。

分别写出杆 AO、BD 的平衡方程：

$$\sum M = 0 \qquad M_1 - S_{AB}r\cos\alpha = 0$$
$$-M_2 + 2S_{BA}r\cos\alpha = 0$$
$$S_{AB} = S_{BA}$$

解得：

$$M_2 = 2M_1$$

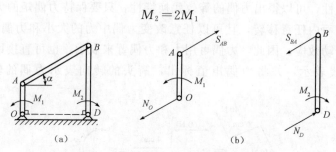

图 2-17　铰接四连杆机构及受力分析

2.3　平面力系

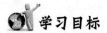学习目标

1. 掌握平面汇交力系、平面任意力系、平面平行力系的平衡条件。
2. 应用平面汇交力学、平面任意力系、平面平衡力系的平衡条件解决实际问题。
3. 了解物系的平衡。

任务分析

　　本部分主要讲述应用平面汇交力系、平面任意力系、平面平行力系的平衡条件计算未知力的大小并确定未知力的方向。在分析过程中注重培养学生分析问题、解决问题的能力。

相关知识

　　工程上许多力学问题，由于结构与受力具有平面对称性，都可以在对称平面内简化为平面问题来处理。各力的作用线都在同一平面内的力系，称为平面力系。根据平面力系中各力作用线的分布不同又分为平面汇交力系（各力的作用线汇交于一点）、平面平行力系（各力的作用线互相平行）和平面任意力系（各力的作用线在平面内任意分布）。本节主要研究平面任意力系的简化和平衡方程等问题。

2.3.1　平面汇交力系

1. 平面汇交力系合成

　　分析平面汇交力系一般有几何法与解析法两种方法。几何法可以根据力的可传递性原理，利用力的多边形法则来进行求解，如图 2-18 所示。无论汇交力系中力的数目有多少，

均可用力的多边形法则求出其合力。用矢量式表示为

$$\boldsymbol{F}_R = \boldsymbol{F}_1 + \boldsymbol{F}_2 + \cdots + \boldsymbol{F}_n = \sum \boldsymbol{F} \tag{2-6}$$

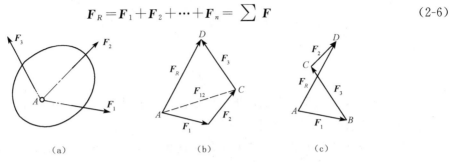

图 2-18　力的多边形法则

解析法的基础是力在坐标轴上的投影，它是利用平面汇交力系在直角坐标轴上的投影来解力系的一种方法。应用合力投影定理，算出合力 $\boldsymbol{F}_R$ 的投影后，即可求出合力 $\boldsymbol{F}_R$ 的大小与方向：

$$F_R = \sqrt{\left(\sum F_x\right)^2 + \left(\sum F_y\right)^2}$$

$$\tan\alpha = \left|\frac{F_y}{F_x}\right| = \left|\frac{\sum F_y}{\sum F_x}\right| \tag{2-7}$$

式中，α 为合力 $\boldsymbol{F}_R$ 与 x 轴间所夹的锐角。合力 $\boldsymbol{F}_R$ 的指向由 F_x 与 F_y 的正负号判断。

2. 平面汇交力系的平衡条件

由上述分析可知，平面汇交力系合成的结果是一个合力。即平面汇交力系可用其合力代替。显然，如果物体处于平衡状态，此合力应等于零；反之，物体上所受力的合力为零，则此物体处于平衡状态。所以，平面汇交力系平衡的充分必要条件是力系的合力等于零。即

$$F_R = \sum F = 0 \tag{2-8}$$

由此可得平面汇交力系平衡的几何条件和解析条件如下：

1）平面汇交力系平衡的几何条件。从力多边形图形上看，当合力 $F_R = 0$ 时，合力封闭边变为一点，即第一个矢量的起点与最后一个力矢量的终点重合，构成了一个自行封闭的力多边形，如图 2-19 所示。

平面汇交力系平衡的几何条件

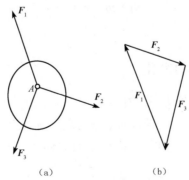

图 2-19　平面汇交力系平衡的几何条件

2）平面汇交力系平衡的解析条件。平面汇交力系平衡时，由式（2-8）应有

$$F_R = \sqrt{\left(\sum F_x\right)^2 + \left(\sum F_y\right)^2} = 0$$

也即

$$\sum F_x = 0$$

$$\sum F_y = 0 \tag{2-9}$$

因此，平面汇交力系平衡的解析条件是各力在 x 轴和 y 轴上投影的代数和分别等于零。式（2-9）称为平面汇交力系的平衡方程。

用解析法求解平衡问题时，未知力的指向可先假设，若计算结果为正值，则表示所假设力的指向与实际相同；若为负值，则表示所假设力的指向与实际指向相反。

2.3.2　力的平移定理

作用于刚体上的力 F 可以平行移动到任一点，但必须同时附加一个力偶，其力偶矩 M_f 等于原来的力 F 对新作用点之矩。

证明：图 2-20 中力 F 作用于刚体的 A 点，在刚体上任取一点 O，并在 O 点加上等值、反向的力 F' 和 F''，使它们与力 F 平行，且 $F' = F'' = F$，显然，三个力 F、F'、F'' 组成的新力系与原来的一个力 F 等效，但这三个力可看作是一个作用点在 O 的力 F' 和一个力偶（F、F''）。这样，原来作用在 A 点的力 F，现在被一个作用 O 点的力 F' 和一个力偶（F、F''）等效替换。这就是说，可以把作用于 A 点上的力 F 平行移到另一点 O，但必须同时附加一个力偶。显然，附加力偶的力偶矩为

$$M_f = Fd \tag{2-10}$$

式中，d 为附加力偶的力偶臂。由图 2-20 可见，d 就是 O 点到力 F 作用线的垂直距离。

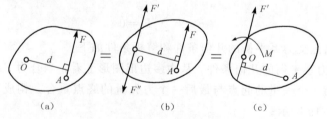

（a）　　　　　　（b）　　　　　　（c）

图 2-20　力的平移

2.3.3　平面任意力系的简化

设在刚体上作用有平面任意力系（F_1，F_2，$\cdots$，F_n），如图 2-21（a）所示。在力系平面内任取一点 O 称为简化中心。根据力的平移定理可将各力都向 O 点平移，得到一个平面汇交力系（F'_1，F'_2，$\cdots$，F'_n）和一个附加平面力偶系（M_1，M_2，$\cdots$，M_n），如图 2-21（b）所示。

所得的平面汇交力系（F'_1，F'_2，$\cdots$，F'_n）可以合成为一个作用于 O 点的合矢量 F'_R

$$F'_R = \sum F' = \sum F \tag{2-11}$$

合矢量 $\boldsymbol{F}'_R$ 称为原力系的主矢，其大小和方向分别为：

$$F'_R = \sqrt{\left(\sum F_x\right)^2 + \left(\sum F_y\right)^2}$$

$$\tan\alpha = \left|\frac{F_y}{F_x}\right| = \left|\frac{\sum F_y}{\sum F_x}\right| \tag{2-12}$$

α 为主矢与 x 轴之间所夹锐角，$\boldsymbol{F}'_R$ 的指向由 $\sum F_y$ 与 $\sum F_x$ 的正负号决定。

所得附加平面力偶系可以合成为一个合力偶，其力偶矩用 M_O 表示，如图 2-21（c）所示，则

$$M_O = \sum M = \sum M_O(F) \tag{2-13}$$

力偶矩 M_O 称为原力系对简化中心 O 的主矩。

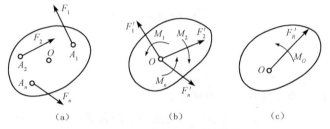

图 2-21　平面任意力系的简化

综上所述，可得如下结论：平面任意力系向平面内任一点简化，一般可以得到一个作用在简化中心的主矢和一个作用于原平面的主矩。主矢等于原力系各力的矢量和，主矩等于原力系各力对简化中心之矩的代数和。

由于主矢等于各力的矢量和，它与简化中心位置无关；而主矩的大小和转向随简化中心位置的改变而改变。因此，对于主矩必须标明简化中心，符号中下标表示其简化中心为 O。

2.3.4　平面任意力系的平衡条件

当主矢和主矩都等于零时，则说明这一平面任意力系是平衡力系；反之，若平面任意力系是平衡力系，则它向任意点简化的主矢、主矩必同时为零。所以，平面任意力系平衡的充要条件为：力系的主矢及力系对任一点的主矩均为零，即

$$F'_R = \sqrt{\left(\sum F_x\right)^2 + \left(\sum F_y\right)^2} = 0$$

$$M_O = \sum M_O(F) = 0 \tag{2-14}$$

由此可得平面任意力系的平衡方程式为

$$\begin{cases} \sum F_x = 0 \\ \sum F_y = 0 \\ \sum M_O(F) = 0 \end{cases} \tag{2-15}$$

式（2-15）表明，平面任意力系平衡时，力系中各力在两个任选的直角坐标轴上投影的代数和分别为零，各力对任意点之矩的代数和也为零。式（2-15）是平面任意力系平衡的基本形式，也成为一矩式方程。这三个方程完全独立，最多能解出三个未知量。此外还有二矩式平衡方程和三矩式平衡方程（证明从略）。

二矩式平衡方程：

$$\begin{cases} \sum F_x = 0 (\text{或} \sum F_y = 0) \\ \sum M_A(F) = 0 \\ \sum M_B(F) = 0 \end{cases} \tag{2-16}$$

其中 A、B 两点的连线不能与投影轴垂直。

三矩式平衡方程：

$$\begin{cases} \sum M_A(F) = 0 \\ \sum M_B(F) = 0 \\ \sum M_C(F) = 0 \end{cases} \tag{2-17}$$

其中 A、B、C 三点不能在一条直线上。

例 2-4 如图 2-22（a）所示，梁 AB 上受到一个均布载荷和一个力偶作用，已知载荷集度 $q = 100$ N/m，力偶矩大小 $M = 500$ N·m。长度 $AB = 3$ m，$DB = 1$ m。求活动铰支 D 和固定铰支 A 的反力。

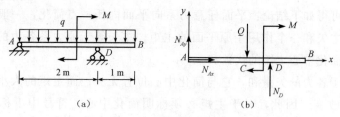

（a）　　　　　　　　　　（b）

图 2-22　梁受力及分析

解：（1）取梁 AB 为研究对象。

（2）受力分析如图 2-20（b）所示，其中 $Q = q \cdot AB = 100 \times 3 = 300$ N；作用在 AB 的中点 C。

（3）列平衡方程：

$$\sum F_x = 0 \qquad N_{Ax} = 0$$

$$\sum F_y = 0 \qquad N_{Ay} - Q + N_D = 0$$

$$\sum M_A(F) = 0 \qquad -\frac{3}{2}Q + 2N_D - M = 0$$

（4）联立求解：

$$N_D = 475 \text{ N}; \ N_{Ax} = 0; \ N_{Ay} = -175 \text{ N}$$

例 2-5 某飞机的单支机翼重 $Q = 7.8$ kN。飞机水平匀速直线飞行时，作用在机翼上的升力 $T = 27$ kN，力的作用线位置如图 2-23 所示。试求机翼与机身连接处的约束力。

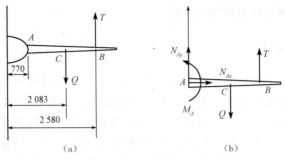

图 2-23 飞机机翼受力及分析

解：（1）取机翼为研究对象。

（2）受力分析如图 2-21（b）所示。

（3）列平衡方程：

$$\sum F_x = 0 \qquad N_{Ax} = 0$$

$$\sum F_y = 0 \qquad N_{Ay} - Q + T = 0$$

$$\sum M_A(F) = 0 \qquad M_A - Q \cdot AC + T \cdot AB = 0$$

（4）联立求解：

$$M_A = -38.6 \ \text{kN} \cdot \text{m（顺时针）}; \ N_{Ax} = 0; \ N_{Ay} = -19.2 \ \text{N（向下）}$$

2.3.5 平面平行力系的平衡方程

各力作用线处于同一平面内且相互平行的力系称为平面平行力系。它是平面任意力系的一种特殊情况，其平衡方程可由平面任意力系列出平衡方程导出。如图 2-24 所示，取 y 轴平行各力，则平面平行力系中各力在 x 轴上的投影均为零。在式（2-14）中，$\sum F_x = 0$ 就成为恒等式，于是，平行力系只有两个独立的平衡方程，即

$$\begin{cases} \sum F_y = 0 \\ \sum M_O(F) = 0 \end{cases} \tag{2-18}$$

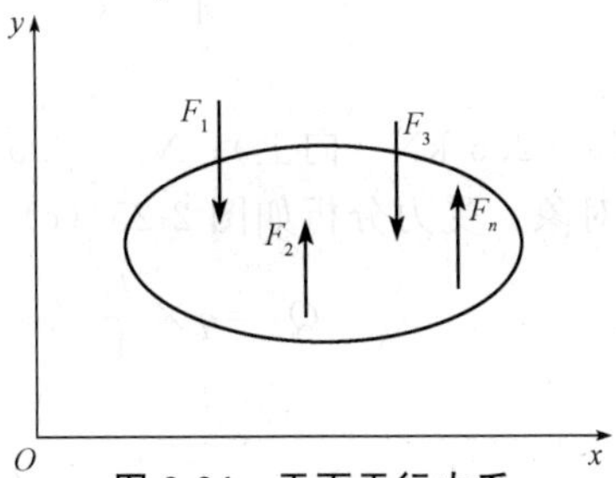

图 2-24 平面平行力系

其二矩式平衡方程可表示为：

$$\begin{cases} \sum M_A(F) = 0 \\ \sum M_B(F) = 0 \end{cases} \tag{2-19}$$

其中 AB 连线不能与各力作用线平行。

2.3.6 物系的平衡

前面讨论的都是单个物体的平衡问题。但工程实际中的机械和结构都是由若干个物体通过适当的约束方式组成的系统，力学上称为物体系统，简称物系。求解物系的平衡问题，往往是不仅需要求物系的外力，而且还要求系统内部各物体之间的相互作用的内力，这就需要将物系中某些物体取出来单独研究，才能求出全部未知力。当系统平衡时，组成系统的各部分也是平衡的。因此，求解物系的平衡问题，既可选整个物系为研究对象，也可选局部或单个物体为研究对象。对整个物系来说，内力总是成对出现的，所以研究整个物系的平衡时，这些内力无须考虑。

例 2-6 组合梁 AC 和 CE 用铰链 C 相连，A 端为固定端，E 端为活动铰链支座。受力如图 2-25（a）所示。已知：$l=8$ m，$P=5$ kN，均布载荷集度 $q=2.5$ kN/m，力偶矩的大小 $M=5$ kN·m，试求固端 A、铰链 C 和支座 E 的反力。

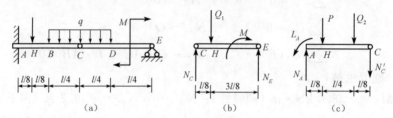

图 2-25　组合梁受力及分析

解：（1）取 CE 段为研究对象，受力分析如图 2-25（b）所示：
$$Q_1 = q \times \frac{l}{4}$$

（2）列平衡方程：
$$\sum F_y = 0 \qquad N_C - q \times \frac{l}{4} + N_E = 0$$
$$\sum M_B(F) = 0 \qquad -q \times \frac{l}{4} \times \frac{l}{8} - M + N_E \times \frac{l}{2} = 0$$

（3）联立求解：
$$N_E = 2.5 \text{ kN （向上）}; \; N_C = 2.5 \text{ kN （向上）}$$

（4）取 AC 段为研究对象，受力分析如图 2-25（c）所示：
$$Q_2 = q \times \frac{l}{4}$$

（5）列平衡方程：
$$\sum F_y = 0 \qquad N_A - N'_C - P - q \times \frac{l}{4} = 0$$
$$\sum M_A(F) = 0 \qquad M_A - P \times \frac{l}{8} - q \times \frac{l}{4} \times \frac{3l}{8} - N'_C \times \frac{l}{2} = 0$$

（6）联立求解：
$$M_A = 30 \text{ kN·m}; \; N_A = -12.5 \text{ kN}$$

2.4 摩擦与自锁

学习目标

1. 描述滑动摩擦的基本概念。
2. 分析考虑摩擦时的平衡问题。
3. 了解摩擦角和自锁现象。

任务分析

在前面研究物体平衡问题时，总是假定物体的接触面是完全光滑的，将摩擦忽略不计。实际上完全光滑的接触面并不存在。工程中，一些构件的接触面比较光滑且具有良好的润滑条件，摩擦很小不起主要作用时，为使问题简化可不计摩擦。但在许多工程问题中，摩擦对构件的平衡起着主要作用时，因此必须考虑。例如，制动器靠摩擦制动、带轮靠摩擦传递动力、车床卡盘靠摩擦加固工件等，都是摩擦有用的一面。摩擦也有有害的一面，它会带来阻力、消耗能量、加剧磨损、缩短机器寿命等。因此研究摩擦是为了掌握摩擦的一般规律，利用其有用的一面，而限制或消除其有害的一面。本部分主要讲述滑动摩擦的基本概念，要求学生会分析考虑摩擦时的平衡问题。

相关知识

按物体接触面间发生的相对运动形式，摩擦可分为滑动摩擦和滚动摩擦；按两物体接触面是否存在相对运动，可分为静摩擦和动摩擦；按接触面是否有润滑，可分为干摩擦和湿摩擦。本节主要介绍滑动摩擦及考虑摩擦时物体的平衡问题。

2.4.1 滑动摩擦

两个相互接触的物体，当其接触面间有相对滑动或相对滑动的趋势时，接触面间就会产生阻碍相对滑动的切向阻力，这种现象称为滑动摩擦，此切向阻力称为滑动摩擦力。

1. 静滑动摩擦力

如图 2-26（a）所示，物体 A 置于粗糙水平面上，物体在重力 F_G 和法向反力 F_N 作用下处于平衡状态，物体与水平面间无滑动趋势，不产生摩擦。

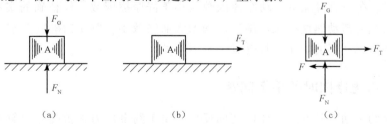

|（a）|（b）|（c）|

图 2-26 静滑动摩擦

当在物体上施加水平拉力 F_T 后，F_T 较小时，物体与水平面间有相对滑动趋势，但物体仍保持静止不动，这说明物体在水平方向受力平衡。物体在接触表面产生阻碍运动的摩擦力 F 称为静滑动摩擦力（简称静摩擦力），其方向始终与拉力 F_T 即物体运动趋势方向相反。静摩擦力的大小可通过实验确定：当拉力 F_T 不存在时，静摩擦力 $F = 0$。随着拉力 F_T 的增大，F 也随着增大。当 F_T 达到某一定值时，物体 A 处于即将开始滑动而没有滑动的临界状态，此时静摩擦力达到最大值 F_{max}。此后，若 F_T 再有微小增量，重物 A 就开始向右滑动。可见，静滑动摩擦力的值是一个变量，随主动力的变化而变化，其值的范围是

$$0 \leqslant F \leqslant F_{max} \tag{2-20}$$

由此得到静滑动摩擦力的规律：静滑动摩擦力产生于欲相对滑动的两物体的接触面上，其方向与物体滑动趋势方向相反，大小随主动力的变化而变化；其范围在零与静摩擦力最大值之间。

大量实验证明：物体处于临界状态时的最大静摩擦力的值与两物体的接触面积无关，与两物体相互接触面间的法向反力 F_N 的大小成正比。即

$$F_{max} = f F_N \tag{2-21}$$

这就是静滑动摩擦定律。式中，比例常数 f 称为静滑动摩擦因数。其大小与相互接触物体的材料性质和表面状况（如粗糙度、湿度、温度等）有关，是表示材料摩擦性质的物理量，其值由实验得出。表 2-1 列出了部分材料在常温条件下的 f 值。

表 2-1　几种常见材料的静摩擦因数

材　　料	f 值	材　　料	f 值
钢—钢	0.1～0.2	混凝土—岩石	0.5～0.8
砖—砖	0.5～0.7	混凝土—砖	0.7～0.8
铸铁—橡胶	0.5～0.7	混凝土—土	0.3～0.4
铸铁—皮革	0.3～0.5	木材—木材	0.4～0.6

2. 动滑动摩擦力

当拉力 F_T 略大于 F_{max} 时，这时由接触面产生的静摩擦力已不能维持物体 A 水平方向的平衡，物体将沿支承面向右滑动。在滑动过程中，摩擦力仍然继续起着阻碍运动的作用。这时的摩擦力与两物体的接触面积无关，与两相互接触物体间的法向反力成正比。即

$$F' = f' F_N \tag{2-22}$$

这就是动滑动摩擦定律。式中比例常数 f′ 称为动滑动摩擦因数。影响 f′ 的因素与影响 f 的因素类似，在一般情况下，动摩擦因数略小于静摩擦因数。较精确的实验还指出：动摩擦因数还与相对滑动速度有关，随速度的增大而略减小。但在精确度要求不高的工程计算中，一般不考虑速度的影响，且近似认为 $f' = f$。

2.4.2　考虑摩擦时的平衡问题

摩擦力是约束面对被约束物体的切向反力，属于约束反力的范畴。求解有摩擦力约束的物体的平衡问题时，其方法步骤与前面所述基本相同：选取研究对象；分析受力后画出

分离体受力图；选择合适的平衡方程式求解。在分析物体受力时，不仅要考虑法向反力，还必须考虑由于表面的不光滑所引起的切向摩擦力。

物体受外力后有静止、临界及滑动三种状态，每一种状态下摩擦力的计算也各不相同。若物体处于静止平衡状态，摩擦力 F 由平衡方程计算；若物体处于欲动而未动的临界状时，摩擦力由 $F_{max} = f F_N$ 计算；当然，此时的摩擦力仍满足平衡条件。当物体在外力作用滑动时，产生的动摩擦力由 $F' = f'' F_N$ 计算，而不再由平衡方程考虑。

考虑摩擦时物体的平衡问题，大致有如下两种类型：①已知物体所受的主动力，判断物体所处的状态及求摩擦力；②已知物体所处的状态，求主动力的取值范围及摩擦力的值。

2.4.3　摩擦角和自锁现象

1. 摩擦角

如图 2-27 所示，在分析物块 A 的受力情况时，为了计算方便，有时常以法向反力 F_N 与静摩擦力 F 的合力 F_R 来代替它们的作用。F_R 称为支撑面的全反力。可以看出，全反力 F_R 与接触表面的法线间的夹角 φ 将随着摩擦力的增大而增大，如图 2-27 （a）所示。当摩擦力达到最大值 F_{max} 时，φ 也达到最大值 φ_{max}，如图 2-27 （b）所示，即

$$\tan\varphi_{max} = \frac{F_{max}}{F_N} = \frac{f F_N}{F_N} = f$$

式中，f 为摩擦角的正切，等于摩擦因数。

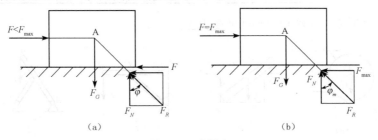

（a）　　　　　　　　　　　　　　　　　（b）

图 2-27　摩擦角

物块平衡时，静摩擦力不一定达到最大值，在零与最大值 F_{max} 之间变化，所以全反力 F_R 与法线间的夹角 φ 也在零与摩擦角 φ_{max} 之间变化，即 $0 < \varphi < \varphi_{max}$。

由于静摩擦力不可能超出最大值，因此全反力 F_R 的作用线也不可能超出摩擦角以外，即全反力必在摩擦角之内。因此，摩擦角表示了全反力能够生成的范围。如物体与支撑面的摩擦因数在各个方向均相同，则这个范围在空间就形成一个锥体，称为摩擦锥。全反力的作用线不可能超出这个摩擦锥，如图 2-28 所示。

2. 自锁现象

如图 2-28 所示，若作用于物体上的全部主动力的合力 F_Q 的作用线在摩擦锥范围以内，由二力平衡条件可知，在约束面上必产生一个与其等值、反向、共线的全反力 F_R 构成平衡，这时不论主动力 F_Q 值增加到多大，都不会使物体滑动，这种现象称为自锁。物体的自锁条件为 $\alpha \leqslant \varphi_{max}$。工程实际中，常用自锁原理设计一些机构或夹具，如千斤顶、压榨机等，它们始终保持在平衡状态下工作。

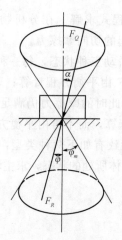

图 2-28 摩擦锥

若作用在物块上的全部主动力的合力 F_Q 的作用线在摩擦锥以外，则无论这个力怎样小，物体一定会滑动。因为在这种情况下，支撑面的全反力 F_R 和 F_Q 不能满足二力平衡条件。应用这个道理，可以设法避免自锁现象。

思考与练习

2-1 画出如图所示各结构中构件的受力图。

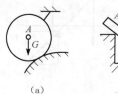

（a）

（b）

（c）

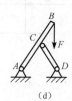

（d）

题 2-1 图

2-2 画出图示各支架中 A 销的受力图，并求各支架中 AB、AC 杆件所受的力。

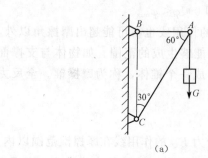

（a）

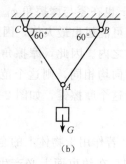

（b）

题 2-2 图

2-3 求图示各杆件的作用力对杆端 O 点的力矩。

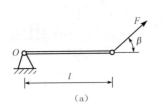 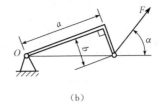

题 2-3 图

2-4 指出图示各结构中的二力杆，并分别画图（a）中 AB 杆，图（b）中 OA 杆、O_1B 杆，图（c）中 B 滑块、曲柄 OA 的受力图。

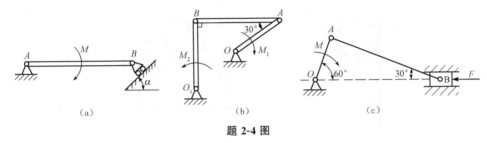

题 2-4 图

2-5 已知图示支架受载荷 G 和 $M=Ga$ 作用，杆件自重不计，试分别求两支架 A 端的约束反力及 BC 杆所受的力。

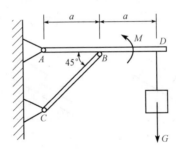

题 2-5 图

2-6 如图所示，已知 q、a，且 $F=qa$，$M=qa^2$，试求各梁的支座反力。

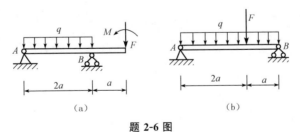

题 2-6 图

2-7 图示各组合梁，已知 q、a，且 $F=qa$，$M=qa^2$。试求各梁 A、B、C、D 处的约束反力。

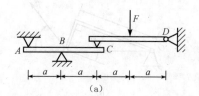
(a)

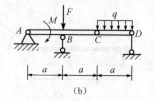
(b)

题 2-7 图

2-8 如图所示各结构，画图 (a) 中整体、球体、AB 杆的受力图；画图 (b) 中整体（B、C 两处不计摩擦）、AB、AC 的受力图。

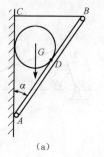
(a)

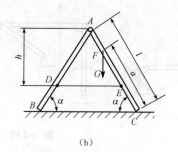
(b)

题 2-8 图

2-9 如图所示，物块重 $G = 100$ N，斜面倾角 $\alpha = 30°$，物块与斜面间的摩擦因数 $f = 0.38$，求图 (a) 中物块处于静止还是下滑？若要使物块上滑，求图 (b) 所示作用于物块的 F 力至少应为多大？

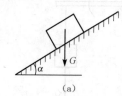
(a)

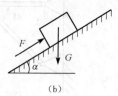
(b)

题 2-9 图

项目三　汽车制造工艺与选择

汽车制造一般是从零件的制造开始，然后将零件按一定的技术要求经过一系列装配工艺组装成部件直至整车。但零件的制造首先是生产出毛坯，最后经过切削加工成为合格的零件。零件的加工过程实际上是金属材料改变形状的过程，这个过程要通过金属成形加工来实现。整车制造的四大工艺包括：铸造、锻造、焊接和涂装。本部分将介绍铸造工艺、锻造工艺和焊接工艺，为今后的学习和工作奠定基础。

金属成形加工分为热加工和冷加工。热加工包括：铸造、锻造和焊接。金属成形的冷加工方法是指金属的切削加工。

3.1　铸造工艺

学习目标

1. 描述铸造的生产过程、分类及特点。
2. 叙述砂型铸造的生产过程及造型方法。

任务分析

汽车发动机的汽缸体、汽缸盖、桥壳等都是采用铸造的方法进行生产加工的。了解铸造生产过程有利于汽车构造课程对各零件的认识，了解汽车零部件的使用性能，为今后的学习奠定基础。

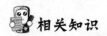 相关知识

3.1.1 铸造的工艺基础

铸造是将液体金属浇注到具有与零件形状相适应的铸型空腔中，待其冷却凝固后获得零件或毛坯的方法。铸件表面比较粗糙，尺寸精度不高，需经切削加工后才能成为零件。若采用精密铸造的方法，或对零件的精度要求不高时，铸造也能直接生产零件。

1. 合金的铸造性能

铸造合金除应具有符合要求的力学性能、物理性能、化学性能外，还必须考虑其铸造性能。合金的铸造性能主要有流动性、收缩性等，这些性能对于是否容易获得优良铸件是至关重要的。

1）流动性。液态金属本身的流动能力，称为流动性。流动性好的金属，充填铸型能力强，易于获得外形完整、轮廓清晰、薄壁以及形状复杂的铸件。影响流动性的主要因素是合金的化学成分和浇注温度。

2）收缩性。液态金属在冷却和凝固过程中，所发生的积缩小的现象称为收缩。收缩率大，则易造成缩孔、缩松等铸造缺陷，还容易在铸件中产生大的内应力，使铸件变形以致形成裂纹，同时不易获得尺寸准确的铸件。影响收缩性的主要因素有化学成分、浇注温度、铸件结构和铸型条件等。

2. 铸造生产过程

1）根据零件的要求，准备一定的铸型。

2）将金属液体浇满铸型的型腔。

3）金属液体在铸型的型腔内凝结成型，就能获得一定形状和大小的铸件。

3. 铸造生产的特点

1）铸件的尺寸可从几毫米到十多米，质量可从几克至百吨以上。其使用的材料基本上不受限制，铸铁、铸钢、各种有色金属都可用于铸造。铸造尤其适用于形状复杂的零件。

2）由于铸件与机器零件的形状和尺寸很接近，从而可以省去很多机械加工工序，并节约了金属材料。

3）铸造生产一般不需要贵重、精密的设备，投资少，生产周期短，成本低。

4）铸件的力学性能较低，所以比较笨重。此外由于工艺过程中某些质量控制问题还难以解决，故铸件质量不够稳定，废品率较高。某些铸造工艺的劳动强度还比较大。

4. 铸造工艺分类

按照铸型的特点，铸造工艺可分为砂型铸造和特种铸造两大类。特种铸造中又分为金属型铸造、熔模铸造、压力铸造、离心铸造等。

在铸造生产中，砂型铸造是应用最广泛的一种方法。世界各国用砂型铸造生产的铸件约占铸件总产量的80%以上。

特种铸造中的各种工艺方法，都有一定的适用范围。但是，它们有下列共同特点：制造的铸件尺寸精度高，表面粗糙度值低，可以减少或完全省去机械加工；生产过程易于实

现机械化、自动化，劳动生产率较高。因此，大力推广特种铸造工艺，是当前国内外铸造生产的发展方向之一。

3.1.2 砂型铸造

把熔融的金属注入用型砂制成的铸型中，凝固后而获得铸件的方法，称为砂型铸造。砂型在铸件取出后便已损坏，不能再使用，所以砂型铸造也称一次性铸造。

1. 砂型铸造的生产过程

主要包括：制模、配砂、造型、造芯、合型、熔炼、浇注、落砂、清理和检验。

1）根据零件图的形状和尺寸制造模样和芯盒。模样和芯盒是制造铸型的依据和工具，由木材或金属制成，是根据零件图和机械加工的工艺要求（加工余量、加工方法等）制造的。在制造时还要考虑其他一些因素，如金属凝固后的体积收缩量、起模的方便等。模样用以形成与零件外部轮廓相适用的空腔；芯盒用以制造型芯，常用以形成铸件的内部孔穴。

2）用模样和型砂制造砂型（造型）；用芯盒和芯砂制造型芯（造芯）。造型采用的混合料称为型砂，造芯采用的混合料称为芯砂。型砂和芯砂均是由砂子、黏结剂、附加物（木屑和煤粉等）和水按一定比例混合而成。型砂和芯砂应具有在起模、搬运、合箱时不易损坏（强度），在高温液态金属作用下不熔化、不软化、不粘结金属（耐火度），允许气体排出（透气性）等性能，还应具有韧性、退让性等。这些性能对铸件的质量有很大的影响。

3）烘干、合箱。将制造好的型芯烘干、砂型烘干（如为湿型铸造，砂型不需烘干），然后按装配要求放入型芯，使上下砂型合型准备浇注。

4）熔炼、浇注。熔炼金属或合金的常用设备有冲天炉、电炉、坩埚炉等。浇注时要注意控制浇注温度和浇注速度，以避免产生各种缺陷。

5）落砂、清理及检验。落砂是把铸件从铸型中取出的操作。可采用手工或机械进行，但不能过早，以免铸件冷却过快，内应力增加，以至变形开裂。清理主要是去除铸件表面粘砂、毛刺、多余金属（浇口、冒口、氧化皮）等。检验项目可根据铸件质量要求的高低进行外观、金相组织、化学成分、内部探伤、水压实验等检验。

2. 造型方法

造型方法分为手工造型和机器造型两类。手工造型是单件小批量生产的主要造型方法，机器造型主要应用于大批、大量生产。手工造型的方法很多，常用的有整模造型、分模造型、挖砂造型、活块模造型等。应根据零件的技术要求、铸件形状、尺寸大小和生产批量等不同情况合理选用。现介绍应用较多的分模造型。

当铸件用整模造型不便时，则以铸件的最大截面为分型面，将模样分成两部分或几部分，用两箱或多箱造型。如图 3-1 所示为分模造型的过程，模样分为两半，分别在上、下两砂箱内造型。造型的程序大致为：

1）置下半模于底板上造下箱，填砂、紧实和刮平；

2）把下箱翻转 180° 置于底板上，合上上半模，并放浇口棒，同前造上箱；

3）开外浇口，扎通气孔，拔除浇口棒；

4）取下上箱并翻转 180°，分别取出两半模样，开挖横浇口和内浇口，在铸型表面喷刷涂料（常用石墨粉或石墨水浆）以防止粘砂，然后放置型芯，合箱，上、下箱夹紧或压铁，即可进行浇注。

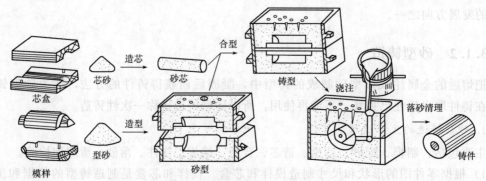

图 3-1　套筒铸件的生产过程

3. 浇注系统

金属液进入铸型的通道称为浇注系统（图 3-2）。它由浇口杯 1、直浇道 2、横浇道 3 和内浇口 4 组成。对简单的小铸件，只要直浇道和内浇口即可。

大多数情况下，造型时还要设置冒口，其作用为排除型腔中的气体，并在金属凝固收缩时，向铸件补充金属液。

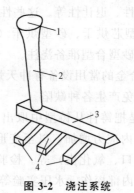

图 3-2　浇注系统

3.2　锻压工艺

🏆**学习目标**

1. 描述锻压的特点。

2. 了解自由锻造和模型锻造的过程及特点。

3. 掌握板料冲压的特点和基本工序。

🔫**任务分析**

汽车上很多零部件要承受较复杂的力的作用，因此要求零件具有较高的力学性能，锻压加工可以改善零件的力学性能。另外，汽车车身覆盖件都是采用板材冲压的方式加工的，因此，要重点掌握板材的冲压工艺。

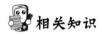 相关知识

3.2.1 锻压的工艺基础

锻压是对坯料施加外力，使其产生塑性变形、改变尺寸、形状及改善性能，用以制造机械零件或毛坯的成形加工方法。它是锻造与冲压的总称。

1. 金属的可锻性

金属的可锻性是衡量金属材料经受压力加工时难易程度的一项工艺性能，通常用塑性和变形抗力来综合衡量。塑性好，变形抗力小，则可锻性好，反之可锻性差。金属可锻性的好坏与下列因素有关。

1）化学成分。一般纯金属的可锻性比合金的好，合金含量愈高，可锻性愈差。

2）金属组织结构。纯金属及其固溶体的可锻性好。而碳化物（如渗碳体）可锻性差；金属的晶粒越小，其塑性越高，虽然变形抗力略有上升，但可锻性仍较好；金属的组织越均匀，其塑性也越好。

3）变形温度。提高金属变形时的温度，使原子的动能增加，原子间的结合力减弱，使产生滑移变形所需要的应力减小，因此塑性增加，变形抗力下降，改善了金属的可锻性。加热温度过高会产生过热、过烧、脱碳、严重氧化等现象，甚至使锻件报废；温度过低，金属加工硬化现象严重，强行锻造也会破坏锻件。适合锻造的温度范围称为锻造温度，由合金相图确定。

4）变形速度，是指单位时间内的变形量。一方面，由于变形速度增加，回复和再结晶速度低于加工硬化速度，金属塑性下降，变形抗力增加，可锻性差，一般压力加工常属此类型；另一方面，当变形速度增加到一定值时，产生较显著的变形热效应（指消耗于塑性变形的一部分能量转化为热能），使金属温度上升，因此使金属塑性上升，变形抗力下降，可锻性变好，这种情形多在高速锻锤锻造时才会发生。

2. 锻压的特点

1）锻压能消除金属内部缺陷，改善金属组织，提高力学性能。金属经压力加工后，可以将铸锭中气孔、缩孔、粗晶等缺陷压合和细化，从而提高金属组织致密度；还可以控制金属热加工流线，提高零件的冲击韧度。如图 3-3（a）、（b）、（c）所示的三种情况分别为：用轧制圆钢切削出的齿轮；镦粗毛坯切削出的齿轮；精锻成形的齿轮。三者齿轮受力方向及大小均相同，由于三者纤维组织的分布不同，所以齿轮的寿命以精锻成形的最长；镦粗毛坯切出者次之；圆钢切出者最短。

2）锻压具有较高的生产效率（自由锻除外），尤其是模锻、冲压更为突出。

3）锻压可以节省金属材料和切削加工工时，提高材料利用率和经济效益。

4）锻压适用范围广，能加工各种形状和各种质量的毛坯及零件。

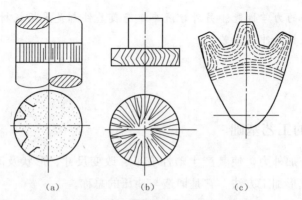

图 3-3　不同加工方法制成的齿轮的纤维分布

3.2.2　自由锻造

自由锻造是只用简单的通用性工具或在锻造设备的上、下砧之间直接使坯料变形，从而获得所需几何形状及内部质量的锻件的一种成形加工方法。金属坯料在变形时，除与工具接触的部分外均作自由流动，故称自由锻。

自由锻设备分两类：一类是产生冲击力的设备，如空气锤，它的结构比较简单，操作灵活，维修方便，广泛用于小型锻件生产；另一类是产生静压力的设备，如水压机，以高压水为动力，工作平稳，噪声小，工作条件好，能产生数万 kN 压力，能锻造钢锭的质量为 1～300 t。

自由锻造的一些基本方法都称之为自由锻造的基本工序，包括切割、镦粗、拔长、弯曲、错移、扭转和冲孔工艺等。除基本工艺外，有时因简便操作增加辅助工序（如压钳口、倒棱等），为了减少表面缺陷增加精整工序（如平整）。

1）拔长。使坯料长度增加、横截面积减小的工序称拔长，如图 3-4 (a) 所示。

工艺要求：坯料的下料长度应大于直径或边长；拔长凹档或台阶前应先压肩；矩形坯料拔长时要不断翻转，以免造成偏心与弯曲。

应用：广泛用于轴类、杆类锻件的生产（还可以用来改善锻件内部质量）。

2）镦粗。使坯料的横截面积增加、高度减小的工序称镦粗，如图 3-4 (b)、(c) 所示。

工艺要求：圆坯料的高度与直径之比应小于 2.5，否则易镦弯；坯料加热温度应在允许的最高温度范围内，以便消除缺陷，减小变形抗力。

应用：主要用于圆盘类工件，如齿轮、圆饼等，也可以作为冲孔前辅助工序。

3）冲孔。在工件上冲出通孔或不通孔的工序称为冲孔，如图 3-4 (d) 所示。

工艺要求：孔径小于 450 mm 的可用实心冲子冲孔；孔径大于 450 mm 的用空心冲子冲孔；孔径小于 30 mm 的孔，一般不冲出。冲孔前将坯料镦粗以改善坯料的组织性能及减小冲孔的深度。

应用：主要用于空心锻件，如齿轮、圆环和套筒等。

自由锻的优点是：改善组织结构，提高力学性能；成本低，经济性合理；其所用设备、工具通用性好；生产准备周期短；工艺灵活，适用性强。其缺点是：锻件尺寸精度低；不能用于形状复杂的锻件；对工人的技术水平要求高；劳动条件差。因此，自由锻主要用于单件小批、形状不太复杂、尺寸精度要求不高的锻件及一些大型锻件的生产。

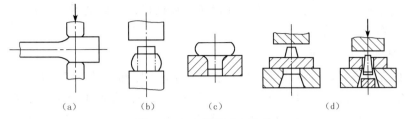

图 3-4　自由锻的基本工序

3.2.3　模型锻造

利用模具使毛坯变形而获得锻件的锻造方法称为模型锻造，简称模锻。因金属坯料是在模膛内产生变形的，因此获得的锻件与模膛的形状相同。

固定模锻可以在模锻锤上进行（称为模锻锤上模锻），也可以在热模锻压力机、平锻机或摩擦压力机上进行。如图 3-5 所示为模锻锤上模锻。锻造时，是把模具的上模 2、下模 1 分别固定在锻锤的锤头 4 和砧座 6 的模座 5 上。坯料 A 放入模具的模膛内锤击，B 为变形中某个瞬时的状态，C 为带有飞边的锻件。切下飞边 D 后，即得到锻件 E。

对于形状复杂的锻件，用一个模膛难以获得所需形状和尺寸，则需要使用多模膛模具，使坯料形状和尺寸逐步接近锻件。

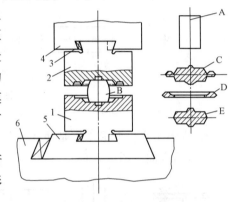

图 3-5　锻模工作示意

与自由锻相比，模锻的优点为：生产效率高；锻件尺寸精度高，加工余量小；能锻造形状复杂的锻件；热加工流线较合理；操作过程简单，易于实现机械化，工人劳动强度低。其缺点为：锻模的模具成本高，而且加工工艺复杂，生产周期长；所需设备吨位大，故锻件不能太大，一般在 150 kg 以下。模锻只适用于中、小型锻件的大批量生产。

3.2.4　板料冲压

板料冲压是利用装在压力机上的模具对金属板料加压，使其产生分离或变形，从而获得毛坯或零件的一种加工方法。板料冲压的坯料通常都是厚度为 1～2 mm 的金属板料，而且冲压时一般不需加热，故又称为薄板冲压或冷冲压，简称冷冲或冲压。只有在板料厚度超过 8 mm 时，才采用热冲压。

1. 板料冲压的特点

1）能压制其他加工工艺难以加工或不能加工的形状复杂的零件。

2）冲压件的尺寸精度高，可满足互换性的要求，表面很光洁。

3）冲压件的强度高，刚度好，重量轻，材料的利用率高，一般为 70%～85%。

4）板料冲压操作简便，易于实现机械化、自动化，生产效率高。

5）冲压模具制造周期长，并需要较高制模技术，成本高。

因此板料冲压适用于大批量生产，在汽车、拖拉机、电机电器、仪表、国防工业及日常生产中都得到广泛应用。

2. 板料冲压的基本工序

按板料的变形方式，可将冲压基本工序分为分离工序和变形工序两类。

1）分离工序。分离工序是使坯料的一部分相对另一部分产生分离，如图 3-6 所示，主要包括剪切［图 3-6（a）］、落料和冲孔［图 3-6（b）］、切边［图 3-6（c）］等。

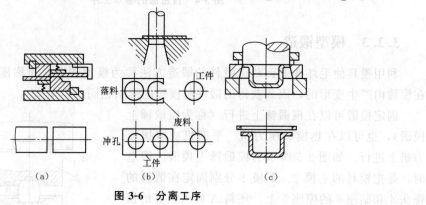

图 3-6　分离工序

2）变形工序。变形工序是使坯料的一部分相对另一部分产生位移而不破坏，如图 3-7 所示，包括弯曲［图 3-7（a）］、拉深［图 3-7（b）］、翻边［图 3-7（c）］等。

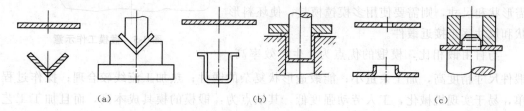

图 3-7　成型工序

3. 冲压模具

冲压用的模具称为冲模。冲压工作开始前，冲模的设计与制造是一项很重要的任务。它对冲压件的加工质量和生产率起着关键的作用。冲模是一种比较复杂和精度要求比较高的装备。一般模具都由十多个零件组成，它除了包含主要的工作零件——凸模和凹模外，还要有定位、压料、卸料、出件、导向、支撑、固定等零部件。

冲模按工序内容可分为落料模、冲孔模、弯曲模、拉深模等；按工序的组合程度可分为简单模（图 3-8）、复合模和连续模等。

简单模是在冲床的一次行程内只能完成一种工序。复合模是在一次行程中，在同一个位置上可以完成两个以上的工序。例如用简单模冲制垫圈，就需用落料和冲孔两套冲模分两次进行；而用复合模则用一套模具可以一次同时完成两种加工内容。连续模是在一套模具的两个工作位置上，先后完成冲孔和落料。后两者的生产率均比简单模高，但模具结构比较复杂。

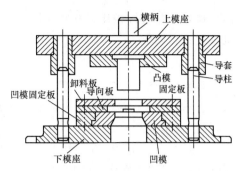

图 3-8　导柱式简单落料冲裁模的基本结构

3.3　焊接工艺

学习目标

1. 描述焊接的特点及分类。
2. 叙述焊接过程及工艺。
3. 了解气焊的工艺方法。

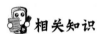任务分析

　　焊接是现代工艺生产和工程建设中连接金属构件的重要方法，是汽车加工的四大工艺之一，车身的各种覆盖件及车架都是采用焊接的方法连接起来的，因此要重点掌握焊接的工艺过程，为今后汽车制造过程奠定基础。

相关知识

3.3.1　焊接的工艺基础

　　焊接是指通过加热、加压或同时加热加压，使两个分离的固态物体产生原子或分子间的结合和扩散，形成永久性连接的一种工艺方法。它可以连接同种金属、异种金属、某些烧结陶瓷合金以及某些非金属材料。

　　焊接是一种重要的金属加工工艺，它不仅在机械制造中有着广泛的应用，能解决一些铸造、锻压所不能解决的制造问题，而且在建筑安装工程、管道架设、桥梁建造等方面，也占有重要的地位。我国工业建设中的一些重大产品，如直径 16 m 的大型球罐、1 200 t 水压机、人造卫星等，在其制造过程中，焊接均为一种主要的工艺方法。

　　1. 焊接的特点

　　1）节省金属材料，减轻构件重量。与铆接相比，可节省材料 15％～20％。如将铸件改为焊接结构，重量可减少 30％～50％。

　　2）可以以小拼大，简化工艺，缩短生产周期，加之上述特点，故产品成本低。

3）焊接接头可靠、产品质量好，与铆接相比，气密性好。

4）便于实现工艺过程机械化、自动化。

2．焊接的分类

焊接方法的种类很多，按焊接过程特点可分为三大类：

1）熔化焊（简称熔焊）。把两个焊件上需焊接处的金属加热至熔化状态，并加入填充金属，至熔化金属凝固后把焊件接合起来。

2）压力焊（简称压焊）。焊接时不论加热与否，都需要对焊件的需焊接处施加一定压力，使两个结合面接触紧密并产生一定的塑性变形，从而把两个焊件连接起来。

3）钎焊。焊件经适当加热但未达到熔点，而熔点比焊件低的钎料加热到熔化，填充在焊件连接处的间隙中。钎料凝固后形成钎缝，在钎缝中钎料和母材相互扩散、溶解，形成牢固的结合。

上述焊接方法中，以熔焊应用最为广泛，其中尤以电弧焊的应用最为普遍。常用的焊接方法分类，如图3-9所示。

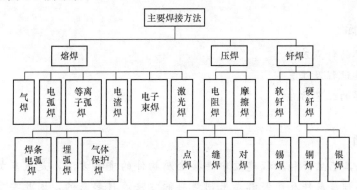

图 3-9 常见金属的焊接方法分类

3.3.2 焊条电弧焊

焊条电弧焊是电弧焊中的一种，是利用电弧放电时产生的热量（温度高达 3 600℃）来熔化母材金属和焊条，从而获得牢固接头的焊接过程。焊条电弧焊设备简单，使用灵活、方便，适用于任意空间位置、不同接头形式的焊缝均能焊接，且能焊接各种金属材料；但生产率低，劳动强度大，焊接质量决定于焊工的技术水平。

1．焊接过程

焊条电弧焊的焊接过程如图3-10所示。将工件和焊钳分别接到电焊机的两个电极上，并用焊钳夹持焊条。焊接时，先将焊条与工件瞬时接触，然后将焊条提到一定的距离（2～4 mm），于是在焊条端部与工件之间便产生了明亮的电弧。电弧热将工件接头处和焊条熔化形成熔池。随着焊条的向前移动，新熔池不断产生，旧熔池不断冷却凝固，从而形成连续的

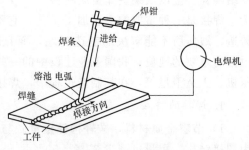

图 3-10 手工电弧焊

焊缝，使工件牢固地连接在一起。

2. 焊条电弧焊设备

对焊条电弧焊设备的基本要求是易于引弧和电弧燃烧稳定，要满足这两个要求，焊接设备应做到：有较大的空载电压和较小的电流，但从安全生产考虑，电压一般控制在40～90 V；电弧稳定燃烧时，应供给电弧以较低的电压（16～40 V）和较大的电流（几十安培至几百安培）；电流能够调节，以适应不同的焊件材料、不同的厚度和焊接规范的需要。

手工电弧焊设备分为弧焊变压器（交流）和弧焊整流器（直流）。

1) 弧焊变压器。弧焊变压器将220 V或380 V的电源电压降到60～80 V，以满足引弧的需要。焊接时，电压会自动下降到电弧正常工作时所需的工作电压20～30 V。输出电流是从几十安培到几百安培的交流电，可根据焊接的需要调节电流的大小。弧焊变压器的优点是结构简单，价格便宜，工作噪音小，使用可靠，维修方便，应用很广；缺点是焊接电弧不稳定。

2) 弧焊整流器。弧焊整流器是通过整流器把交流电转变为直流电，既弥补了交流电焊机电弧稳定性差的缺点，又比一般直流电焊机结构简单，维修容易，噪音小。

3. 电焊条

电焊条的种类规格很多，但它们都是由焊条芯（简称焊芯）和药皮两部分组成，如图3-11所示。

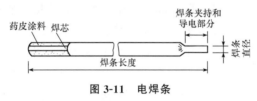

图3-11　电焊条

焊芯是焊接专用的金属丝，焊接时焊芯的作用，一是导电，产生电弧；二是熔化后作为填充金属，与熔化的母材一起形成焊缝。为了保证焊缝质量，对焊芯金属的化学成分有较严格的要求。因此，焊芯都是专门冶炼的，碳、硅含量较低，硫、磷含量极少。

焊条药皮由矿石粉和铁合金粉等原料按一定比例配制而成。药皮的主要作用是保证焊接电弧的稳定燃烧，防止空气进入焊接熔池，添加合金元素，保证焊缝具有良好的力学性能。

按用途的不同，电焊条有结构钢焊条、不锈钢焊条、铸铁焊条等，其中结构钢焊条应用最广。

4. 焊接工艺

1) 焊接接头形式。焊接前，先要按照焊接部位的形状、尺寸、强度要求、焊接材料消耗量和受力情况等，选择接头的类型。根据GB/T 3375—1994规定，焊接碳钢和低合金钢的基本接头形式有对接、搭接、角接和T形接四种。接头形式的选择是根据结构的形状、强度要求、工件厚度、焊接材料消耗量及其他焊接工艺而确定的。

2) 焊缝空间位置。按焊缝在空间位置的不同，可分为平焊、立焊、横焊和仰焊四种，如图3-12所示。平焊操作方便，易于保证焊缝质量，应尽可能采用。立焊、横焊和仰焊由于熔池中液体金属有滴落的趋势而造成施焊困难，应尽量避免。若的确需采用这些焊接位置时，则应选用小直径的焊条、较小的电流、短弧操作等工艺措施。

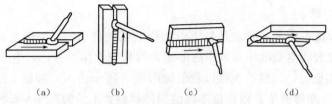

图 3-12　焊缝的空间位置

(a) 平焊；(b) 立焊；(c) 横焊；(d) 仰焊

3）焊接参数。为了保证焊接质量和提高生产率，必须正确选择焊接参数。焊条电弧焊的焊接参数包括焊条直径、焊接电流及焊接速度等。

焊条直径主要根据焊件厚度来选择。焊接厚板时应选较粗的焊条。平焊低碳钢时，焊条直径可按表 3-1 选取。

表 3-1　焊条直径的选择

焊件厚度/mm	2	3	4～5	6～12	>12
焊条直径/mm	2	3.2	3.2～4	4～5	5～6

焊接电流主要根据焊条直径选取。焊接电流是影响焊接接头质量和生产率的主要因素。电流过大则焊条易烧红且使药皮失效，金属熔化快，熔深大，金属飞溅大，同时易产生烧穿、咬边；电流过小，则电弧不稳定，易造成焊不透和生产率低等。焊接电流的选择可结合具体情况参照下面经验公式计算：

$$I = k \times d \tag{3-1}$$

式中　I——焊接电流（A）；

　　　d——焊条直径（mm），按表 3-1 选择；

　　　k——系数，按表 3-2 选择。

表 3-2　系数 k 的选择

焊条直径/mm	1.6	2～2.5	3.2	4～6
系数 k	15～25	20～30	30～40	40～50

通常横焊和立焊时，焊接电流应减少 10%～15%，仰焊时应减少 15%～20%。

焊接速度是指焊条沿焊接方向移动的速度。在保证焊透、焊缝高低及宽窄一致的前提下，应尽量快速施焊。焊件越薄，则焊速应越大。这主要靠焊工根据具体情况凭经验灵活掌握。

3.3.3　气焊

气焊是利用可燃气体在氧中燃烧的气体火焰来熔化母材和填充金属以进行焊接的一种工艺方法。气割和多种钎焊也都使用气体火焰加热。

气焊所用设备简单便宜，使用灵活（没有电源的场合也可焊接），操作方便，但其气体火焰的温度没有电弧温度高，加热时间长，生产效率低，热影响区宽，焊后变形大，焊接质量差。它常用于焊接厚度 3 mm 以下的板料，形状复杂的低碳钢以及常见的有色金属的焊件。

1. 气焊火焰

气焊用的气体为纯度不低于 98.5% 的氧气。燃料为乙炔或氢、煤气、液化石油气等，以乙炔用得最多。根据氧和乙炔的混合比值不同，可将氧乙炔焰分为以下三种，如图 3-13 所示。

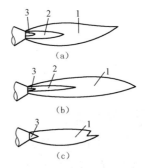

图 3-13　氧乙炔焰
1—外焰；2—内焰；3—焰心

1）中性焰［图 3-13（a）］。氧乙炔混合比为 1～1.2，又称正常焰，内焰温度最高，可达 3 000℃～3 200℃，适用于低碳钢、中碳钢、低合金钢、不锈钢、纯铜和铝及铝合金等材料的焊接。

2）碳化焰［图 3-13（b）］。氧乙炔混合比小于 1，火焰比中性焰长，最高温度可达 2 700℃～3 200℃。由于碳化焰中有过剩乙炔并分离成游离状态的碳和氢，导致焊缝产生气孔和裂纹，同时对焊缝有渗碳作用，因此这种火焰适用于含碳量较高的高碳钢、铸铁、硬质合金及高速钢的焊接。

3）氧化焰［图 3-13（c）］。氧乙炔的混合比大于 1.2，火焰很短，最高温度可达 3 100℃～3 300℃。由于火焰中有过量的氧，会使焊缝金属氧化，形成气孔，部分合金元素在焊接时被烧损，从而导致焊缝金属的力学性能降低，因此一般不采用。只有焊接黄铜时采用氧化焰，其原因是焊接黄铜时采用含硅焊丝，氧化焰会使熔化金属表面覆盖一层硅的氧化膜，可阻止黄铜中锌的挥发。

2. 气焊设备

气焊设备如图 3-14 所示。

1）氧气瓶。运输和储存高压氧气的钢瓶。一般使用的容量为 40 L，压力为 14.7 MPa。

2）减压器。其作用为将气瓶中高压氧气的压力降至工作压力（一般为 0.3～0.4 MPa），并保证工作时有稳定的工作压力。

3）乙炔瓶。储存溶解乙炔气的钢瓶。一般使用容量为 40 L，压力为 15.2 MPa。

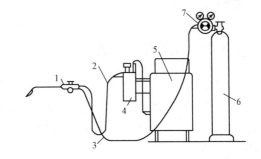

图 3-14　气焊设备
1—焊炬；2—乙炔管道（红）；3—氧气管道（黑或绿）；
4—回火防止器；5—乙炔瓶；6—氧气瓶；7—减压器

4）回火防止器。为一种安全装置，装在焊炬与乙炔发生器之间。当氧－乙炔混合气体沿管道流动的速度慢于火焰燃烧的速度时，火焰将沿管道向乙炔发生器方向倒流，并引起爆炸。回火防止器的作用是对火焰倒流进行拦截。

5）焊炬。其作用是把氧和乙炔两种气体以一定比例在管道内均匀混合，由喷嘴高速射出，点火后形成稳定而集中的火焰。

3. 焊丝和焊剂

焊丝作为填充金属与焊件的熔化部分混合而形成焊缝。它的化学成分和制造质量直接影响焊缝的成分和力学性能，其品种与直径主要根据焊件的材料和厚度来选择。

　　焊剂的作用是保护熔池金属，去除焊接过程中形成的氧化物，增加液态金属的流动性。焊剂有多种，可根据焊件材料的不同来选择。焊低碳钢时不用焊剂。

3.4　金属切削加工

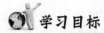

学习目标

　　1. 描述切削用量的要素。

　　2. 了解切削刀具和切削过程。

　　3. 叙述常用的切削加工方法。

任务分析

　　将生产的零件装配成机器的过程称为机械制造，机械制造为人类的生存、生产、生活提供各种设备，对提高人民生活质量，推动科学技术进步起着十分重要的作用。汽车制造过程中，金属切削加工就是从铸造和锻造等热加工方法生产出来的毛坯上去除多余的金属材料，使其成为具有一定形状、尺寸精度和表面质量要求合格的汽车零件的加工方法。本部分要重点了解常用的切削加工方法。

相关知识

3.4.1　切削加工基础

1. 切削运动

　　为了进行切削加工以获得工件所需的各种形状，刀具和工件必须完成一系列相对运动，称为切削运动。按切削时工件和刀具相对运动所起的作用不同可分为主运动和进给运动，如图 3-15 所示。

　　1）主运动。主运动是进行切削时最主要的运动。通常它的速度最高，消耗机床动力最多，如普通卧式车床的主运动为主轴的旋转运动。主运动可以是回转运动，也可以是直线运动，如铣刀的回转和刨刀的直线往复运动。

　　2）进给运动。进给运动与主运动配合，能保持切削工作连续地进行，从而切除金属层形成已加工表面。在普通卧式车床上加工外圆，刀具沿工件轴线方向的纵向运动 f_a 是进给运动。机床的进给运动可由一个或几个组成，通常消耗功率较小。进给运动可以是连续的，如车床的进给运动；也可以是间歇的，如牛头刨床工作台的进给运动。

　　在切削加工过程中，工件上形成三个不断变化的表面（图 3-16）：①待加工表面是工件将被切去一层金属的表面；②加工表面是工件正在被切削的表面（过渡表面）；③已加工表面是工件上切去一层金属后，所形成的新的表面。

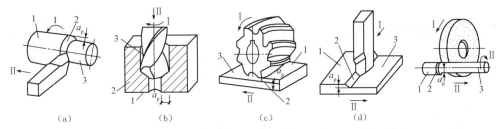

图 3-15　切削加工的主要方式

（a）车削；（b）钻削；（c）铣削；（d）刨削；（e）外圆磨削

1—待加工表面；2—过渡表面；3—加工表面；

Ⅰ—主运动；Ⅱ—进给运动

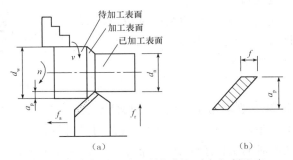

图 3-16　车削外圆表面的切削运动与切削要素

2. 切削要素

切削用量三要素如图 3-16 所示。

1）切削速度 v。刀具切削刃选定点相对于工件主运动的瞬时速度称为切削速度，单位为 m/s。其大小可按下式计算：

$$v = \frac{\pi d_w n}{1000 \times 60} \ (\mathrm{m/s}) \tag{3-2}$$

式中　d_w——工件待加工表面的直径，单位为 mm；

　　　n——工件或刀具的转速，单位为 r/min。

2）进给量 f。刀具在进给运动方向上相对于工件的位移量称为进给量。它可用工件每转一转刀具的位移量来表述和度量，单位为 mm/r。如果主运动为往复直线运动（刨削）时，则进给量的单位为 mm/（d·str）（毫米/双行程）。

进给运动的速度即进给速度 v_f 为：

$$v_f = f \cdot n \ (\mathrm{mm/min}) \tag{3-3}$$

3）背吃刀量 a_p。背吃刀量是每次走刀切入的深度。背吃刀量等于待加工表面与已加工表面间的垂直距离（mm）。车外圆时：

$$a_p = \frac{d_w - d_n}{2} \ (\mathrm{mm}) \tag{3-4}$$

式中　d_n——工件已加工表面的直径，单位为 mm。

3.4.2　金属切削刀具

在切削加工中，刀具直接担负切削金属材料的工作。为保证切削顺利进行，不但要求刀具在材料方面具备一定的性能，还要求刀具具有合适的几何形状。

1. 刀具的组成

金属切削刀具种类繁多，形状也各有不同，但不管形状多么复杂的刀具，都是在刀具基本类型的基础上发展起来的，以适应不同条件下的切削加工。下面以外圆车刀为例对切削刀具进行分析。其他各种刀具的切削部分，均可看作是车刀的演变和组合。

外圆车刀分为切削部分（刀头）和夹持部分（刀杆或刀体）两部分，如图 3-17 所示。刀体装在刀架上，刀头装在刀体上（可焊接或机械装卡）。

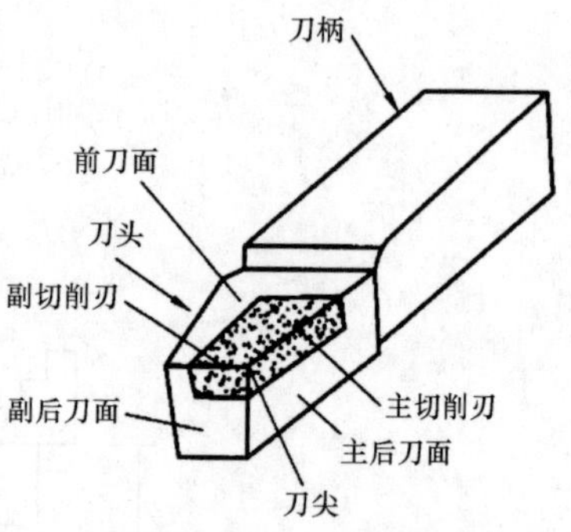

2. 刀具材料

刀具夹持部分的材料一般多用中碳钢，而切削部分的材料需根据不同的加工条件合理选择。通常所说的刀具材料，一般指切削部分的材料。因为刀具切削时的工作条件是：高温、高压、摩擦和冲击，因此刀具材料应具备以下性能：

图 3-17　车刀的组成

车刀的组成

1）硬度。刀具材料的硬度必须高于工件材料的硬度，常温下一般要求在 60HRC 以上。

2）耐磨性。通常情况下，材料的硬度越高耐磨性也越好。

3）强度与韧性。刀具材料必须有足够的强度与韧性，以承受切削过程中的切削力、冲击和震动，而不发生脆性断裂和崩刃。

4）热硬性。刀具材料在高温下应保持高的硬度、好的耐磨性和较高的强度等综合性能。热硬性越好，刀具材料允许的切削速度越高。它是衡量刀具材料性能的主要标志，一般用热硬性温度表示。

5）化学稳定性。包括抗氧化、抗粘结能力，化学稳定性越高，刀具磨损越慢，加工表面质量越好。

6）良好的工艺性及经济性。常用的刀具材料有碳素工具钢、合金工具钢、高速工具钢和硬质合金。此外陶瓷、人造金刚石和立方氮化硼也可作为刀具材料，它们的硬度、耐磨性、热硬性均高于前述各种材料。但这些材料的脆性大，抗弯强度和冲击韧性很差，主要用于高硬度材料的半精加工和精加工。

3.4.3　金属切削过程

金属切削过程是工件上多余的金属材料不断地被刀具切下并转变为切屑，从而形成已加工表面的过程。伴随这一过程产生的一系列物理现象（如切削力、切削热、刀具磨损等），将直接或间接地影响工件的加工质量和生产率。

1. 切屑的形成

在切削塑性材料的过程中，当刀尖接触工件时，工件切削层受到挤压，使工件材料产生弹性变形；随着刀具的继续切入，应力、应变逐渐增大，直到克服材料的屈服极限产生塑性变形；刀具继续切入，剪应力继续增大到克服材料的强度极限出现挤裂现象；最后，被挤裂的金属脱离工件，沿刀具的前面流出成为切屑。重复上述过程，直到将多余金属全部切除。由此可见，塑性材料切削过程的实质是一个挤压过程，重复着弹性变形、塑性变形、挤裂和切离四个阶段，如图 3-18 所示。

由于脆性材料的塑性趋于零，所以它的切削过程只经历了弹性变形、挤裂和切离三个阶段。

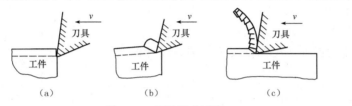

图 3-18　切屑形成过程

（a）弹性变形；（b）塑性变形；（c）挤裂和切离

切屑的形成过程

2. 切屑的种类

由于工件材料及加工条件的不同，形成的切屑形态也不相同。常见的切屑种类有四种，如图 3-19 所示。

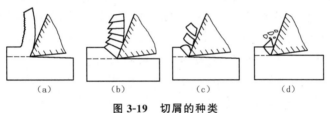

图 3-19　切屑的种类

（a）带状切屑；（b）节状切屑；（c）粒状切屑；（d）崩碎切屑

1）带状切屑。这种切屑呈连续的带状或螺旋状，与前刀面相邻的切屑底面很光滑，无明显裂痕，顶面呈毛茸状。形成带状切屑时，切削过程平稳，工件表面较光洁，但切屑连续不断，易缠绕工件和刀具，刮伤已加工表面及损坏刀具，应采取断屑措施。

2）节状切屑。它与带状切屑的区别是底面有裂纹，顶面呈踞齿形。形成这类切屑时，切削过程不够平稳，已加工表面的粗糙度值较大。

3）粒状切屑。切削塑性材料时，若整个剪切面上的切应力超过了材料的断裂强度，所产生的裂纹贯穿切屑端面时，切屑被挤裂呈粒状。

4）崩碎切屑。切削铸铁、青铜等脆性材料时，一般不经过塑性变形材料就被挤裂，而突然崩落形成崩碎切屑。此时切削力波动较大，并集中在刀刃附近，刀具容易磨损。由于切削过程很不平稳，已加工表面的粗糙度值大。

3. 切削力

金属被切削时，刀具切入工件，被加工材料发生变形，最后成为切屑所需要的力称为切削力。实质上它是由克服被加工材料的弹性变形和塑性变形的力，以及刀具与工件和刀具与切屑之间的摩擦力共同构成的力。切削力是设计和使用机床、刀具、切削加工工艺装备等必要的依据，切削过程中出现的物理现象大都是由切削力引起的。在实际加工中，为了满足设计和工艺分析的需要，一般把切削力分解为三个分力（如图 3-20 所示）：

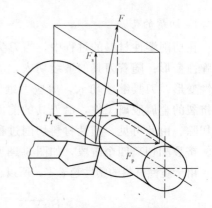

图 3-20 切削力的分解

1）主切削力 F_s。总切削力 F 在主运动方向上的正投影。这是在切削速度方向上的分力，其大小约占总切削力的 95%～99%，是三个分力中最大的、消耗功率最多的分力，它是机床动力、重要零件的强度和刚度的设计、校核以及工艺装备设计的主要依据。

2）进给力 F_f。总切削力 F 在进给运动方向上的正投影，在车外圆时亦称轴向分力或走刀抗力。这是在进给运动方向上的分力，消耗功率很小，只占总切削力的 1%～5%，它是设计和验算机床进给机构强度时必需的参数。

3）背向力 F_p。总切削力 F 在垂直工作平面上的分力，在车外圆时亦称径向分力或吃刀抗力。由于它是切削深度方向上的分力，在每次走刀时没有该方向的运动，所以不消耗功率。但是它作用在工件刚性较差的方向，容易使工件变形，同时引起振动，影响加工精度。所以，在加工刚性较差的工件（如细长轴）时，应该力求减小切削力。常用的方法有增大刀具前角，减小背向力 F_p（常取 $k_r = 90°$），以及减小每次走刀的背吃刀量。

上述三个互相垂直的切削分力是总切削力分解而来的：

$$F = \sqrt{F_s^2 + F_f^2 + F_p^2} \tag{3-5}$$

4. 切削热

在切削过程中，切削力使切屑变形、刀具与工件以及刀具与切屑之间的摩擦共同产生了大量的切削热，这些切削热实质上是由切削功转变来的。

切削热产生后，大量的热（50%～80%）由切屑带走，周围介质也带走微量切削热（约 1%），余下的热传入工件（40%～10%）和刀具（9%～3%）。切削热传入工件，将使工件变形，使工件产生形状和尺寸误差；切削热传入刀具，将加快刀具磨损。因此，切削热对切削加工非常有害，应尽量减少切削热的产生和改善散热条件。通常的办法如下：

1）合理选用刀具角度。在刀具上开好排屑槽，使得排屑流畅，不能让切屑缠留在刀头上。

2）合理选用切削用量。要根据刀具材料的耐热程度控制切削速度，这是因为切削速度对切削热的产生影响最大。

3）合理使用切削液。

5. 切削液

为了提高切削加工效果而使用的液体称为切削液。合理选用切削液，可以减少切削时的摩擦，降低切削温度，减小刀具磨损，从而提高加工表面质量和生产率。具体来说，切削液在切削过程中除了应具备冷却作用和润滑作用这两种基本性能，以达到上述切削液的主要使用目的外，还应该具有清洗作用和防锈作用。清洗的目的是把切削或磨削时产生的细小切屑、磨屑和砂粒从工件、刀具和机床表面冲走，以免影响加工表面质量及损伤刀具和机床。为使机床、刀具、工件不受腐蚀，切削液中必须加入防锈添加剂。此外，切削液还应该具备其他一些综合性能，如无毒性、防霉性、稳定性、低污染性等。

切削液分为以下三类：

1）切削油。主要成分为矿物油，使用时要根据需要加入不同的添加剂。切削油具有较好的润滑作用。

2）乳化液。系用矿物油、乳化剂和添加剂制成的乳化油膏加水稀释而成。因水的含量大（占90%～95%），故具有良好的冷却作用。它可以按需要配制成不同的浓度。浓度高，则乳化液的润滑性高，冷却性低。

3）水溶液。主要成分为水，加入一些添加剂，使其具有一定的润滑和防锈作用。它的冷却性能良好。

3.4.4　常用切削加工简介

切削加工方法有车削、钻削、镗削、刨削、插削、拉削、铣削和磨削等，下面介绍几种最常用的加工方法。

1. 车削加工

车削加工是机械加工中的基本工种，它的技术性很强，主要用车床加工回转表面，所用刀具是车刀，还可用钻头、铰刀、丝锥、滚花刀等刀具。

（1）车床的组成

车床应用范围很广，种类很多。按用途和结构的不同，主要分为卧式车床、落地车床、立式车床和各种专门化车床等。其中卧式车床是应用最广泛的一种，其组成如图 3-21 所示。

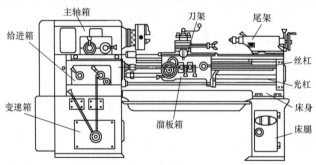

图 3-21　C6132 卧式车床

车床的组成部分有：

1）主轴箱。安装主轴和主轴变速机构。

2）变速箱。安装变速机构，增加主轴变速范围。

3）进给箱。安装做进给运动的变速机构。

4）溜板箱。安装做横向运动的传动元件及互锁、换向等机构，并与床鞍连为一体。

5）尾架。安装尾架套筒及顶尖。

6）床身。支承上述部件并保证其相对位置，是车床的基础零件。

加工时，工件由主轴带动作旋转主运动；刀具安装在刀架上可作纵向或横向进给运动。

（2）车削加工范围及常用车刀

1）车削加工范围。车削加工范围广泛，车床上能加工出各种内、外回转表面。主要有：车外圆面（含外圆切槽）、车内圆面（含内圆切槽）、车锥面、车平面、钻中心孔、钻孔、铰孔、车外螺纹、车内螺纹、车成形面和滚花等（图3-22）。

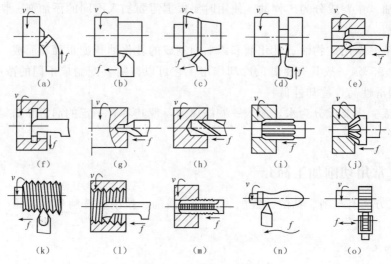

图 3-22　车床加工内容

2）常用车刀。车刀按用途可分为：

①端面车刀（45°车刀，又称弯头车刀），用于车削工件的外圆、端面和倒角［图3-22（a）］。

②外圆车刀（90°车刀，又称偏刀），用于车削工件的外圆、台阶和端面［图3-22（b）］。

③切断刀，用于切断工件或在工件上车槽［图3-22（d）］。

④内孔车刀，用于车削工件的内孔［图3-22（e）］。

⑤螺纹车刀，用于车削螺纹［图3-22（k）］。

⑥圆头刀，用于车削工件的圆弧面或成形面［图3-22（n）］。

车刀按结构又可分为整体式车刀、焊接式车刀、机夹式车刀和可转位车刀。

（3）工件在车床上的安装

切削前，工件必须在机床上取得与刀具正确的相对位置，并夹固后方可加工。完成这项工作要借助于夹具。车削时大部分工件是使用作为车床附件的通用夹具来完成切削任务的。

1）三爪卡盘［图3-23（a）］。用于截面为圆形、正三边形、正六边形等形状规则的中小型工件的装夹，可以自动定心，无须进行校正，装夹效率高。但是它不能装夹形状不规则的工件，而且夹紧力没有四爪卡盘大。

2）四爪卡盘［图3-23（b）］。它的四个爪1、2、3、4可分别作径向移动，故主要用于装夹形状不规则的工件。装夹时如用千分表校正，也可在它上面加工精度较高的工件。它的夹紧力较大，但装夹效率较低。

3）拨盘—夹头［图3-23（c）］。对于较长的或需经多次装夹的工件（如长轴、丝杠等），或车削后还需进行铣、磨等多道工序加工的工件，为使每次装夹都保持其定位精度

（保证同轴度），可采用顶针定位的方法。此时无须校正，定位精度高。主轴通过拨盘和夹头 2（此处使用的称为直尾鸡心夹头）带动工件回转，螺钉 5 用来紧固工件。

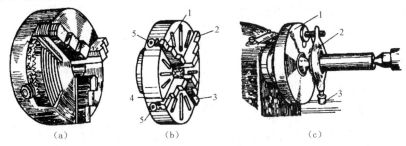

图 3-23　车床的通用夹具

车削细长工件时，为防止工件刚性不足而弯曲，可在工件中部安装中心架［图 3-24（a）］或跟刀架［图 3-24（b）］，用增加支撑的方法来提高工件切削时的刚度。二者均为车床附件。前者固定于床身导轨上；后者固定于溜板上，随刀架一起运动。

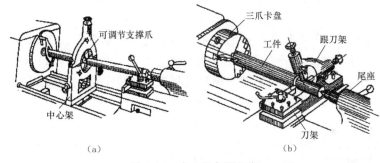

图 3-24　中心架与跟刀架

立式钻床

（4）车削加工的工艺特点

1）易于保证各加工表面的位置精度。对于轴套或盘类零件，在一次装夹中车出各外圆面、内圆面和端面，可保证各轴段外圆的同轴度、端面与轴线的垂直度、各端面之间的平行度及外圆面与孔的同轴度等精度。

2）生产率较高。因切削过程连续进行，且切削面积和切削力基本不变，车削过程平稳，因此可采用较大的切削用量，使生产率大幅度提高。

3）生产成本低。由于车刀结构简单，制造、刃磨和安装方便，而且易于选择合理的角度，有利于提高加工质量和生产率；车床附件较多，能满足一般零件的装夹，生产准备时间短。既适宜单件小批生产，也适宜大批大量生产。

2. 钻削加工

钻削加工时，刀具旋转做主运动，同时沿轴向移动作进给运动。生产中常用的有台式钻床、立式钻床（图 3-25）和摇臂钻床三种。台钻适于加工小型工件上的各种小孔，直径

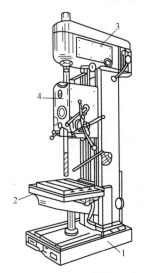

图 3-25　立式钻床

1—底座；2—工作台；
3—主轴箱；4—进给箱

在 13 mm 以下。立钻比台钻刚性好、功率大，适于单件、小批生产中加工中、小型工件。摇臂钻床的摇臂能绕立柱作 360° 回转和沿立柱上下移动，故在加工中不必移动工件即可在很大范围内钻孔，适于加工大、中型工件。

钻床的主要参数是孔加工的最大直径。在钻床上可进行的工作如图 3-26 所示。

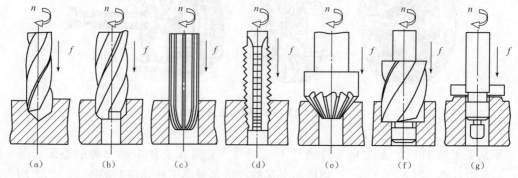

图 3-26 钻床所能完成的工作

(a) 钻孔；(b) 扩孔；(c) 铰孔；(d) 攻丝；(e) 锪锥坑；(f) 锪沉头孔；(g) 锪台阶面

1) 钻孔。在实心材料上钻孔，目前使用的刀具主要为麻花钻（图 3-27）。其切削部分一般用高速钢制成，硬质合金麻花钻现在应用也日益广泛。小直径（$\phi 5$ mm 及以下）钻头制成整体式，直径 $\phi 6$ mm 及以上的制成镶片式和机夹可转位式。麻花钻的柄部通常有直柄和锥柄两种。直柄用于直径较小的钻头；锥柄用于直径较大的钻头。

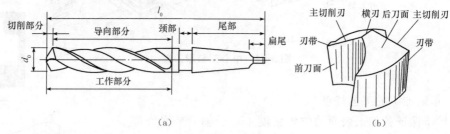

图 3-27 麻花钻

麻花钻的工作部分可分为切削部分和导向部分，导向部分还是前者刃磨消耗以后的备用部分，切削部分可看作正反两把车刀的组合 [图 3-27 (b)]。麻花钻起定心作用的横刃处产生严重的挤压和很大的轴向力，在外缘附近的主切削刃切削速度最高，而刃口的强度和散热条件最差，故最易磨损。基于以上原因，加之排屑困难等所以麻花钻的加工质量不高，精度为 IT13～IT12，表面粗糙度 Ra 为 20～1.25 μm，只能用于粗加工。经过特殊修磨的麻花钻，切削条件有很大的改善，可较大地提高生产率。

2) 扩孔。扩孔是用扩孔钻对工件上已有的孔进行加工，以扩大孔径，提高孔的加工质量。扩孔常作为铰孔或磨削前的预加工，精度可达 IT11～IT10，表面粗糙度值 Ra 为 6.3～3.2 μm，属于半精加工。对于质量要求不太高的孔，扩孔也可作为终加工。扩孔使用的刀具为扩孔钻

图 3-28 扩孔钻

（图 3-28）。它和麻花钻的主要不同之处是：无横刃，轴向力小；刀齿和切削刃多（3～4个），生产率高；加工余量小，排屑槽可以浅一些，从而刀体刚度和刚性好。由于这些原因，因此它的加工质量和生产率都比麻花钻高。

3）铰孔。用铰刀从工件孔壁上切除微量金属层，以提高孔的尺寸精度和降低表面粗糙度值的加工方法，称为铰孔。它是在扩孔或半精镗孔后进行的一种精加工。它用于中小直径未淬火的圆柱孔和圆锥孔，但不宜用于深孔和断续孔。铰削由于加工余量小，刀具齿数多，并且孔壁切削后又经修光刃修光，所以铰削过程兼具了切削和挤刮两种作用的效果，故有较高的加工精度和表面质量。铰孔精度可达 IT10～IT6，表面粗糙度 Ra 为 1.6～0.2 μm。

3. 镗削加工

在镗床上对毛坯的铸、锻孔或已钻出的孔进行切削加工称为镗削。镗削加工时，刀具作旋转切削主运动，刀具或工件作轴向进给运动，如图 3-29 所示。按结构和用途的不同，镗床可分为卧式镗床、落地镗床、坐标镗床、金刚镗床等。

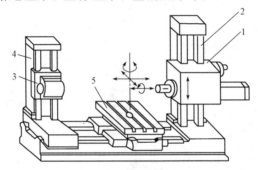

图 3-29 镗床的组成及其切削运动
1—主轴箱；2—前立柱主轴；3—尾架；4—后立柱；5—工作台

镗床上除了可以镗孔外，还可以进行钻孔、扩孔、铰孔、铣平面、铣端面、镗削内螺纹等。各类机床上镗孔所用的镗刀，其切削部分（镗刀头）的结构基本相同。在镗床上镗直径较大且精度较高的孔时，则采用一些结构形式较为复杂的镗刀，如多刃式、浮动式、微调式等。

镗杆尺寸因受工件孔径的限制，刚性较差，加工时不宜采用太大的切削用量，同时在加工过程中必须通过调刀来达到孔径所要求的精度，因而生产率较低。但是镗刀结构简单，通用性强，在单件、小批生产中，镗孔是较经济的孔加工方法之一，特别是对于直径在100 mm 以上的大孔，镗孔几乎是唯一的精加工方法。加工精度为 IT12～IT7，表面粗糙度值 Ra 5～0.5 μm。

4. 铣削加工

铣床是组别、系别最多的机床大类之一。在铣床中，卧式万能升降台铣床是应用较为广泛的一种，图 3-30 为其简图。铣刀装在刀杆（图中未画出）上，由主轴 5 带动做主运动。悬梁 1 上的支架 2 用来支撑刀杆的外伸端，以增强刀杆的刚性。悬梁 1 可沿水平方向调整其位置。安装工件的工作台 3 可以在纵、横、垂直三个方向实现任一种手动或自动进给。此外，工作台还可以绕其下层的过渡底座 4 的中心线在水平面内转动±45°，从而扩大了机床的加工范围。

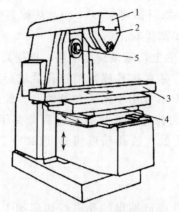

图 3-30　升降台式卧式铣床

铣削是一种应用非常广泛的加工方法。它用于加工平面、沟槽（直槽、螺旋槽）、成形表面、花键、齿轮、凸轮等。其加工精度为 IT11～IT9，表面粗糙度 Ra 为 20～0.16 μm。常见的铣削加工内容如图 3-31 所示。

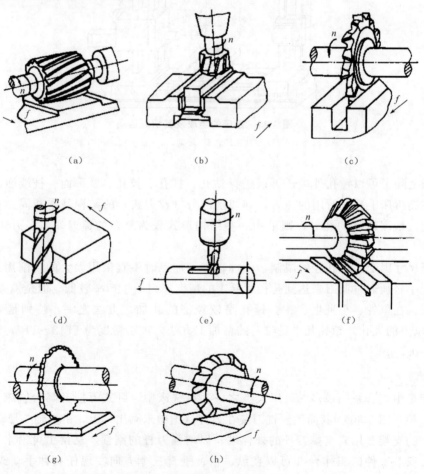

图 3-31　铣削加工内容及铣刀

铣刀的品种很多,常用的如图 3-31 所示,其中(a)～(h)分别为圆柱形铣刀、面铣刀、三面刃铣刀、立铣刀、键槽铣刀、角度铣刀、锯片、成形铣刀。铣刀是一种多齿刀具,其每一个刀齿从本质上可看作一把外圆车刀,但是它又有其自身的特点。铣削时为断续切削,刀齿是依次切入工件的。这有利于刀齿的冷却,但易引起周期性的冲击和振动。其次,由于刃磨或装配的误差,难以保证各个刀齿在刀体上的应有位置(例如各个刀齿的刀尖不在同一个圆周上),再加上其他因素,例如切削负荷变化引起的切削力周期性变化等,从而使铣削过程不如车削过程平稳。但是,由于铣削为多刃切削,故生产率较高。

5. 磨削加工

用砂轮或其他磨具加工工件表面的工艺过程,称为磨削加工。通常把使用砂轮加工的机床称为磨床。磨床可分为外圆磨床、内圆磨床、平面磨床、无心磨床、螺纹磨床和齿轮磨床等,常用的有 M1432A 型万能外圆磨床,如 3-32 所示。磨削时,砂轮的旋转为主运动,工件的移动和转动为进给运动,图 3-33 为磨削的主要工作。

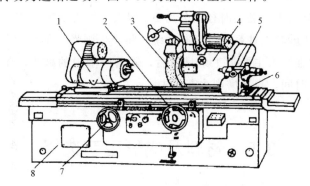

图 3-32　M1432A 型万能外圆磨床

1—工件头架;2—手轮;3—砂轮;4—砂轮架;5—尾架;6—工作台;7—手轮;8—床身

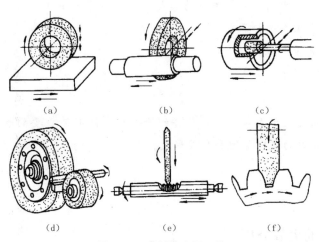

图 3-33　磨削的主要工作

(a) 平面磨削;(b) 外圆磨削;(c) 内圆磨削;

(d) 无心磨削;(e) 螺纹磨削;(f) 齿轮磨削

磨削用的砂轮是由许多细小且极硬的磨料微粒与胶粘剂混合成形后烧结而成的，具有一定的孔隙。因砂轮表面布满磨粒，可以将其看作为具有很多刀齿的多刃刀具。磨削过程是形状各异的磨粒在高速旋转运动中，对工件表面进行切削、挤压、滑擦以及抛光的综合作用。砂轮的切削性能由磨粒材料（磨料）、粒度、硬度、结合剂、组织、形状和尺寸等因素决定。

磨削加工具有以下特点：

1）能加工硬度很高的材料。磨削能加工车、铣等其他方法所不能加工的各种硬材料，如淬硬钢、冷硬铸铁、硬质合金、宝石，玻璃和超硬材料氮化硅等。

2）能加工出精度高、表面粗糙度值低的表面。磨削通常尺寸精度可达 IT7～IT5，表面粗糙度 Ra 为 $0.8～0.2\ \mu m$。

3）磨削温度高。由于磨削过程中产生的切削热多，而砂轮本身的传热性差，使得磨削区温度高。所以在磨削过程中，为了避免工件烧伤和变形，应施以大量的切削液进行冷却。磨削钢件时，广泛采用的是乳化液和苏打水。

4）磨削的径向分力大。磨削时径向分力 F_y 很大，约为切削力 F_z 的 $1.6～3.2$ 倍，在 F_y 力的作用下，机床砂轮工件系统（工艺系统）将产生弹性变形，使得实际磨削深度比名义磨削深度小。因此在磨去主要加工余量以后，随着磨削力的减小，工艺系统弹性变形恢复，应继续光磨一段时间，直至磨削火花消失。

3.5 材料及成形工艺选择

学习目标

1. 分析零件的失效原因，判断失效的形式。
2. 掌握材料成形工艺选择原则。
3. 完成材料的选择步骤。

任务分析

了解汽车零件的失效形式对汽车零部件的检查和维修有着重要的意义，因此，本部分要求学生重点掌握零件的失效原因和失效形式。

相关知识

3.5.1 零件的失效分析

一个机器零件的设计质量再高，都不能永久地使用，总有一天会达到使用寿命而失效。所以，为避免零件发生失效，在选材时，必须对零件在使用过程中可能产生的失效原因和失效机制进行分析和了解，为选材和加工质量控制提供依据。

1. 失效的概念

失效是指由于某种原因，导致其尺寸、形状及材料的组织和性能发生变化而不能完成指定功能的现象。以下三种情况的机械零件都认为失效：①零件完全不能工作；②零件虽然能工作，但已不能完成指定的功能；③零件有严重损伤，继续工作不安全。零件的失效有正常失效和早期失效之分。一般地，达到预定寿命的失效为正常失效，这种失效较为安全；远低于预定寿命的失效为早期失效，这种失效会带来经济损失，甚至会造成事故。无论哪一种失效，都是在外力等外在因素作用下产生的。

2. 零件失效的原因

引起失效的因素很多，涉及零件的结构设计、材料的选择、加工制造、使用和保养等诸多方面。这些基本因素可归纳为两大方面：设计制造过程因素（原始因素）和维修过程因素（工况使用因素）。就零件的失效形式而言，与其工作条件有关，包括应力情况（应力的种类、大小、分布、残余应力及应力集中情况等）、载荷性质（静载荷、冲击载荷、变动载荷）、温度（低温、常温、高温或交变温度）、环境介质（有无腐蚀性介质、润滑剂）及摩擦和振动条件等。

3. 零件的失效形式

一般机械零件常见的失效形式有：断裂失效（包括静载荷或冲击载荷、断裂、疲劳破坏、应力、腐蚀、破裂等）、磨损失效（包括过量的磨损、表面龟裂、麻点剥落等表面损伤失效）和变形失效（包括过量的弹性变形或塑性变形、高温蠕变等）。对工程构件来说，常因腐蚀而影响使用也属失效。

3.5.2 材料及成形工艺选择原则

在进行材料及成形工艺选择时要具体问题具体分析，一般是在满足零件使用性能要求的前提下，再考虑材料的工艺性和总的经济性，并要充分重视、保障环境不被污染，符合可持续性发展要求。材料和成形工艺的选择主要遵循以下原则：

1. 使用性原则

材料的使用性是指机械零件或构件在正常工作情况下材料应具备的性能。满足零件材料的使用性保证零件完成规定功能的必要条件，是材料和成形工艺选择应首要考虑的问题。

零件使用要求体现在对其形状、尺寸、加工精度、表面粗糙度等外部质量，以及对其化学成分、组织结构、力学性能、物理性能、化学性能等内部质量的要求上。在进行材料和成形工艺选择时，主要从三个方面予以考虑：零件的负载和工作情况；对零件尺寸和重量的限制；零件的重要程度。

若零件主要满足强度要求，且尺寸和重量又有所限制，则选用强度较高的材料；若零件尺寸主要满足刚度要求，则应选择刚度好的材料；若零件的接触应力较高，如齿轮和滚动轴承，则应选用可进行表面强化的材料；在高温下工作的零件，应选用耐热材料；在腐蚀介质中的零件，应选用耐腐蚀的材料。

零件的尺寸和重量还可能影响到材料成形方法的选择。对于小零件，用棒料的切削加工可能是经济的，而大尺寸零件往往采用热加工成形；反过来，对于利用各种方法成型的零件，一般也有尺寸的限制，如采用熔模铸造和粉末冶金，一般仅限于几千克、十几千克的零件。

2. 工艺性原则

材料工艺性是指材料适应某种加工的性能。在零件功能设计时，必须考虑工艺性。零件图中所示尺寸公差、表面粗糙度、结构形状等技术条件，直接影响其加工工艺。有些材料从零件的使用性能要求来看是完全合适的，但无法加工制造或加工制造很困难，成本很高，实际上就是工艺性不好。因此工艺性的好坏，对零件加工的难易程度、生产效率、生产成本等方面起着十分重要的作用。

材料的工艺性要求与零件的制造加工工艺路线关系密切，具体的工艺性要求是工艺方法和工艺路线相结合而提出来的。材料工艺性能主要包括以下几个方面：

①铸造工艺性：包括流动性、收缩性、热裂倾向性、偏析性及吸气性等。

②锻造工艺性：包括可锻性、冷墩性、冲压性、锻后冷却要求等。

③焊接工艺性：主要为焊接性，即焊接接头产生工艺缺陷的敏感性及其使用性能。

④切削加工工艺性：是指材料接受切削加工的能力。如刀具耐用度、断屑能力等。一般地，装配、运转精度要求较高的材料都要经过机械加工成型工艺，才能达到精度和表面粗糙度的要求。切削加工性与材料化学成分、力学性能及显微组织有密切关系。材料切削加工性对大量生产尤为重要，甚至是零件加工的关键。

⑤粘结固化工艺性：高分子材料、陶瓷材料、复合材料及粉末冶金制品，其粘结固化性是重要的工艺指标。

⑥热处理工艺性：包括淬透性、变形开裂倾向、过热敏感性、回火脆性倾向、氧化脱碳倾向等。

3. 经济性原则

经济性涉及材料的成本高低，材料的供应是否充足，加工工艺过程是否复杂，成品率的高低以及同一产品中使用材料的品种、规格等。从选材的经济性原则考虑，应尽可能选用价廉、货源充足、加工方便、总成本低的材料，而且尽量减少所选材料的品种、规格。通常，在满足零件使用性能的前提下，尽量优先选用价廉的材料，能用碳素钢的，不用合金钢；能用硅锰钢的，不用铬镍钢。

另外，选材时应考虑国家的生产和供应情况，所选材料应尽量少而集中，以便采购和管理。

3.5.3 材料选择的步骤

零件材料的合理选择通常按照以下步骤进行：

1）在分析零件的工作条件、形状尺寸与应力状态后，确定零件的技术条件。

2）通过分析或试验，结合同类零件失效分析的结果，找出零件在实际使用中的主要和次要的失效抗力指标，以此作为选材的依据。几种机械零件的主要失效形式和主要抗力指标见表3-3。

表 3-3　几种机械零件的主要失效形式和主要抗力指标

零件名称	工作条件	主要损坏形式	主要抗力指标
重要螺栓	拉应力或交变应力冲击载荷	拉断（过量塑性变形），疲劳断裂	$\sigma_{0.2}$，σ_{-1p}，HB
重要传动齿轮	交变弯曲应力，交变接触应力，冲击载荷，齿表面摩擦与磨损	齿的折断，过度磨损，疲劳麻点	σ_{-1}，σ_{bb}，HRC，接触疲劳强度
曲轴、轴类	交变弯曲应力，扭转应力，冲击负荷，磨损	疲劳破坏造成断裂，过度磨损	$\sigma_{0.2}$，σ_{-1}，HRC
滚动轴承	点或线接触下的交变应力磨损	疲劳破坏造成断裂，过度磨损	σ_e，σ_{bc}，σ_{-1}，HRC
弹簧	交变应力冲击，振动	弹力丧失，疲劳破坏引起断裂	σ_e，σ_s，σ_b，σ_{-1p}

注：σ_{-1p} 为抗压或对称拉伸时的疲劳强度；σ_{-1} 为光滑试样对称弯曲应力的疲劳强度；σ_{bb} 为抗弯强度；σ_{bc} 为抗压强度；$\sigma_{0.2}$ 为条件屈服极限；σ_e 为弹性极限；σ_s 为屈服强度；σ_b 为抗拉强度。

3）根据力学计算，确定零件应具有的主要力学性能指标，通过比较选择合适的材料。然后综合考虑所选材料是否满足失效抗力指标和工艺性的要求，以及在保证实现先进工艺和现任生产组织方面的可能性。

4）审核所选材料的生产经济性（包括热处理的生产成本等）。

5）试验、投产。

思考与练习

3-1　何谓铸造？砂型铸造工艺包括哪些主要内容？有何特点？

3-2　模锻与自由锻相比有哪些特点？

3-3　何谓板料冲压？它能完成哪些基本工序？

3-4　焊接方法分为哪几类？各有何特点？

3-5　说明切削用量三要素的意义。

3-6　简述车床的主要组成部分及其作用。

3-7　零件的常见失效形式有哪几种？它们要求材料的主要性能指标分别是什么？

3-8　在进行材料及成形工艺选择时要考虑哪些原则？

项目四 机械加工工艺与装配

本项目知识点

1. 机械加工工艺过程。
2. 零件加工工艺规程的制定。
3. 工艺路线的拟定。
4. 装配的基本内容、方法及顺序。

4.1 机械加工工艺过程

学习目标

1. 叙述生产过程和工艺过程的基本内容。
2. 描述机械加工工艺过程。
3. 了解生产类型及不同类型的工艺特征。

任务分析

汽车是由几万个零部件构成的，了解零部件的生产过程及工艺特性有助于对零部件作用的掌握。本项目主要介绍机械加工的工艺过程，学生要重点了解工艺过程的基本组成。

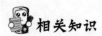相关知识

4.1.1 生产过程和工艺过程

生产过程是指将原材料转变为成品的一系列相互关联的劳动过程的总和。对机械制造而言，生产过程主要包括以下内容：

1）生产技术准备工作，如产品的开发和设计、工艺设计、专用工艺装备的设计与制造、各种生产资料及生产组织等方面的准备工作；

2）原材料、半成品的运输和保管；

3）毛坯制造，如铸造、锻造、焊接和冲压等；

4）零件的各种加工过程，如机械加工、热处理、焊接和表面处理等；

5）产品的装配过程，如组装、部装和总装及调试等；

6）产品的检验和试车；

7）产品的喷涂、包装和保管。

在生产过程中，将原材料转变为成品直接有关的过程称为工艺过程，如毛坯制造、零件加工、热处理和装配等。工艺过程是生产过程中的主要部分，其中采用机械加工的方法，直接改变毛坯的形状、尺寸和表面质量，使之成为合格零件的过程，称为机械加工工艺过程。如图 4-1 所示为生产过程、工艺过程和机械加工工艺过程三者间的大致关系。

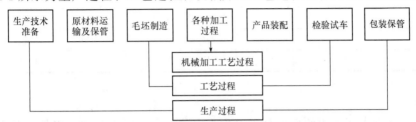

图 4-1　生产过程、工艺过程和机械加工工艺过程的关系

4.1.2　机械加工工艺过程的组成

在机械加工工艺过程中，针对不同零件的结构特点和技术要求，采用不同的加工方法和工艺装备，按照一定的顺序依次进行才能完成由毛坯到成品的转变过程。为便于工艺过程的编制、执行和生产组织管理，通常把机械加工工艺过程划分为不同层次的单元。它们分别是工序、安装、工位、工步和进给，其中工序是工艺过程中的基本单元，其相互关系如图 4-2 所示，零件的机械加工工艺过程可由若干个顺序排列的工序组成，在一个工序中又包含一个或几个安装，每次安装中又可能包含一个或几个工位，每个工位包含一个或几个工步。

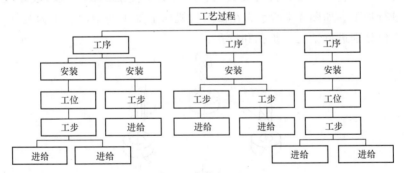

图 4-2　工艺过程的组成

1. 工序

工序是指一位（或一组）工人，在一个工作地（指安置机床、钳工台等加工设备和装置的地点）对一个（或同时对几个）工件所连续完成的那一部分机械加工工艺过程。它包括在这个工件上连续进行的直到转向下一个工件为止的全部动作。划分工序的主要依据是工作地是否变动或工作是否连续。如图 4-3 所示的阶梯轴，当加工数量较少时，其加工工艺过程中工序的划分如

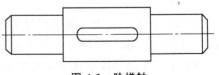

图 4-3　阶梯轴

表 4-1 所示。在阶梯轴的工艺过程中，工序 1 和工序 2 虽然工作地相同，但是工作（工艺内容）不连续，因此属于两道工序。

表 4-1　阶梯轴的加工工艺过程

工序号	工序内容	设　备
1	车端面、钻中心孔	车　床
2	车外圆、车槽、倒角	车　床
3	铣键槽、去毛刺	立式铣床
4	磨外圆	外圆磨床
5	检验	检验台

2. 安装

工件经一次装夹所完成的那部分工序称为安装。在一道工序中，工件有时需经多次安装才能完成加工。如表 4-1 中，工序 1 要经过两次安装：先装夹工件的一端，车端面、倒角及钻中心孔，称为安装 1，再掉头装夹，车另一端面、倒角和钻中心孔，称为安装 2。

零件在加工过程中应尽可能减少安装次数，因为安装次数越多，安装误差就越大，同时也增加了装夹工件的辅助时间，影响生产率。

3. 工位

工位是一次安装工件后，工件与夹具或设备的可动部分一起相对刀具或设备的固定部分所占据的每一个位置。

工件每安装一次至少有一个工位。为了减少由于多次安装而带来的安装误差及时间损失，加工中常采用回转工作台、回转夹具或移动夹具，使工件在一次安装中先后处于几个不同的位置进行加工。如图 4-4 所示为在四工位机床上加工的情况，Ⅰ 为装卸工件的工位，Ⅱ、Ⅲ、Ⅳ 工位分别进行钻孔、扩孔和铰孔。

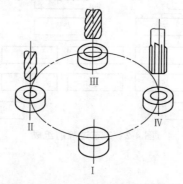

图 4-4　四工位机床上的加工情况

4. 工步

工步是在加工表面（或装配时的连接表面）和加工（或装配）工具不变的情况下，所连续完成的那一部分工序。一道工序可能只有一个工步，也可以包括几个工步。例如在表 4-1 中，工序 1 的每次安装中都有车端面、倒角和钻中心孔三个工步，而工序 3 就只有铣键槽一个工步。为提高生产率而使用一组刀具同时对几个表面进行加工时，也把它看作一个工步，称为复合工步，如图4-5所示。

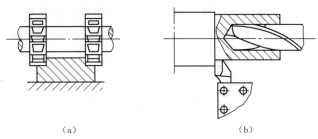

（a）　　　　　　　　　　（b）

图 4-5　复合工步

5. 进给

进给又称走刀，是工步的一部分。在某些工步中，由于工件的加工余量较大或其他原因，需要用同一把刀具对同一表面进行多次切削。刀具对工件每切削一次称为一次进给。

4.1.3　生产纲领及生产类型

1. 生产纲领

生产纲领是指企业在计划期内应当生产的产品产量和进度计划，产品的备品和废品也包括在其中。由于计划期通常定为一年，所以生产纲领也称年产量。生产纲领的大小对加工过程和生产组织起着重要作用，它决定了各个工序所需要的专业化和自动化的程度，决定了所选用的工艺方法和生产设备。

零件的生产纲领 N 是包括备品和废品在内的零件的年产量，计算公式如下：

$$N = Qn（1+\alpha）（1+\beta）（件/年）\tag{4-1}$$

式中　Q——机器产品的年产量，单位为台/年；

　　　N——每台机器中该零件的数量，单位为件/台；

　　　α——备品的百分率；

　　　β——废品的百分率。

2. 生产类型

生产类型是指企业生产专业化程度的分类。根据产品的尺寸大小和特征、生产纲领、批量及投入生产的连续性，机械制造业的生产类型分为单件生产、成批生产和大量生产三种。

1）单件生产。产品品种多，且产量很少，各个工作地的加工对象经常改变，很少重复的生产类型。例如新产品试制，重型机械、专用设备制造等都属于这种类型。

2）成批生产。一年中分批轮流地制造若干种不同的产品，每种产品均有一定的数量，工作地的加工对象周期性地重复的生产类型。例如，机床制造、机车制造等都属于成批生产。

按批量大小及产品特征，成批生产又可分为小批生产、中批生产和大批生产三种。小批生产和大批生产的工艺过程和生产组织分别与单件生产和大量生产相似。中批生产是指产品品种规格有限而且生产有一定周期性的状况，其工艺过程和生产组织类型介于单件生产和大量生产之间。

3）大量生产。产品品种少，而产量很大，大多数工作地经常重复地进行某个零件的某一道工序的生产。例如，汽车、拖拉机、轴承、标准件等的生产都属于这种类型。

生产类型主要由生产纲领决定，但产品的尺寸大小和结构复杂程度对生产类型也有影响。另外，在同一个企业中，甚至同一个车间内，可能同时存在几种不同的生产类型。划分生产类型的参考数据可参考表4-2。

表4-2 划分生产类型的参考数据

生产类型		生产纲领（单位：件/年）			工作地每月担负的工序数（单位：工序数/月）
		轻型零件	中型机械或中型零件	重型机械或重型零件	
单件生产		≤100	≤10	≤5	不做规定
成批生产	小批生产	100～500	10～150	>20～50	>20～50
	中批生产	500～5 000	150～500	>10～20	>10～20
	大批生产	5 000～50 000	500～5 000	>1～10	>1～10
大量生产		>50 000	>5 000	>1 000	1

3. 不同生产类型的工艺特征

生产类型不同，产品制造过程中对生产组织、生产管理、车间布置、毛坯种类、加工工艺、工装设备、工人的技术熟练程度等方面的要求大不相同。比如大批、大量生产由于其生产能力的需要，和能较快地收回投资，一般采用先进、高效、专用和投资大的设备和工艺装备，按流水线和自动线排列设备；毛坯采用精度高，加工余量小的模锻或特种铸造的锻件、铸件，对调整工的技术要求高，工艺文件要求详细、具体。单件、小批生产则主要使用通用的设备和工艺装备，毛坯多为自由锻或木模加手工造型的锻、铸件，对操作工人的技术要求高，工艺文件简单。因此，在制定零件机械加工工艺规程时，必须首先确定生产类型，再分析该生产类型的工艺特征，选择合理的加工方法和加工工艺，以制定出正确合理的工艺规程，取得最大的经济效益。各种不同生产类型的工艺特征可归纳成表4-3。

表4-3 各种生产类型的工艺特征

工艺特征	生产类型		
	单件小批	中 批	大批大量
零件的互换性	用修配法，钳工修配，缺乏互换性	大部分具有互换性。装配精度要求高时，灵活应用分组装配法和调整法，同时还保留某些修配法	具有广泛的互换性。少数装配精度较高处，采用分组装配法和调整法
毛坯的制造方法与加工余量	木模手工造型或自由锻造。毛坯精度低，加工余量大	部分采用金属模铸造或模锻。毛坯精度和加工余量中等	广泛采用金属模机器造型、模锻或其他高效方法。毛坯精度高，加工余量小
机床设备及其布置形式	通用机床。按机床类型采用机群式布置	部分通用机床和高效机床。按工件类别分工段排列设备	广泛采用高效专用机床及自动机床。按流水线和自动线排列设备

工艺特征	生产类型		
	单件小批	中　批	大批大量
工艺装备	大多采用通用夹具、标准附件、通用刀具和万能量具。靠划线和试切法达到精度要求	广泛采用夹具，部分靠找正装夹达到精度要求。较多采用专用刀具和量具	广泛采用专用高效夹具、复合刀具、专用量具或自动检验装置。靠调整法达到精度要求
对工人的技术要求	需技术水平较高的工人	需一定技术水平的工人	对调整工的技术水平要求高，对操作工的技术水平要求较低
工艺文件	有工艺过程卡，关键工序需要工序卡	有工艺过程卡，关键零件需要工序卡	有工艺过程卡和工序卡，关键工序需要调整卡和检验卡
成本	较高	中等	较低

4.2　机械加工工艺规程的制定

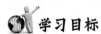 **学习目标**

1. 叙述工艺规程的基本概念及作用。
2. 制定简单零件加工工艺规程。
3. 了解工艺文件。
4. 了解零件的结构工艺性。

任务分析

机械加工工艺规程是规定零件加工工艺过程和操作方法等的工艺文件。通过学习让学生了解基本的工艺文件，为今后实践操作奠定基础。

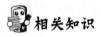 **相关知识**

4.2.1　工艺规程的概念和作用

机械加工工艺规程一般包括下列内容：工件加工的工艺路线及所经过的车间和工段；各工序的具体加工内容及所用的机床和工艺装备；工件的检验项目及检验方法；切削用量；工时定额等。

工艺规程对生产进行科学指导，为组织生产和管理工作提供基本依据，为新建或扩建工厂或车间提供基本资料。

制定工艺规程的原则是优质、高产、低成本，同时应有良好而安全的劳动条件。制定工艺规程时还应考虑符合国家环境保护法的要求，并做到正确、完整、统一和清晰，所用术语、符号、计量单位及编号都应符合相应标准。

4.2.2　制定工艺规程的步骤

在制定工艺规程前，应掌握和研究以下原始资料：产品装配图及零件工作图；产品验收的质量标准；产品的生产纲领；现有的生产技术条件；有关的各种技术资料。在此基础上逐步完成下列任务：

1) 对照产品装配图及零件工作图对所加工的零件进行工艺分析；
2) 确定毛坯的制造方法；
3) 拟定工艺路线，选定定位基准；
4) 确定各工序的加工余量，计算工序尺寸及公差；
5) 确定各工序的设备和工具、夹具、刀具、量具；
6) 确定各工序的切削用量和工时定额；
7) 确定各主要工序的技术要求和检验方法；
8) 填写工艺文件。

4.2.3　工艺文件

将零件机械加工工艺规程的内容，填入一定格式的卡片，即成为生产准备和施工依据的工艺文件。目前工艺文件尚无统一的格式，一般由各厂根据所加工零件的复杂程度和生产类型自行确定。机械加工工艺文件的格式很多，常用的有以下三种：

1) 机械加工工艺过程卡片（工艺过程卡）。以工序为单位简要说明零件加工工艺过程的工艺文件，对各工序的说明不够具体，通常在单件小批生产中，作为生产管理使用，不用来直接指导生产工人的操作。

2) 机械加工工艺卡片（工艺卡）。以工序为单位详细说明整个工艺过程的工艺文件，内容包括毛坯的制造、零件的工艺特性、各工序所包括的工位及工步的工作内容以及加工后需要达到的精度等。广泛应用于成批生产的工艺准备和生产管理，也可指导工人生产。

3) 机械加工工序卡片。以工艺卡片中的每道工序制定的工艺文件。该卡片详细记载了该工序的工步加工的具体内容与要求及所需的工艺资料，包括定位基准、工件安装方法、工序尺寸及极限偏差、切削用量的选择、工时定额等，并配有工序图。在大批、大量生产中用以对工人生产进行具体的指导。

4.2.4　零件结构工艺性

零件的结构工艺性是指所设计的零件在满足使用要求的前提下，制造的可行性和经济性。零件的结构工艺性问题比较复杂，涉及毛坯制造、机械加工、热处理和装配等方面的要求，需统筹考虑。表4-4中列举了一些零件机械加工工艺性对比的典型例子，以供参考。

表 4-4　零件机械加工结构工艺性示例

序号	零件结构		
	工艺性不好		工艺性好
1	车螺纹时，螺纹根部不易清根，且工人操作困难，易打刀		留有退刀槽，可使螺纹清根，工人操作相对容易，可避免打刀
2	插齿无退刀空间，小齿轮无法加工		留出退刀空间，小齿轮可以插齿加工
3	两端轴颈需磨削加工，因砂轮圆角而不能清根		留砂轮越程槽，磨削时可以清根
4	孔距箱壁太近：①需加长钻头才能加工；②钻头在圆角处容易引偏		①加长箱耳，不需加长钻头即可加工；②如结构上允许，可将箱耳设计在某一端，便不需加长箱耳
5	斜面钻孔，钻头易引偏		只要结构允许，留出平台，钻头不易偏斜
6	孔壁出口处有台阶面，钻孔时钻头易引偏，易折断		只要结构允许，内壁出口处做成平面，钻孔位置容易保证
7	钻孔过深，加工量大，钻头损耗大，且钻头易偏斜		钻孔一端留空刀，减小钻孔工作量
8	加工面高度不同，需两次调整加工，影响加工效率		加工面在同一高度，一次调整可完成两个平面加工

序号	零件结构			
	工艺性不好		工艺性好	
9	三个退刀槽宽度不一致，需使用三把不同尺寸的刀具进行加工			退刀槽宽度尺寸相同，使用一把刀具即可加工
10	键槽方向不一致，需两次装夹才能完成加工			键槽方向一致，一次装夹即可完成加工
11	加工面大，加工时间长，平面度要求不易保证			加工面减小，加工时间短，平面度要求容易保证

4.3 工艺路线的拟定

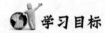

学习目标

了解工艺路线的拟定。

任务分析

了解机械零件加工工艺路线的拟定，有利于学生了解汽车零部件的加工过程，为今后的学习和工作奠定基础。

相关知识

拟定零件机械加工工艺路线包括：选定零件各加工表面的加工方法，划分加工阶段，确定工序的集中与分散程度和安排工序的先后顺序等。

1. 机械零件表面加工方法的选择

机械零件的结构形状大多数是由外圆、内孔、平面和各种成形面等基本表面组成。对于每个零件，通常不可能在一台机床上加工完成，而且就每一表面而言，也可以用不同方法加工。例如加工一个精度为 IT7、表面粗糙度为 $Ra0.8\ \mu m$ 的孔，可以有：钻→粗铰→精铰；钻→扩→拉；粗镗→半精镗→磨；扩→半粗镗→磨等多种方案。

表面加工方法的选择，首先要满足表面加工精度和表面粗糙度的要求，其次是生产率和经济性的要求，还要考虑到生产规模和设备情况等因素。零件上精度和表面质量要求最高的表面，称为主平面；其他的称为次要表面。在选择加工方法时，首先选择主要表面的最终加工工序的加工方法，然后选择之前的一系列准备工序的加工方法，再用同样的方法选择次要表面的加工方法。

2. 加工阶段的划分

当零件加工表面的质量要求比较高时，往往不可能在一道工序内完成全部加工任务，而应把整个工艺过程划分成几个阶段，才能满足加工的质量要求。

粗加工阶段的主要任务是尽快切除各加工表面的大部分加工余量，一般粗加工需要达到的加工精度和表面质量要求均较低。半精加工阶段的主要任务是为零件主要表面的精加工做好准备，达到一定的精度和表面粗糙度，保证一定的精加工余量，同时完成一些次要表面的加工。精加工阶段的主要任务是保证零件各主要加工表面达到图纸规定的要求，一般在精加工中从零件表面切除的余量较少。

把表面加工分阶段进行有利于保证加工质量，有利于及早发现毛坯缺陷，合理使用设备，便于安排热处理工序。

3. 工序的集中与分散

在确定加工方法及划分加工阶段后，就可将零件的加工过程按工序集中或工序分散原则合理地组合成若干工序。

1）工序集中。工序集中是将零件整个工艺过程的加工集中在少数几道工序内完成，每道工序的加工内容比较多。工序集中有利于采用高效专用设备和工艺装备，提高生产率；减少了工序数目，简化了生产计划和生产组织工作；减少了工件安装次数，缩短了辅助时间，有利于保证各加工表面间的位置精度。

2）工序分散。工序分散是将零件的加工分散在较多的工序中去完成，每道工序的加工内容较少或很少。工序分散使用的机床设备和工艺装备比较简单，调整方便，对工人技术水平要求不高；有利于选用最合理的切削用量，减少机动时间；生产、技术准备工作量小而容易，投产期短，易适应产品更换；机床设备和操作工人数量多，生产面积大，工艺路线长。

一般而言，单件小批生产遵循工序集中原则，以便简化生产组织工作；而大批大量生产既可采取工序集中原则，如采用多刀、多轴机床、各种高效组合机床和自动化机床进行生产，也可采取工序分散原则。对于重型零件，为了减少工件装卸和运输的劳动量，工序应当适当集中；对于刚性差且精度高的精密零件，则工序应适当分散。

4. 工序顺序的安排

1）机械加工工序的安排。机械加工工序的安排通常应遵守先加工基准面，再加工其他表面；先粗加工，后精加工；先加工主要表面，再加工次要表面；先加工平面，后加工孔的原则。允许其中的某些工序作适当的交叉。

2）热处理及表面处理工序的安排。以改善加工性能，消除毛坯内应力为目的的预备热处理，如退火、正火、时效等，其工序位置一般在粗加工前后。以提高零件硬度和耐磨性为目的的最终热处理如淬火等，其工序位置一般在精加工前。调质有时作为预备热处理，有时作为最终热处理，一般安排在粗加工后、半精加工前。

3）辅助工序的安排。辅助工序的种类很多，包括检验、去毛刺、倒棱边、去磁、清洗、动平衡、防锈和包装等。其中检验工序是主要辅助工序，除每道工序操作者自检外，一般在下列场合还应单独安排检验工序：零件粗加工阶段结束后；重要工序的前后；零件转换车间的前后；零件最终加工之后、入库之前。其他辅助工序也同样是保证产品质量所必要的。例如，在铣键槽、齿面倒角等工序后应安排去毛刺工序；零件在装配前一般都应安排清洗工序。

4.4 机械装配工艺基础

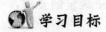 **学习目标**

1. 了解装配、装配精度的基本概念。
2. 叙述装配的基本内容。
3. 掌握不同装配的方法。
4. 了解装配的顺序。

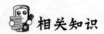 **任务分析**

整车总装是汽车制造企业的重要组成部分，了解机械装配工艺的基础知识有益于掌握整车总装的具体工作内容。本项目重点掌握装配的基本内容及装配方法。

相关知识

4.4.1 概述

1. 部件和组件

任何一台机器都是由若干零件组成的。零件是组成机器的基本单元，它由整块金属或其他材料组成。组件是指由若干个零件组成的，结构和装配上有一定独立性的组合体。如主轴组件，即由主轴与主轴上的齿轮、套、键、轴承和垫片等组合而成。部件是由若干个零件、组件组成的结构和装配上独立并且具有一定完整功能的组合体，如机床的主轴箱、溜板箱、走刀箱等。

2. 机械装配的概念

根据规定的技术要求，将零件结合成部件，并且进一步将零件和部件结合成机器的过程，称为装配。把零件装配成部件的过程称为部件装配；把零件和部件装配成最终产品的过程称为总装。

机器的装配是整个机器制造工艺过程中重要的、最后的一个环节，对机器质量影响很大。若装配不当，即使所有机器零件加工都合乎质量要求，也不一定能够装配出合格的、高质量的机器。

例如，磨床头架主轴滑动轴承和主轴的加工精度都符合要求，若装配时其间隙调整得不合适，仍可能使主轴回转精度达不到要求，甚至由于间隙过小而产生"咬轴"现象。反之，若零件制造质量并不很高，只要在装配过程中采用合适的工艺方法，也可能使机器达到规定的要求。

3.产品的装配精度

产品的装配精度，一般包括以下三个方面：

1）位置精度。指相关零部件间的距离精度和垂直度、平行度等位置精度。

2）运动精度。指有相对运动的零部件间在运动方向和相对运动速度上的精度。

3）配合精度和接触精度。配合精度指配合表面之间的间隙或过盈是否达到规定的大小。接触精度指配合表面之间的接触面积和接触点的分布是否达到要求。

机器和部件是由零件装配而成的，零件的精度，特别是关键零件的加工精度对装配精度有很大的影响。因而在设计、加工零件时必须严格控制其尺寸、形状、位置精度以及表面质量。

例如，在卧式车床装配时，要满足尾座移动对溜板移动的平行度要求，就应在车床床身加工时保证导轨 A 与导轨 B 之间的平行度，如图 4-6 所示。但是当装配精度要求较高，影响装配精度的零件数较多的情况下，装配精度若完全由有关零件的制造精度来保证将导致加工成本增加，或根本无法制造。因此，需要采用合理的装配方法，在装配过程中对有关零部件做必要的选择、调整或修配工作，以保证装配精度。

如图 4-7 中卧式车床床头箱和尾座两顶尖有较严格的等高要求，其高度差 Δ 与主轴箱 1 的尺寸、底板 3 的厚度及尾座 2 的尺寸都有关系。当生产批量不大时，可将相关零件按经济精度制造，然后在装配时对底板进行修刮，改变底板的厚度尺寸，从而保证装配精度要求，并能进一步提高底板与床身导轨面间的接触精度。当然，在大批量生产中应尽可能不用这种生产率低的装配方法。

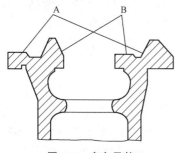

图 4-6 床身导轨

A—溜板移动导轨；B—尾座移动导轨

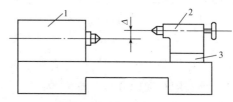

图 4-7 车床中心等高要求

1—主轴箱；2—尾座；3—底板

4.4.2 装配工作的基本内容

1.清洗

清洗的目的是除去零件表面上的油污及杂质，常用的清洗液有煤油、汽油、碱液以及化学清洗液等。清洗时可采用擦洗、浸洗、喷洗、超声波清洗等方法。清洗工作对保证机器装配质量、延长机器使用寿命均有重要意义，尤其是对那些精密配合件、密封件更为重要。

2. 连接

装配过程中有大量的连接工作。连接方式一般有两种：一种是可拆卸连接，如螺纹连接、键连接和销连接等，拆卸后的零件还可重新装在一起；另一种是不可拆卸连接，如焊接、铆接和过盈连接等，拆卸时会损坏零件。

3. 校正、调整与配作

校正是指采用平尺、角尺、水平仪、光学准直仪等工具，找正或调整机器中有关零件间的相互位置。调整工作除调整有关零件间的相互位置外，还包括运动副和配合副间的间隙，如轴承间隙、导轨间隙、齿轮啮合间隙等。配作是指在装配过程中完成的加工工作，以达到所要求的装配精度，如配钻、配铰、配刮、配研等。校正、调整与配作往往是结合进行的。

4. 平衡

对于高速，有平稳性要求的机器，必须对旋转体进行平衡。一般只需静平衡，但要求高时还需动平衡，或在总装后进行工作状态下的整机平衡。平衡时可采用减重法、加重法或调整法（调整平衡块位置）等。

5. 验收、试验

机器装配完以后，还应根据有关技术标准和规定，对机器进行全面的检验和试验。各种机器有不同的质量要求，其检验方法也不相同。常见的金属切削机床的试验项目有几何精度试验、工作精度试验、空运转试验、负荷试验等。

4.4.3 装配方法

1. 互换装配法

在装配时各配合零件无须选择、加工或调整，装配后即能达到规定的装配精度的方法，称为互换法装配。其特点是：装配质量稳定可靠；装配过程简单，生产率高；易于实现装配机械化、自动化；便于组织流水作业和零部件的协作与专业化生产；有利于产品的维护和零、部件的更换。但用此法装配时，对零件的加工精度要求高，加工困难，故一般用于大批、大量生产中装配精度要求不高的产品，如自行车等。

2. 分组装配法（选配法）

在成批或大量生产中，将产品各配合副的零件按实际尺寸分组，装配时按组进行互换装配以达到装配精度的方法，称为分组装配法。它用于装配精度要求很高的场合，如内燃机、轴承等生产中。这种方法可保证装配精度不变，而将互配零件的尺寸公差放大数倍（其倍数等于分组的组数），以缓解零件高精度加工的难度。现举一例以说明。

如图 4-8 （a）所示为内燃机按基轴制的活塞销孔与活塞销的配合。零件图上活塞销的直径 $d = \phi 28_{-0.0025}^{0}$ mm；活塞销孔直径 $D = \phi 28_{-0.0075}^{-0.0050}$ mm，根据装配技术要求，活塞与销孔在冷态装配时，应有 0.002 5～0.007 5 mm 的过盈量。销和销孔直径的公差仅为 0.002 5 mm。这样高的精度，加工非常困难。为了缓解加工难度，可采用分组装配法。其具体做法是首先将销和销孔的直径公差向同一方向放大 4 倍，而使其直径变为 $d = \phi 28_{-0.010}^{0}$ mm 和 $D = \phi 28_{-0.015}^{-0.0050}$ mm，这时虽然加工精度也不低，但是采用高精度和高效率的加工方法是完全可以实现的。

其次，在互配零件加工好后，对其进行测量并按实际尺寸大小分别分为 4 组，且涂以不同颜色，以便分组装配时区分。具体分组情况见图 4-8（b）和表 4-5。从表可以看出，各组尺寸的公差及配合过盈与原来的要求完全相同。

选配法的缺点是测量、分组、保管等工作比较复杂，所需的零件储备量大，且各组内的相配零件数量要相等，形成配套，否则会出现某些尺寸零件的积压浪费。

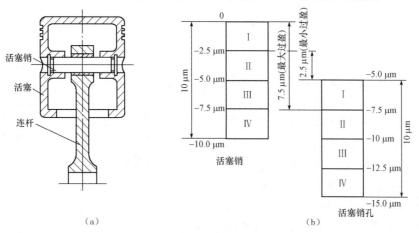

（a）   （b）

图 4-8　活塞销与活塞销孔的配合

表 4-5　活塞销与活塞销孔的分组尺寸　　　　　　　　　　　　　　　mm

组别	标志颜色	活塞销直径	活塞销孔直径	配合情况	
				最小过盈	最大过盈
Ⅰ	红	$\phi 28^{0}_{-0.0025}$	$\phi 28^{-0.0050}_{-0.0075}$	0.002 5	0.007 5
Ⅱ	白	$\phi 28^{-0.0025}_{-0.0050}$	$\phi 28^{-0.0075}_{-0.0100}$		
Ⅲ	黄	$\phi 28^{-0.0050}_{-0.0075}$	$\phi 28^{-0.0100}_{-0.0125}$		
Ⅳ	黑	$\phi 28^{-0.0075}_{-0.0100}$	$\phi 28^{-0.0125}_{-0.0150}$		

3. 修配装配法

当产品的某一部分的装配精度要求较高时，如果单纯地依靠提高零件的加工精度去保证，不仅很不经济，有时甚至在工艺上是无法实现的。此时，可使该部分的零件仅进行一般经济合理的加工，在装配时修去一个指定零件上预留的修配量，以达到装配精度。这种装配方法称为修配装配法。

指定进行修配的零件，其选择的原则是：便于装卸，形状简单，修配面积小以及修配后不影响其他零、部件的尺寸或位置。如前所述，为保证车床主轴轴线与尾座套筒轴线的等高性，即采用修配装配法，指定的修配零件为尾座底板。

修配法的优点是能获得很高的装配精度，而零件的制造精度却可得以放宽。缺点为增加了修配工序，难以实现装配的机械化、自动化，管理上也比较麻烦，多用于中、小批生产中零件数较多而装配精度又较高的部件。

4. 调整装配法

在装配时用改变产品中可调整零件的相对位置，或选用合格的调整件以达到装配精度的方法，称为调整装配法。它与修配装配法本质上没有区别。它们都是对组件的某一零件（或环节）进行修配或调整，以获得较高的装配精度和较宽的零件制造公差。

如图 4-9（a）所示组件，为保证规定的间隙 N，可在轴向调整套筒 1 的位置，这种方法称为活动调整法。

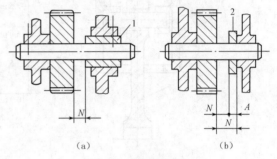

同样为保证规定的间隙 N，在图 4-9（b）中，将调整件 2 的厚度 A 制成若干不同的尺寸，根据实际装配间隙的大小，从中选出尺寸合适的一件装入，即获得规定的间隙 N。套筒 1 和调整件 2 在轴上的固定方法，为使图面简化，未予画出。

图 4-9 调整装配法

调整法的优点与修配法相同，此外它还可以补偿在使用中因磨损或内应力、热变形而引起的误差。其缺点是：产品结构上增加了一个调整零件。

4.4.4 装配系统图和装配顺序

产品装配要获得较高的装配质量、生产率、经济效益和较低的劳动强度，必须制订和执行合理的装配工艺。装配工艺制订的主要内容是确定装配顺序和装配方法。而在确定装配顺序以前，首先要划分装配单元和绘制装配系统图。装配单元是指可以进行独立装配的组件或部件。此外，还要同时确定装配基准件。装配基准件一般是产品的基体或体积、重量较大和有足够支承面的零、部件。车床主轴箱装配时，基准件分别为床身和箱体。

简单的产品装配系统图，如图 4-10（a）所示。如果产品比较复杂，可对部件再绘制装配系统图［图 4-10（b）］。

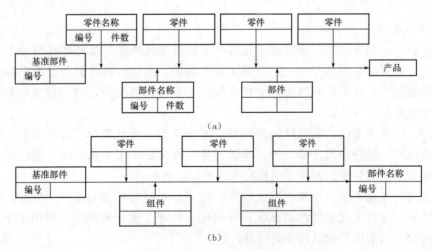

图 4-10 装配系统图

装配顺序的安排，其一般原则为基准件首先进入装配，然后根据装配结构的具体情况，按先下后上、先内后外、先难后易、先精密后一般、先重大后轻小的一般规律，确定其他零件和装配单元的装配顺序。此外，应尽量减少装配对象在装配过程中的翻身、转位的次数。为此，处于基准件同一方位的装配工序，以及使用同样装配设备和工艺设备的装配工序，尽可能集中，一次连续完成。

思考与练习

4-1 试述生产过程、工艺过程和机械加工工艺过程的含义，三者之间有何关系？

4-2 叙述工序、安装、工位和工步的概念。

4-3 加工工艺过程一般划分为哪几个加工阶段？有何作用？

4-4 什么是机器的装配？装配工作的基本内容是什么？

4-5 机器装配精度与零件精度的关系是什么？

4-6 保证机器或部件装配精度的主要方法有哪几种？

项目五 平面机构的运动简图及自由度

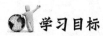

本项目知识点

1. 机构的组成。
2. 运动副的概念及类型。
3. 机构运动简图的画法及其应用。
4. 自由度的计算。

5.1 平面机构的组成

学习目标

1. 描述自由度的基本概念。
2. 叙述运动副的定义及类型。
3. 叙述机构的组成。

任务分析

机构是具有确定的相对运动的构件组合，其主要作用是传递运动和力。若组成机构的所有构件都在同一平面或平行平面内运动，则称该机构为平面机构，否则称为空间机构，工程中常见的机构大多为平面机构，汽车上也有广泛的应用，如由曲轴、连杆、活塞和气缸所组成的曲柄滑块机构可以把往复直线运动转变为连续转动；由凸轮顶杆和气缸体所组成的凸轮机构可以将连续转动变为有规律的往复运动。

相关知识

5.1.1 构件的自由度

构件的自由度是指构件在组成机构之前具有的独立运动的数目。一个作平面运动的自由构件具有三个独立运动，如图 5-1 所示，在 XOY 坐标中构件既可以绕任一点 A 转动，又可以沿 X 轴或 Y 轴方向移动。显然，一个在平面内运动的自由构件有三个自由度。

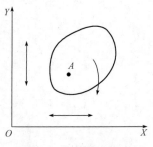

图 5-1 构件的自由度

5.1.2 运动副及其分类

1. 运动副

当构件组成机构时，每个构件都以一定的方式与其他构件相互连接，这种连接使构件间保留着一定的相对运动。这种两个构件既直接接触又能产生一定的相对运动的连接，称为运动副。

2. 运动副分类

两构件之间一般通过点、线或面接触，按接触方式不同，运动副可分为低副和高副两大类。

1）低副。两个构件通过面接触而形成的运动副称为低副。根据构件之间相对运动的特点，低副又可分为转动副和移动副。

若只允许组成运动副的两构件在一个平面内绕某一轴线作相对转动，这种运动副称为转动副或回转副。例如轴与轴承组成的运动副属于转动副。如图 5-2 所示转动副又称铰链。转动副限制了两个构件沿 X 轴、Y 轴两个方向的相对移动。

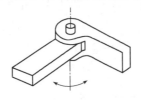

图 5-2 转动副

如图 5-3 所示，若组成运动副的两构件只能沿某一轴线作相对直线移动，这种运动副称为移动副，又称滑块。例如内燃机的活塞与气缸组成的运动副就属于移动副。移动副限制了构件沿另一个坐标轴方向的相对移动和绕垂直于 OXY 平面的轴转动。

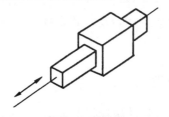

图 5-3 移动副

由上述可知，平面机构中的低副是面接触，承受的压强比点、线接触的压强低，所以磨损较轻。低副引入了两个约束，保留的自由度为 1。

2）高副。两个构件之间通过点或线接触形成的运动副称为高副。如图 5-4 所示，轮齿 1 与轮齿 2 组成的齿轮副［图 5-4（a）］、凸轮 1 与从动件 2 组成的凸轮副［图 5-4（b）］都属于高副。每个高副中，构件 2 既可以相对构件 1 绕接触点 A 转动，又可以沿点 A 的切线 $t-t$ 方向移动，而沿公法线 $n-n$ 方向的移动受到限制。由于平面机构中的高副是点或线接触，接触部分的压强高，极易磨损。高副引入了一个约束，保留的自由度为 2。

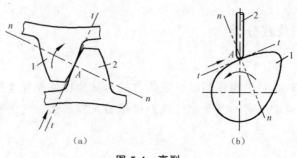

图 5-4 高副
(a) 齿轮副；(b) 凸轮副

5.1.3 运动链和机构

构件通过运动副的连接而成的可相对运动的系统称为运动链。根据运动链是否构成首末封闭的系统，分为闭式运动链［简称闭链，如图 5-5（a）所示铰链四连杆机构］和开式运动链［简称开链，如图 5-5（b）所示机械手］。传统的机械中，大多采用闭式运动链，随着机械手和机器人等应用日益广泛，开式运动链的应用也逐渐增多。

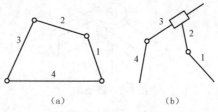

图 5-5 平面运动链
(a) 闭链；(b) 开链

在运动链中，如果将某一个构件固定，将这个固定构件作为参考坐标系，另外一个或几个构件相对于该坐标系按给定的规律运动，其余各构件随之具有确定的运动，则此运动链称为机构。

5.1.4 机构中构件的分类

任何机构都是由若干构件通过运动副连接而成的，根据机构运动过程中构件所起的作用，机构中的构件可分为三类：

1）机架。机架是指机构中相对固定不动的构件，如机床床身、汽车底盘、飞机机身等，用于支承机构中的活动构件。在研究机构运动时，常将机架作为参考坐标系，并带斜线表示固定不动。

2）原动件（主动件）。原动件是指独立运动的构件，其上作用有驱动力或驱动力矩，或者是指运动规律已知的活动构件。它是机构中输入运动或动力的构件，运动规律由外界给定，故又称为输入构件。机构中存在一个或几个原动件，一个原动件只能提供一个独立参数，研究机构运动时，常用带箭头的构件表示原动件。

3）从动件。机构中除了原动件以外，其余随原动件运动的活动构件都称为从动件。从动件传递了运动和动力，输出机构预期的运动规律，该规律取决于原动件的运动规律和机构的组成。

5.2　平面机构运动简图

学习目标

    1. 绘制运动副的常用符号。

    2. 绘制平面运动机构简图。

任务分析

    汽车各总成中有很多运动机构存在，平面机构运动简图的绘制有益于今后对汽车各总成工作原理的掌握。通过本部分内容学习，要求学生能够绘制简单平面运动机构简图。

相关知识

5.2.1　机构运动简图

    实际机构一般都由外形和结构都比较复杂的构件组成，而构件的运动只与原动件的运动规律、运动副的性质（低副或高副等）、运动副的数目及相对位置（转动副中心、移动副的中心线、高副接触点的位置等）、构件的数目等有关。因此，分析现有机械或者设计新机械方案时，为了便于表示机构的结构和运动情况，进行运动和动力分析，可以不考虑构件的外形结构、断面尺寸、组成构件的零件数目，以及运动副的具体构造等因素。

    对实际机构按照一定比例尺确定各运动副间的相对位置，并采用国标规定的构件和运动副符号表示各构件之间相对运动关系，这种能够准确表达机构运动特性的图形称为机构运动简图。有时只是为了表明机构运动的传递状况或各构件的相互关系，也可以不必严格地按比例尺来绘制运动简图，通常把这样的简图称为机构示意图。机构示意图常用于设计新机器时方案的比较。

5.2.2　运动副的常用符号

    由于两个构件间的相对运动仅与其接触形式及直接接触部分的几何形状有关，而与构件本身的实际结构无关，为突出构件间的运动关系，便于分析，常将构件和运动副用简单的符号来表示。

    1. 低副的常用画法

    两个构件组成转动副时，表示方法如图 5-6 所示，在图（a）中，构件 1、2 均为活动构件，在图（b）中，构件 1 带斜线表示为机架，构件 2 为活动构件。两个构件组成移动副时，表示方法如图 5-7 所示，移动副的导路与构件的相对移动方向一致，与转动副相同，带斜线的构件表示机架。

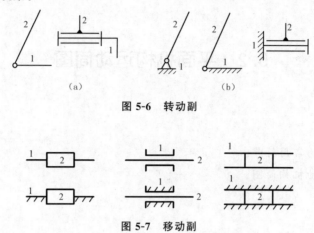

图 5-6   转动副

图 5-7   移动副

2. 高副的常用画法

两个构件组成平面高副时，两个构件的相对运动与接触部位的轮廓形状有直接的关系，如图 5-4 所示，应将接触部分的曲线轮廓准确画出或按标准符号绘制。

3. 构件的常用画法

绘制构件时不考虑与运动无关的复杂外形，只需将构件上的运动副按照它们的位置用符号表示出来，再用简单的线条连接起来。如图 5-8 所示为带有两个或三个运动副的构件画法，图 5-8（a）中构件带有两个转动副，图 5-8（b）中构件带有一个转动副和一个移动副，图 5-8（c）中构件带有三个转动副。

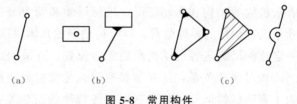

图 5-8   常用构件

其他表示方法可参看有关标准。

5.2.3   平面机构运动简图的绘制

可按照下列步骤绘制平面机构运动简图：

1）分析机构的工作原理、实际构造和运动情况，按照传动路线对构件进行编号，确定机构中的固定构件（机架）、主动件（输入构件）及从动件。

2）从主动件（输入构件）开始，沿着运动传递路线，分析各构件之间相对运动的性质，以确定运动副的类型和数目。

3）选择适当的视图平面。平面机构一般选择与构件运动平行的平面作投影面。

4）选取合适的比例尺，确定各运动副之间的相对位置，用简单的线条和规定的运动副符号绘制出机构运动简图。

下面以图5-9所示颚式破碎机主体机构为例，说明机构运动简图的绘制。

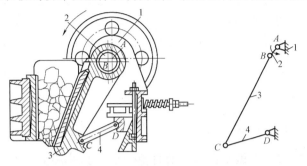

图 5-9　颚式破碎机及其机构运动

颚式破碎机机构运动简图的绘制步骤如下：

1）分析颚式破碎机工作原理和运动情况，可以看出当偏心轴2转动时，驱动动颚3作平面运动，将动颚与定颚间的矿石轧碎，因此，该机构是一个曲柄摇杆机构。其中，构件1是机架；偏心轴2是曲柄，为原动件；动颚3是连杆，为工作部分；肘板4为摇杆，动颚3与肘板4是从动件。因此，按照传动路线，该机构的构件编号为机架1、偏心轴2、动颚3、肘板4。

2）从原动件开始，沿着传动路线，确定运动副的类型和数目。根据组成运动副的构件相对运动关系可知，偏心轴2与机架1组成转动副，回转中心在 A 点；偏心轴2与动颚3组成转动副，回转中心在 B 点；动颚3与肘板4组成转动副，回转中心在 C 点；肘板4与机架1组成转动副，回转中心在 D 点。所以颚式破碎机主体机构共有4个运动副，全部为转动副。

3）因整个主体机构为平面机构，故取连杆运动平面为视图平面。

4）根据各个构件的运动特征尺寸，选择作图比例尺 μ_1（m/mm），确定出各运动副 A、B、C、D 的位置，按照规定的符号画出各个运动副和机构，并用简单的线条进行连接，绘出机构运动简图。

在机构简图绘制完成后，还应计算机构的自由度，判断其是否具有确定的相对运动，以检验机构运动简图是否正确。

5.3　平面机构的自由度

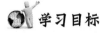学习目标

1. 计算简单平面机构的自由度。

2. 叙述机构具有确定运动的条件。

3. 了解机构自由度计算时的注意问题。

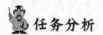

任务分析

若要判定几个构件通过运动副连接而成的机构是否具有确定的运动，就必须研究平面机构的自由度。平面机构的自由度是保证该机构具有确定运动时必须给定的独立运动数目，也是各构件相对于机架所具有的独立运动的数目。本部分重点掌握平面机构自由度的计算。

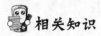

相关知识

5.3.1 自由度计算公式

我们已经知道，对于一个做平面运动的自由构件，具有三个自由度。与其他构件连接后，它们之间的相对运动受到约束，自由度减少。在平面机构中，不同的运动副失去的自由度数目和保留的自由度数目也不同。每个平面低副（转动副、移动副）引入两个约束，使构件失去两个自由度，保留一个自由度；而每个平面高副（齿轮副、凸轮副等）引入一个约束，使构件失去一个自由度，保留两个自由度。

设一个平面机构有 N 个构件组成，其中必有一个构件为机架，则活动构件的数目为 $n＝N－1$。这些活动构件在未用运动副连接之前，总自由度数目为 $3n$。当用 P_L 个低副和 P_H 个高副连接成机构之后，引入的约束总数为 $（2P_L＋P_H）$，也就是失去 $（2P_L＋P_H）$ 个自由度。因此，平面机构的自由度 F 的计算公式为

$$F＝3（N-1）-2P_L-P_H＝3n-2P_L-P_H \tag{5-1}$$

例 5-1 试计算图 5-9 所示颚式破碎机主体机构的自由度。

解 由颚式破碎机主体机构的机构运动简图，得活动构件 $n＝3$，运动副全部是低副，为 4 个转动副，可得 $P_L＝4$，$P_H＝0$。所以，该机构的自由度为

$$F＝3n-2P_L-P_H＝3×3-2×4-0＝1$$

因此，颚式破碎机主体机构的自由度为 1，表示它具有一个独立运动。

5.3.2 机构具有确定运动的条件

当构件任意连接而成的机构自由度 $F≤0$ 时，不能产生运动。如图 5-10 所示，三个构件连接而成的机构，其自由度为

$$F＝3n-2P_L-P_H＝3×2-2×3-0＝0$$

各构件之间无相对运动，构件系统只是一个刚性连接的桁架结构，并不是机构。同样，当自由度 $F＜0$ 时，构件系统的约束过多，各构件之间仍然无相对运动，此时是一个超静定桁架结构，也不是机构。

当机构自由度 $F＞0$，且原动件的数目小于自由度时，机构的相对运动是不确定的。如图 5-11 所示五个构件的机构，其自由度为

$$F＝3n-2P_L-P_H＝3×4-2×5-0＝2$$

若只有构件 1 为原动件，φ_1 为其独立运动的参变量，当给定一个 φ_1 值时，由于构件 4 的位置不确定，则构件 2、构件 3 的位置也不确定，可能在图示的实线或虚线位置。此时，机构的运动是不确定的。

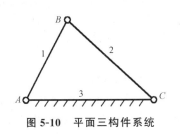

图 5-10　平面三构件系统

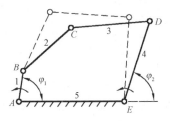

图 5-11　平面五构件系统

如图 5-9 所示颚式破碎机的自由度为 1，如果构件 2 和构件 4 都是原动件，那么既要求构件 3 处于原动件 2 确定的位置，同时又处于原动件 4 确定的位置，这样容易使机构卡死或在薄弱处损坏。因此，当机构自由度 $F > 0$，且原动件的数目大于自由度时，不能成为机构。

图 5-11 中，如果构件 1 和构件 4 作为原动件，则每给定一组 φ_1 和 φ_4 值时，构件 2、构件 3 的位置随之确定。这说明自由度为 2 的机构，必须有两个原动件，才能具有确定的相对运动。也就是当机构自由度 $F > 0$，且原动件的数目等于自由度时，机构才能具有确定的相对运动。

由上述可知，机构具有确定运动的条件是：机构的自由度大于零，而且其自由度与原动件的数目相等。

5.3.3　计算自由度时应注意的问题

应用式（5-1）计算平面机构自由度时，应注意以下几种常见的特殊情况：

1. 复合铰链

两个以上构件在一处组成两个或更多个同轴线的转动副，称为复合铰链。如图 5-12（a）所示是三个构件组成的复合铰链，由图 5-12（b）可以看出，该复合铰链包含两个转动副，由构件 3 分别与构件 1、构件 2 在同一轴线处组成。显然，如果复合铰链由 K 个构件组成，则其转动副数目为 $(K-1)$ 个。

例 5-2　图 5-13 所示为直线机构，其中 $AF = FE$，$AB = AD$，$BC = CD = DE = BE$，构件 EF 为原动件，C 点轨迹是垂直 AF 的直线。试计算该机构的自由度。

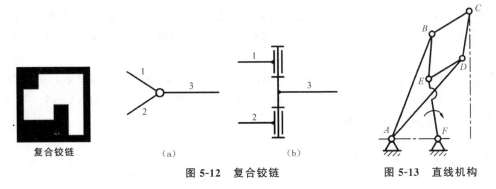

复合铰链　　　　（a）　　　　　　（b）

图 5-12　复合铰链　　　　　　图 5-13　直线机构

解　由图可以看出，该机构在 A、B、D、E 处为复合铰链，活动构件 $n=7$，转动副 $P_L = 10$，高副 $P_H = 0$。所以该机构的自由度为

$$F = 3n - 2P_L - P_H = 3 \times 7 - 2 \times 10 - 0 = 1$$

2.局部自由度

与机构运动无关的个别构件的独立运动,称为局部自由度或多余约束。计算机构自由度时,局部自由度应略去不计。

如图 5-14(a)所示滚子从动件盘形凸轮机构中,凸轮 1 绕固定轴 A 转动,从动件 3 沿导路往复移动,为减少高副接触处的磨损,在从动件 3 末端安装一个滚子 2,将凸轮 1 与从动件 3 之间的滑动摩擦变为滚动摩擦。从运动的观点看,无论滚子是否转动,都不影响从动件 3 的运动,因此滚子绕其自身轴线的转动属于机构的局部自由度。如图 5-14(b)所示,假想把滚子和从动件固定连接在一起,看作一个构件。此时,该机构的自由度为

$$F = 3n - 2P_L - P_H = 3 \times 2 - 2 \times 2 - 1 = 1$$

机构只有一个自由度,计算结果符合实际情况。

3.虚约束

在机构中与其他约束重复而不起限制运动作用的约束,称为虚约束。在计算机构自由度时应当除去不计。平面机构的虚约束常出现在下列场合:

1)两构件组成转动副前后连接点的轨迹未发生变化,则组成转动副会引入虚约束。如图 5-15 所示的机车车轮联动机构,构件 5 及转动副 E、F 对机构运动不起限制作用,是虚约束。

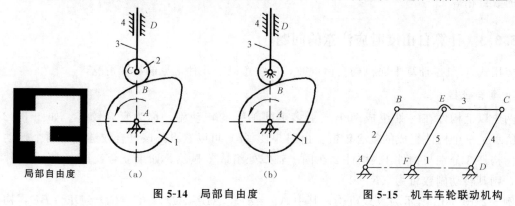

图 5-14　局部自由度　　　　　　　图 5-15　机车车轮联动机构

2)两构件组成多个导路平行的移动副,只有一个起作用,其余移动副为虚约束。如图 5-16 所示机构中,在 D、E 处导路重合的两个移动副,其中只有一个对运动起约束作用,另一个为虚约束。

3)两构件组成多个轴线重合的转动副,只有一个起作用,其余转动副都是虚约束。如图 5-17 所示,两个轴承支承一根轴,实际只有一个起约束作用,故计算时只计入一个。

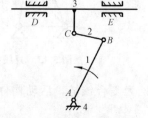

图 5-16　导路重合的虚约束

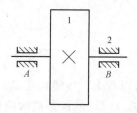

图 5-17　轴线重合的虚约束

4）机构中对运动不起作用的对称部分引入的约束称为虚约束。如图 5-18 所示行星轮系中，为了受力均衡，采用了三个行星轮对称布置，它们所起的作用完全相同，从运动关系看，只需要一个行星轮即可满足要求。因此，其中只有一个行星轮所组成的运动副为有效约束。

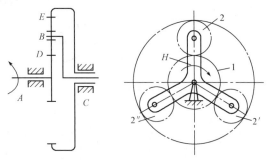

图 5-18　对称结构的虚约束

机构中引入的虚约束，并不影响机构的运动，主要是为了增加机构的刚度或改善构件的受力情况，保证机构顺利运动。应当指出，虚约束存在于一定的几何条件下，当这些条件不能满足时，将变成实际有效的约束，从而改变机构的自由度，使机构不能运动。同时，机构中的虚约束越多，制造装配精度要求越高。因此，应尽量减少机构的虚约束。

综上所述，计算平面机构自由度时，必须正确处理复合铰链、局部自由度和虚约束等问题，才能得到正确结果。

⚙ 思考与练习

5-1　什么是运动副？平面运动副有哪些？

5-2　平面低副和平面高副各引入几个约束？

5-3　机构运动简图有什么作用？

5-4　试写出平面机构自由度的计算公式，计算自由度应注意哪些问题？

5-5　机构具有确定相对运动的条件是什么？

5-6　绘制图示机构的机构运动简图，并计算其自由度。

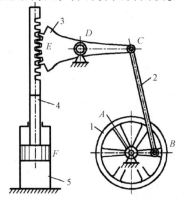

题 5-6 图　活塞泵机构

5-7　计算图示机构的自由度，并判定它们是否具有确定的相对运动。

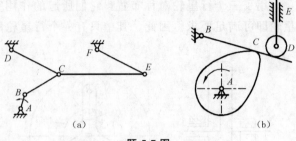

(a)　　　　　　　　　(b)

题 5-7 图

项目六　平面连杆机构

6.1　平面四杆机构的基本类型及应用

学习目标

1. 描述平面连杆机构的概念及特点。
2. 了解铰链四杆机构的类型及应用。
3. 掌握曲柄存在的条件。
4. 了解铰链四杆机构演化的几种形式及应用情况。

任务分析

　　平面连杆机构广泛应用在各种机器中，了解其工作原理、特点及其设计十分重要。本部分主要介绍平面四杆机构的特点、基本类型及其应用，并对图解法设计铰链四杆机构进行了介绍。

相关知识

6.1.1　平面连杆机构的基础知识

1. 基本概念

　　连杆机构又称低副机构，是由若干构件全部用低副连接而组成的机构。若连杆机构中所有构件均在某一平面内运动或在相互平行的平面内运动，则称为平面连杆机构。

　　连杆机构中的构件称为杆，一般连杆机构以其所含杆的数量而命名。由四个构件组成的平面连杆机构称为平面四杆机构，它是平面连杆机构中结构最简单且最为常用的形式。

其中以铰链四杆机构［图 6-1（a）］、曲柄滑块机构［图 6-1（b）］和导杆机构［图 6-1（c）］应用尤为广泛。

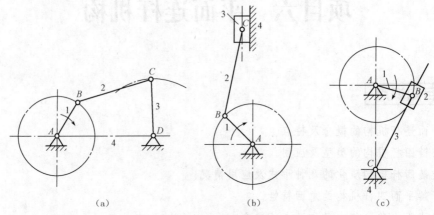

图 6-1　平面四杆机构

若平面四杆机构中的低副全部都是转动副，则称其为铰链四杆机构，如图 6-1（a）所示。它是平面四杆机构的基本形式，其他形式的平面四杆机构都可看成是在它的基础上演化而成的。在此机构中，构件 4 为机架，直接与机架相连的构件 1、3 称为连架杆，连接两连架杆并与机架相对的构件 2 称为连杆。能作整周回转运动的连架杆称为曲柄，仅能在某一角度内摆动的连架杆称为摇杆。

2. 平面连杆机构的特点

由于连杆机构以低副连接，接触表面为平面或圆柱面，压强小，且便于润滑，磨损较小，故寿命较长；结构简单，制造加工比较容易；可实现远距离操纵控制；常用来实现预定运动轨迹或预定运动规律。连杆机构的设计计算比较复杂烦琐，所实现的运动规律也往往精度不高，运动时产生的惯性力难以平衡，所以不适用于高速的场合。连杆机构广泛应用于各种机械和仪表的主运动机构、传动机构及控制机构中。

6.1.2　铰链四杆机构的类型和应用

根据两连架杆是否成为曲柄或摇杆，铰链四杆机构可分为曲柄摇杆、双曲柄和双摇杆三种类型。

1. 曲柄摇杆机构

两连架杆中一个是曲柄，另一个是摇杆的铰链四杆机构，称为曲柄摇杆机构。曲柄摇杆机构一般以曲柄为原动件作等速转动，摇杆为从动件做往复摆动。如图 6-2 所示雷达天线俯仰角调整机构就是以曲柄为原动件的曲柄摇杆机构。当主动曲柄 1 做整周转动时，带动与天线固接的从动摇杆 3 做往复摆动，从而达到调节天线角度的目的。在曲柄摇杆机构中也有以摇杆为原动件而曲柄作从动件的情况，如图 6-3 所示的脚踏砂轮机构。

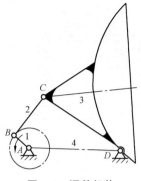

图 6-2 调整机构

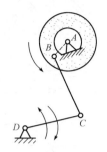

图 6-3 踏砂轮机构

2. 双曲柄机构

两连架杆均为曲柄的铰链四杆机构称为双曲柄机构。一般原动曲柄作等速转动，从动曲柄作变速转动。如图 6-4 所示惯性筛中的四杆机构 $ABCD$ 为一双曲柄机构。当主动曲柄 1 作等速转动，从动曲柄 3 作变速转动时，通过连杆 5 带动滑块 6 上的筛子，使其具有所需的加速度，从而使被筛的物料因惯性作用而达到筛选的目的。

双曲柄机构中有一种特殊机构叫平行四边形机构，其连杆长度与机架长度相等，两曲柄的长度也相等，两曲柄转向相同、速度相等。由于该机构两曲柄的角速度始终相等，且连杆在运动过程中始终作平移运动，故应用较广。如图 6-5 所示的摄影车升降机构，其升降高度的变化采用两组平行四边形机构来实现，且利用连杆 7 始终作平动这一特点，可使与连杆固接成一体的座椅始终保持水平位置，以保证摄影人员安全可靠地工作。

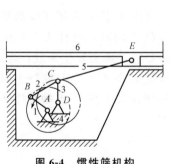

图 6-4 惯性筛机构

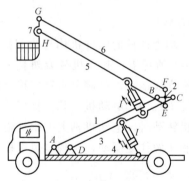

图 6-5 脚升降机构

在图 6-6 所示机车车辆机构中含有一个虚约束，目的是防止曲柄与机架共线时运动的不确定。若去掉虚约束则得如图 6-7 所示平行四边形机构，在曲柄与机架共线时，B 点转到 B_1 位置，C 点转至 C_1 位置，当原动曲柄 AB 继续转至 B_2 位置时，从动曲柄 CD 则可能继续转至 C_2 位置，也可能反转至 C'_2 位置，这时出现了从动件运动不确定现象。为消除这种运动不确定现象，可采取两种措施：①依靠构件惯性；②添加辅助构件，如图 6-6 所示。

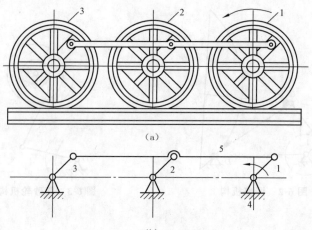

(a)

(b)

图 6-6　机车车辆机构

如果双曲柄机构的对边构件长度相等而不平行，则称为反平行四边形机构，其特点为原动件曲柄 AB 等速转动时，从动件曲柄 CD 作反向变速运动。如图 6-8 所示的公共汽车的车门开闭机构就是这种机构的应用实例。

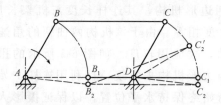

图 6-7　平行四边形机构的运动不确定性

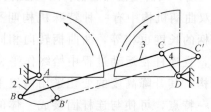

图 6-8　车门开闭机构

3. 双摇杆机构

两连架杆均为摇杆的四杆机构称为双摇杆机构。双摇杆机构常用于操纵机构、仪表机构等。如图 6-9 所示港口起重机变幅机构，当摇杆 CD 摆动时，连杆 BC 上悬挂重物的 M 点作近似水平直线运动，可避免重物在移动时因不必要的升降而发生事故；再如图 6-10 所示电风扇的摇头机构，电动机安装在摇杆 4 上，在铰链 A 处有一个与连杆 1 固连成一体的蜗轮，电动机转动时，电动机轴上的蜗杆带动蜗轮迫使连杆 1 绕 A 点做整周转动，从而带动连架杆 2 和 4 做往复摆动，实现电风扇摇头的目的。

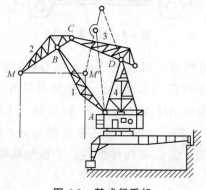

图 6-9　鹤式起重机

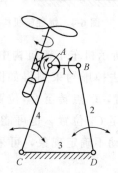

图 6-10　摇头机构

6.1.3 铰链四杆机构存在曲柄的条件

铰链四杆机构的类型与机构中是否存在曲柄有关。铰链四杆机构中是否有曲柄存在，这个问题主要取决于机构中各构件的尺寸关系，还有就是最短杆在机构中的位置。通过实物演示和机构运动的几何关系均可以证明，连架杆要成为曲柄，其必要与充分的条件为：

1）最短杆和最长杆长度之和应小于或等于其余两杆长度之和（必要条件，称为"杆长和条件"）。

2）连架杆和机架中必有一杆为最短杆（充分条件）。

根据曲柄存在条件可得到以下推论：

1）当最短杆和最长杆长度之和小于或等于其余两杆长度之和时：①最短杆的相邻杆为机架时得到曲柄摇杆机构［图 6-11（a）、（c）］；②最短杆为机架时得到双曲柄机构［图 6-11（b）］；③最短杆的对面杆为机架时得到双摇杆机构［图 6-11（d）］。

2）当最短杆与最长杆长度之和大于其余两杆长度之和时，则不论取何杆为机架，都只能得到双摇杆机构。

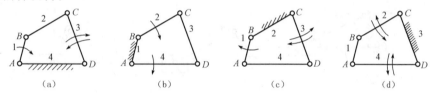

图 6-11 铰链四杆机构取不同构件为机架的演化
（a）曲柄摇杆机构；（b）双曲柄机构；（c）曲柄摇杆机构；（d）双摇杆机构

6.1.4 含有移动副的四杆机构

1. 曲柄滑块机构

在图 6-12（a）所示的曲柄摇杆机构中，摇杆 3 上 C 点的轨迹是以 D 为圆心、CD 为半径的圆弧 $\overset{\frown}{mm}$。现将转动副 D 的半径扩大，并在机架 4 上做出弧形槽，杆 3 做成与弧形槽相配合的弧形滑块，如图 6-12（b）所示。此时，尽管转动副 D 的外形改变了，但机构的相对运动性质未变。若将弧形槽的半径增至无穷大，即转动副 D 的中心移至无穷远处，此时弧形槽变成了直槽，弧形滑块变成了平面滑块，滑块 3 上 C 点的轨迹变成了直线 mm，转动副 D 也就演化成了移动副，如图 6-12（c）所示，机构的相对运动性质也发生了变化。一个转动副演化为移动副后所得到的机构称为曲柄滑块机构。

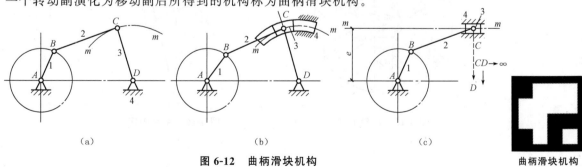

图 6-12 曲柄滑块机构

曲柄滑块机构

在图 6-12（c）中，由于滑块的移动导路线 mm 不通过曲柄的转动中心 A，故称为偏置曲柄滑块机构，滑块移动导路线 mm 至曲柄的转动中心 A 的垂直距离称为偏距 e。当 $e=0$ 时，滑块移动导路线通过曲柄的转动中心，称为对心曲柄滑块机构，如图 6-13 所示。曲柄滑块机构在冲床、空压机、内燃机等机械设备中得到了广泛应用。

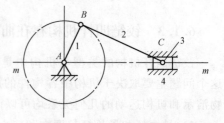

图 6-13　对心曲柄滑块机构

2. 导杆机构

导杆机构可以视为由改变曲柄滑块机构中的机架演变而成。若将图 6-14 （a）中的构件 1 取为机架，当 $a<b$ 时，构件 2 和 4 分别绕固定轴 B 和 A 做整周转动，如图 6-14（b）所示，该机构称为曲柄转动导杆机构。图 6-15 所示的回转式油泵主体机构中的机构 ABC 就是曲柄转动导杆机构。当 $a>b$ 时，导杆 4 只能绕转动副 A 相对于机架 1 做往复摆动，故该机构称为曲柄摆动导杆机构。图 6-16 所示的牛头刨床主体机构中的机构 ABC 即是曲柄摆动导杆机构的应用实例。

对心曲柄滑块机构

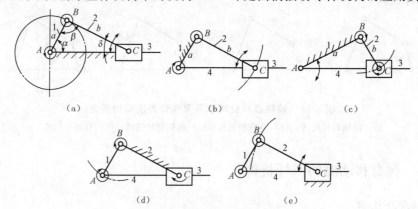

图 6-14　曲柄滑块机构的演化

（a）曲柄滑块机构；（b）曲柄转动导杆机构；（c）曲柄摆动导杆机构；
（d）曲柄摇块机构；（e）定块机构

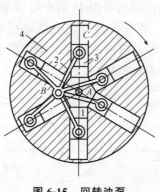

图 6-15　回转油泵

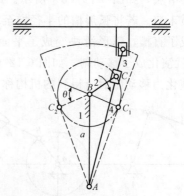

图 6-16　牛头刨床

3. 曲柄摇块机构

若将图 6-14 (a) 中的构件 2 取为机架，如图 6-14 (d) 所示，则滑块 3 只能是绕固定轴 C 做往复摆动的摇块，故该机构称为曲柄摇块机构。图 6-17 所示的汽车自动卸料机构就是曲柄摇块机构的应用实例。

4. 移动导杆机构

若将图 6-14 (a) 中的 3 作为机架，如图 6-14 (e) 所示，则导杆只能在固定滑块 3 中往复直线移动，故该机构称为移动导杆机构或定块机构。图 6-18 所示的手压唧筒，即是移动导杆机构的应用实例。

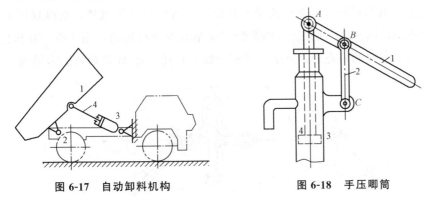

图 6-17 自动卸料机构   图 6-18 手压唧筒

5. 曲柄移动导杆机构

在演化一个转动副得到如图 6-19 (a) 所示的曲柄滑块机构的基础上，按同样的演化原理即可得到如图 6-19 (c) 所示的含有两个移动副的机构，机构中构件 3 演变成了滑块 2 的移动导杆，故该机构称为曲柄移动导杆机构（又通称为正弦机构）。曲柄移动导杆机构也可以用图 6-20 (a) 所示机构表示，杆 1 是曲柄，杆 4 是机架。图 6-20 (b) 所示的缝纫机刺布机构是这种机构的应用实例。

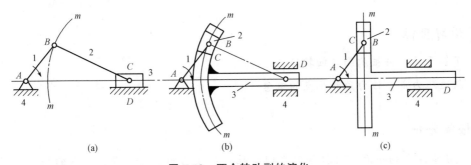

(a)   (b)   (c)

图 6-19 两个转动副的演化

图 6-20 (a) 所示曲柄移动导杆机构中，若取杆 1 为机架，则得到图 6-21 (a) 所示的双转块机构，图 6-21 (b) 所示十字滑块联轴器是双转块机构的应用。

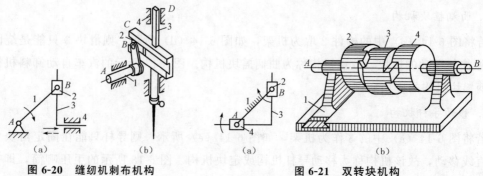

图 6-20 缝纫机刺布机构 图 6-21 双转块机构

若取杆 2 为机架，则得到另一个曲柄移动导杆机构。若取杆 3 为机架，则得到图 6-22（a）所示的双滑块机构，图 6-22（b）所示椭圆绘图仪是双滑块机构的应用实例，在构件 1 上除 A、B 两点和 AB 连线的中点外，其上（或延长线上）任一点 M 的轨迹必为椭圆。

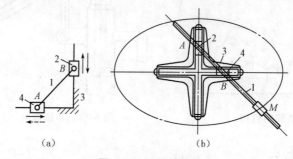

图 6-22 双滑块机构

（a）双滑块机构；（b）椭圆绘图仪

6.2 平面四杆机构的运动特性

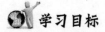 学习目标

1. 了解平面四杆机构的急回特性。
2. 叙述压力角、传力角和死点的概念。

任务分析

本部分重点介绍平面四杆机构的急回特性，和压力角、传力角、死点的概念。通过学习要求学生了解平面四杆机构的急回特性，为今后汽车各总成的结构和工作原理分析打下良好基础。

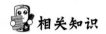

6.2.1 急回特性

在某些连杆机构中，当曲柄作等速转动时，从动件作往复运动，而且返回时的平均速度比前进时的平均速度要大，这种性质称为连杆机构的急回特性。在生产实际中利用连杆机构的急回特性可以缩短非生产时间从而提高生产效率，因而在设计各种机器时广泛考虑采用具有急回特性的连杆机构。

如图 6-23 所示曲柄摇杆机构，在原动件曲柄 AB 作等速转动一周的过程中，它与连杆 BC 有两次共线位置 AB_1 和 AB_2，此时从动件摇杆 CD 分别位于两极限位置 C_1D 和 C_2D，其夹角 ψ 称为摇杆的摆角。在此两极限位置时曲柄相应的两个位置 AB_1、AB_2 所夹的锐角 θ 称为极位夹角。

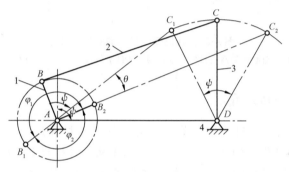

图 6-23 急回特性

当曲柄以等角速度 ω 顺时针从 AB_1 转到 AB_2 位置时，转过角度 $\varphi_1=180°+\theta$，所需时间为 $t_1=(180°+\theta)/\omega$，从动件摇杆 CD 由左极限位置 C_1D 摆过 ψ 到达右极限位置 C_2D，取此过程为做功的工作行程，C 点的平均速度为 v_1。当曲柄继续顺时针从 AB_2 转到 AB_1 位置时，转过角度 $\varphi_2=180°-\theta$，所需时间为 $t_2=(180°-\theta)/\omega$，摇杆由 C_2D 回到 C_1D，取此过程为不做功的空回行程，C 点的平均速度为 v_2。由 $\varphi_1>\varphi_2$，可知 $t_1>t_2$，又因为摇杆 CD 来回摆动的行程相同，均为弧 $\overparen{C_1C_2}$，所以 $v_1<v_2$。这说明曲柄摇杆机构具有急回特性。

连杆机构急回特性的相对程度，用行程速度变化系数 K（简称行程速比系数）来表示，即

$$K=\frac{\text{从动件空回行程平均速度}}{\text{从动件工作行程平均速度}}=\frac{v_2}{v_1}=\frac{t_1}{t_2}=\frac{\varphi_1}{\varphi_2}=\frac{180°+\theta}{180°-\theta} \tag{6-1}$$

由式（6-1）可见，连杆机构的急回特性取决于极位夹角 θ 的大小，θ 角越大，K 值越大，机构的急回程度越高，若 $\theta=0°$，则 $K=1$，机构无急回特性。式（6-1）经变形后可得

$$\theta=180°\times\frac{K-1}{K+1} \tag{6-2}$$

式（6-2）说明若要得到既定的行程速度变化系数 K，只要设计出相应的极位夹角 θ

即可。

同理，对于主动件做等速转动，从动件做往复摆动或移动的四杆机构，都可按机构的极限位置画出极位夹角，从而判断其是否具有急回特性。如图 6-24 所示，图（a）为对心曲柄滑块机构，因极位夹角 $\theta = 0°$，所以无急回特性；图（b）为偏置曲柄滑块机构，因极位夹角 $\theta \neq 0°$，所以有急回特性；图（c）为导杆机构，其极位夹角 θ 等于导杆摆角 φ，不可能等于零，所以恒具急回特性。

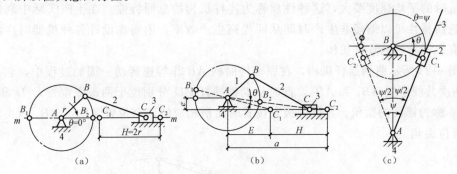

图 6-24　其他连杆机构的急回特性

（a）对心曲柄滑块机构；（b）偏置曲柄滑块机构；（c）导杆机构

6.2.2　压力角和传动角

在图 6-25 所示曲柄摇杆机构中，若不计各构件的质量和运动副中的摩擦力，则连杆 BC 是二力杆，于是原动件曲柄通过连杆 BC 作用于从动件摇杆 CD 的力 F 沿 BC 方向，$\boldsymbol{F}$ 可分解为两个分力：沿着受力点 C 的速度 v_c 方向的分力 $\boldsymbol{F}_t$ 和垂直于 v_c 方向的分力 $\boldsymbol{F}_n$。其中 $\boldsymbol{F}_n$ 只能使铰链 C、D 产生径向压力和摩擦阻力，是有害分力，而 $\boldsymbol{F}_t$ 才是推动从动件 CD 运动的有效分力。由图可得

$$\left.\begin{array}{l} F_t = F\cos\alpha = F\sin\gamma \\ F_n = F\sin\alpha = F\cos\gamma \end{array}\right\} \tag{6-3}$$

压力角和传动角

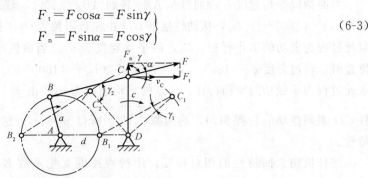

图 6-25　压力角和传动角

式中，α 为力 F 的作用线与其作用点（图中为 C 点）速度（v_c）方向所夹的锐角，称为压力角，其余角 γ 称为传动角。由式（6-3）可知，α 角越小或 γ 角越大，则使从动件运动的有效分力 F_t 就越大，机构的传动性能就越好，所以压力角 α 是反映机构传动性能的重要指标。在连杆机构设计中，由于传动角 γ 便于观察和测量，故常用 γ 角来衡量连杆机构的传动性能。

机构在运动的过程中，传动角 γ 的大小是变化的，当曲柄 AB 转到与连架杆 AD 共线的两个位置 AB_1、AB_2 时，传动角将出现极值 γ_1 和 γ_2，如图 6-25 所示。这两个值的大小可用余弦定理求得，比较二者大小，即可求出最小传动角 $\gamma_{\min}$。为保证连杆机构具有良好的传动性，对一般机械设计时要求最小传动角 $\gamma_{\min} \geqslant 40°$（即 $\alpha_{\max} \leqslant 50°$），对高速大功率机械则要求 $\gamma_{\min} \geqslant 50°$（即 $\alpha_{\max} \leqslant 40°$）。为此，必须确定 $\gamma = \gamma_{\min}$ 时机构的位置并检验 $\gamma_{\min}$ 的值是否小于上述的许用值。

6.2.3 死点位置

在不计构件的重力、惯性力和运动副中摩擦阻力的条件下，当机构处于压力角为 $90°$（传动角为 $0°$）的位置时，由式（6-1）可知，推动从动件的有效分力为零。在此位置，无论驱动力多大，均不能使从动件运动，机构的这种位置称为死点位置。

如图 6-26 所示缝纫机踏板机构，踏板（即摇杆 CD）为原动件，曲柄 AB 为从动件。当曲柄与连杆处于两个共线位置（图中 AB_1C_1 实线位置和 AB_2C_2 虚线位置）时，机构的传动角 $\gamma = 0°$，连杆 BC 作用于曲柄 AB 的力 F 通过曲柄回转中心 A，对曲柄的回转力矩为零，不能驱使曲柄转动，所以机构的这两个位置均为死点位置。

从传动的角度来看，机构中存在死点是不利的，因为这时从动件会出现卡死或运动不确定的现象（如缝纫机踏不动或倒车）。为克服死点对传动的不利影响，应采取相应措施使需要连续运转的机器顺利通过死点。比如在机器上加装惯性较大的飞轮，利用惯性来通过死点（如缝纫机）或利用错位排列的方法通过死点，如图 6-27 所示的多缸活塞发动机。

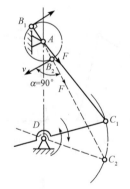

图 6-26 死点位置（缝纫机踏板机构）

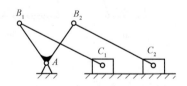

图 6-27 错列机构

四杆机构中是否存在死点，取决于从动件是否与连杆共线。对曲柄摇杆机构，若以曲柄为原动件，因连杆与从动摇杆无共线位置，故不存在死点；若以摇杆为原动件，因连杆与从动曲柄有共线位置，故存在死点。

工程上有时也利用死点来实现一定的工作要求。如图 6-28 所示的夹具，工件被夹紧后 BCD 成一条直线，此时夹紧机构处于死点位置，即使工件反力很大也不能使夹紧机构反转，使工件的夹紧牢固可靠。再如图 6-29 所示的飞机起落架，当起跑轮放下时，BC 杆与 CD 杆共线，机构处在死点位置，地面对轮子的力不会使 CD 杆转动，从而保证飞机安全起飞和降落。

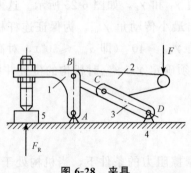

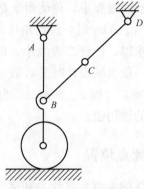

图 6-28　夹具　　　　　　　　　　图 6-29　飞机起落架

思考与练习

6-1　连杆机构为什么又称低副机构？它有哪些特点？

6-2　铰链四杆机构有哪几种类型？它们各有何区别？

6-3　何谓"曲柄"？铰链四杆机构中曲柄存在的条件是什么？

6-4　连杆机构中急回特性的含义是什么？

6-5　何谓连杆机构的压力角和传动角？它们的大小对连杆机构的工作有何影响？

6-6　何谓连杆机构的死点？是否所有四杆机构都存在死点？

6-7　试根据图中注明的尺寸判断下列铰链四杆机构是曲柄摇杆机构、双曲柄机构，还是双摇杆机构？

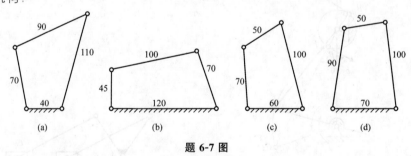

题 6-7 图

6-8　图示四铰链运动链中，已知各构件长度：$l_{AB}=55$ mm，$l_{BC}=40$ mm，$l_{CD}=50$ mm，$l_{AD}=25$ mm。

（1）哪个构件固定可获得曲柄摇杆机构？

（2）哪个构件固定可获得双曲柄机构？

（3）哪个构件固定可获得双摇杆机构？

6-9　在图示四铰链机构中，已知：$l_{BC}=50$ mm，$l_{CD}=35$ mm，$l_{AD}=30$ mm，AD 为机架。

（1）如果能成为曲柄摇杆机构，且 AB 是曲柄，求 l_{AB} 的极限值；

（2）如果能成为双曲柄机构，求 l_{AB} 的取值范围；

（3）如果能成为双摇杆机构，求 l_{AB} 的取值范围。

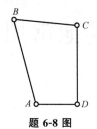 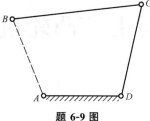

题 6-8 图   题 6-9 图

项目七　凸轮机构和其他常用机构

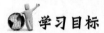

本项目知识点

1. 凸轮机构的组成及特点。
2. 凸轮机构的各种分类形式。
3. 平面凸轮机构的基本尺寸和运动参数。
4. 常用从动件的运动规律。

7.1　凸轮机构的应用和分类

学习目标

1. 叙述凸轮机构的组成及特点。
2. 叙述凸轮机构的各种分类形式。

任务分析

凸轮机构广泛应用于各种机械和自动控制装置中。在汽车的进排气系统中，就是靠凸轮轴转动带动进排气门的开启和关闭的。掌握凸轮机构的基本知识将有益于今后专业课程的学习。本部分主要介绍凸轮机构的类型，学生通过学习要掌握各种类型的运动特点。

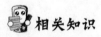

相关知识

7.1.1　凸轮机构的特点

凸轮机构是由凸轮、从动件和机架三个基本构件所组成的一种高副机构。凸轮是一个具有曲线轮廓或凹槽的构件，当它运动时，通过其上的曲线轮廓与从动件的高副接触，使从动件获得预期的运动。

图 7-1 所示为内燃机的配气机构，原动件凸轮 1 是一个具有变化向径的盘形构件，当它作匀速回转时，迫使从动件推杆 2 在固定导路 3 内按预期运动规律作往复运动，从而实现气阀的开启和关闭，以控制燃气在适当的时间进入气缸或排出废气。

图 7-2 所示为单轴转塔车床上的刀架进给凸轮机构，当具有凹槽的原动件凸轮 1 匀速转动时，其凹槽的侧面迫使从动件扇形齿轮 2 按预期运动规律绕 O 轴往复摆动，带动与刀架固定在一起的齿条 3 作往复进给运动，控制刀架作进刀和退刀运动。

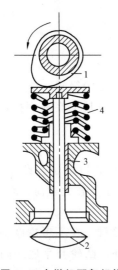

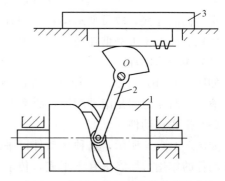

图 7-1 内燃机配气机构

1—凸轮；2—推杆；3—固定导路；4—弹簧

图 7-2 转塔车床刀架进给凸轮机构

1—凸轮；2—从动件；3—齿条

凸轮机构的特点是：结构简单、紧凑；设计方便，只需设计出适当的凸轮轮廓，就可使从动件实现任何预期的运动规律；由于凸轮副是高副，为点接触或线接触，容易磨损。凸轮机构主要用于传递动力不大的场合。

7.1.2 凸轮机构的分类

在工程实际中，凸轮机构的形式多种多样，常用的分类方法有以下三种：

1. 按凸轮形状分类

（1）盘形凸轮机构

凸轮是绕固定轴转动且具有变化向径的盘形构件，当凸轮绕其固定轴转动时，从动件在垂直于凸轮轴的平面内运动。它是凸轮的基本形式，结构简单，应用广泛。

（2）移动凸轮机构

凸轮是具有曲线轮廓且只能作相对往复直线移动的构件，它可看作是轴心在无穷远处的盘形凸轮，如图 7-3 所示。

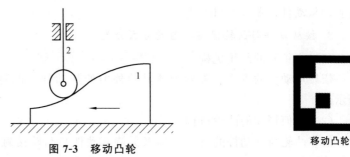

图 7-3 移动凸轮

移动凸轮

（3）圆柱凸轮机构

凸轮的轮廓曲线位于圆柱面上并绕圆柱轴线旋转的凸轮称为圆柱凸轮，它可以看作是把移动凸轮卷成圆柱体而得。

2. 按从动件形状分类

（1）尖底从动件

如图7-4（a）所示，这种从动件以尖顶与凸轮接触，结构简单，能与任何曲线的凸轮轮廓保持高副连接，故可使从动件实现任意的运动规律。但是尖底易磨损，所以这种从动件只使用于传力不大的低速凸轮机构中。

（2）滚子从动件

如图7-4（b）所示，这种从动件的顶端铰接一个滚子并以滚子与凸轮轮廓保持接触。由于滚子与凸轮之间是滚动摩擦，故磨损小而且均匀，可承受较大载荷，因而应用普遍。

（3）平底从动件

如图7-4（c）所示，这种从动件以平底与凸轮轮廓接触。在不考虑摩擦时，凸轮对这种从动件的作用力始终垂直于平底，传动效率最高；另外，凸轮与平底之间易形成楔形油膜，便于润滑和减少磨损，所以这种从动件常用于高速凸轮机构中。但是这种从动件的缺点是不能用于具有内凹曲线轮廓的凸轮机构。

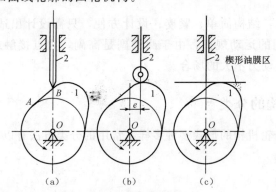

图7-4　从动件形状不同的凸轮机构

各种形式的从动件中，既有作直线往复移动的从动件，也有绕定轴摆动的从动件，前者称为直动从动件（图7-1、图7-3），后者称为摆动从动件（图7-2）。在直动从动件中，若尖底或滚子中心的轨迹通过凸轮的轴心，称为对心直动从动件［图7-4（a）］，否则称为偏置直动从动件［图7-4（b）］。

3. 按从动件与凸轮保持接触的方式分类

（1）力锁和的凸轮机构

依靠从动件的重力、弹簧力或其他外力使从动件与凸轮保持接触，如图7-1和图7-3所示。

（2）几何锁和的凸轮机构

依靠凸轮与从动件的特殊结构来保持从动件与凸轮接触。图7-5列出了常用的几何锁和凸轮机构，其中图7-5（a）为沟槽凸轮机构，图7-5（b）为等宽凸轮机构，图7-5（c）为等径凸轮机构，图7-5（d）为共轭凸轮机构。

将不同形式的从动件和凸轮组合起来，就可得到各种不同类型的凸轮机构，如图7-1所示的凸轮机构可命名为对心移动平底从动件盘型凸轮机构。

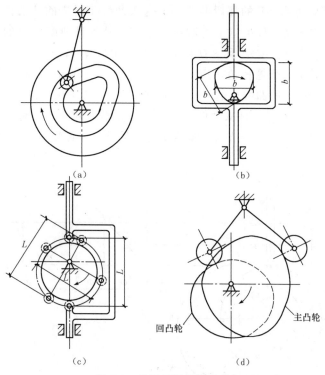

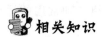

图 7-5 几何封闭凸轮机构

回凸轮

主凸轮

7.2 常用的从动件运动规律

学习目标

1. 描述平面凸轮机构的基本尺寸和运动参数。
2. 了解常用从动件的运动规律。

任务分析

本部分主要介绍凸轮机构的基本尺寸、运动参数及从动件的运动规律，学生通过学习要重点掌握常用从动件的运动规律及其选择。

相关知识

7.2.1 平面凸轮机构的基本尺寸和运动参数

图 7-6（a）所示为一对心直动尖底从动件盘形凸轮机构。图中以凸轮轮廓最小向径 r_b 为半径所作的圆称为凸轮的基圆，r_b 称为基圆半径。图 7-6（b）所示为对应于凸轮转动一周从动件的位移线图。横坐标代表凸轮的转角 φ，纵坐标代表从动件的位移 s。在该位移线

图上，由 a 到 b 是从动件上升的那段曲线。与这段曲线相对应的从动件的运动，是远离凸轮轴心的运动，我们把从动件的这一行程称为推程，从动件所移动过的距离称为行程，用 h 表示；相应的凸轮转角 $\angle AOB$ 称为推程运动角，用 Φ_0 表示；由 b 到 c 是从动件在最远处静止不动的曲线，对应的凸轮转角 $\angle BOC$ 称为远休止角，用 Φ_s 表示；由 c 到 d 是从动件由最远位置回到初始位置的曲线，这一行程称为回程，对应的凸轮转角 $\angle COD$ 称为回程运动角，用 Φ'_0 表示；由 d 到 a 是从动件在最近处静止不动的曲线，对应的凸轮转角 $\angle DOA$ 称为近休止角，用 Φ'_s 表示。当凸轮连续转动时，从动件将重复上述的"升－停－降－停"的运动循环。

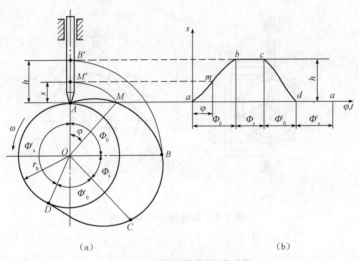

（a）　　　　　　　　　　　（b）

图 7-6　凸轮机构的运动过程

从动件的运动规律就是指从动件的运动参数（即位移、速度和加速度）随时间而变化的规律，它们全面地反映了从动件的运动特性及其变化的规律性。从动件的运动规律可以用从动件的运动参数随时间或凸轮转角 φ 而变化的规律来表示，即 $s = f_1(t, \varphi)$，$v = f_2(t, \varphi)$，$a = f_3(t, \varphi)$，这称为从动件的运动方程。运动方程通常用以时间 t 或转角 φ 为横坐标、相应运动参数 s、v、a 为纵坐标的运动线图来表示。

根据上述分析可知，从动件的运动规律取决于凸轮的轮廓形状，轮廓形状不同，从动件的运动规律随之变化。所以，设计凸轮的轮廓时，首先就要确定从动件的运动规律。

7.2.2　常用的从动件运动规律

从动件的运动规律很多，下面以直动从动件盘形凸轮机构为例，介绍几种常用的运动规律。

1. 等速运动规律

从动件运动的速度为常数时的运动规律，称为等速运动规律。这种运动规律，从动件的位移 s 与凸轮的转角 φ 成正比。其推程的运动线图如图 7-7（a）所示。从动件运动时速度保持常数，但在行程始末两端速度有突变，加速度在理论上应有从 $+\infty$ 到 $-\infty$ 的突变，因而会产生非常大的惯性力，导致机构的剧烈冲击，这种冲击称为刚性冲击。因此，若单独采用此运动规律时，仅适用于低速轻载的场合。

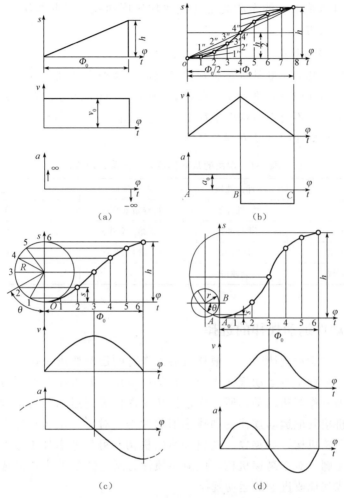

图 7-7 常用的从动件运动规律

（a）等速运动；（b）等加速等减速运动；（c）余弦加速度运动；（d）正弦加速度运动

2. 等加速等减速运动规律

从动件在一个行程中，先做等加速运动，后做等减速运动，且通常加速度与减速度的绝对值相等，这样的运动规律，称为等加速等减速运动规律。其推程运动线图如图 7-7（b）所示。这种运动规律的速度曲线是连续的，不会产生刚性冲击。但在加速度曲线中，A、B、C 三处加速度存在有限突变，使从动件的惯性力也随之发生突变，从而与凸轮轮廓间产生一定的冲击，这种冲击称为柔性冲击，它比刚性冲击要小得多。因此，此运动规律一般可用于中速轻载的场合。

3. 余弦加速度运动规律

从动件运动时，其加速度是按余弦规律变化的，这种运动规律称为余弦加速度运动规律，也称为简谐运动规律。其推程运动线图如图 7-7（c）所示。这种运动规律在行驶的始末两点加速度发生有限突变，故也会引起柔性冲击，因此，在一般情况下，它也仅适用于中速中载的场合。当从动件作升—降—升运动循环时，若在推程和回程中，均采用此运动规律，则可获得包括始末点的全程光滑连续的加速度曲线。在此情况下，不会产生冲击，故可用于高速凸轮机构。

4．正弦加速度运动规律

从动件运动时，其加速度是按正弦规律变化的，这种运动规律称为正弦加速度运动规律，也称为摆线运动规律。其推程运动线图，如图 7-7 (d) 所示。从动件在整个行程中无速度和加速度的突变，不会使机构产生冲击，所以适用于高速场合。

常用从动件运动规律的运动方程及其性质见表 7-1。

表 7-1　常用的从动件运动规律及运动特性

运动规律	冲击性质	冲击位置	适用范围
等速（直线）	刚性冲击	行程始末两点	低速轻载
等加速等减速（抛物线）	柔性冲击	行程始末和中点	中速轻载
余弦加速度（简谐）	柔性冲击	行程始末两点	中低速中载或重载
正弦加速度（摆线）	无冲击	无	中高速轻载

7.2.3　从动件运动规律的选择

在选择从动件的运动规律时，应根据机器工作时的运动要求来确定。为了获得更好的运动特性，可以把多种基本运动规律组合起来加以应用。如机床中控制刀架进刀的凸轮机构，要求刀架进刀时作等速运动，所以应选择从动件作等速运动的运动规律，至于行程始末端，可以通过拼接其他运动规律的曲线来消除冲击。对无一定运动要求，只需要从动件有一定位移量的凸轮机构，如夹紧、送料等凸轮机构，可只考虑加工方便，采用圆弧、直线等组成的凸轮轮廓。对于高速机构，应减小惯性力所造成的冲击，多选择从动件作正弦加速度运动规律或其他改进型的运动规律。

思考与练习

7-1　在凸轮机构中，常见的凸轮形状和从动件的结构形式有哪几种？各有什么特点？

7-2　试比较尖端、滚子、平底从动件的优缺点。

7-3　在凸轮机构中，常用从动件的运动规律有几种？各有什么特点？

项目八　汽车常用连接

■ 本项目知识点 ┃

1. 螺纹的主要参数。
2. 常用的螺纹连接形式及常用的连接件。
3. 螺纹的预紧和放松方法。
4. 键、销连接的类型及选择。
5. 常用联轴器、离合器、制动器的结构及特点。

8.1　螺纹连接

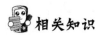

学习目标

1. 掌握螺纹的主要参数。
2. 了解常用的螺纹连接形式及常用的连接件。
3. 叙述螺纹的预紧和放松方法。

任务分析

　　螺纹连接是利用螺纹连接件构成的可拆连接，具有结构简单、拆装方便、成本低廉、连接可靠等优点，广泛应用于实际生产中。本部分重点掌握常用螺纹连接形式及连接件。

相关知识

8.1.1　螺纹

1. 螺纹的形成

　　如图 8-1 所示，将一底边长度等于 πd_2 的直角三角形 ABC 绕在一直径为 d_2 的圆柱表面上，并使其底边与圆柱体底边重合，则其斜边 AB 在圆柱体表面形成一条空间曲线，称为螺旋线。角 φ 称为螺旋升角。用不同形状的车刀沿螺旋线可切制出不同类型的螺纹。

　　螺纹的种类很多，按螺纹的剖面形状可以分为三

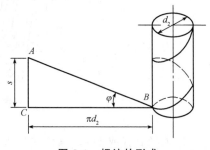

图 8-1　螺纹的形成

角形、梯形、矩形和锯齿形等。根据螺旋线的旋向，螺纹可以分为左旋螺纹和右旋螺纹两种，机械制造中一般采用右旋螺纹。按螺旋线的数目，可以分为单线螺纹和多线螺纹。单线螺纹多用于连接，多线螺纹用于传动。为了制造方便，螺纹的线数一般不超过 4 线。常见螺纹的类型、特点和应用见表 8-1。

表 8-1　常见螺纹的特点和应用

螺纹类型	牙　型　图	特　点　应　用
普通螺纹		牙型角 $\alpha = 60°$。当量摩擦系数大，自锁性能好，同一公称直径，按螺距大小分为粗牙和细牙。粗牙螺纹用于连接，细牙螺纹用于细小零件，也可用于微调机构
圆柱管螺纹		最常用的是英制细牙三角形螺纹，牙型角 $\alpha = 55°$。牙顶有较大圆角内外螺纹旋合后无径向间隙
梯形螺纹		牙型为正等腰梯形，牙型角 $\alpha = 30°$。传动效率越低于矩形螺纹，但牙根强度高、工艺性好、对中性好。用于传动，如机床丝杠
矩形螺纹		牙型为正方形，牙型角 $\alpha = 0°$。传动效率高，但牙根强度弱，精确加工困难，对中精度差，工程上已被梯形螺纹替代。用于传力螺纹，如千斤顶等
锯齿形螺纹		牙型角 $\alpha = 33°$，工作面牙型斜角为 3°，非工作面的牙型斜角为 30°。传动效率和牙根强度都高于矩形螺纹，且对中型好。用于单向受力的传力螺旋，如螺旋压力机等机械

螺纹有内螺纹和外螺纹之分，两者旋合组成螺旋副，也称为螺纹副。在圆柱体外表面上形成的螺纹称为外螺纹，在圆孔的内表面形成的螺纹称为内螺纹。

2. 螺纹的主要参数

螺纹的主要参数如图 8-2 所示。

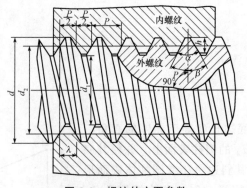

图 8-2　螺纹的主要参数

1）大径 d（或 D）。螺纹的最大直径，与外螺纹牙顶（或内螺纹牙底）相重合的假想圆柱直径，也称为螺纹的公称直径。

2）小径 d_1（或 D_1）。螺纹的最小直径，与外螺纹牙底（或内螺纹牙顶）相重合的假想圆柱直径，是螺杆进行强度计算时的危险截面直径。

3）中径 d_2（或 D_2）。螺纹的牙厚与牙间宽相等的假想圆柱直径，是确定螺纹几何参数和配合性质的直径。

4）线数 n。螺纹的螺旋线数目，一般小于四线。

5）螺距 P。相邻两螺纹牙在中径线上对应两点之间的轴向距离。

6）导程 S。同一条螺旋线上的相邻两牙在中径线上对应两点间的轴向距离。设螺旋线数为 n，则 $S = nP$。

7）螺旋升角 φ。在中径 d_2 圆柱上，螺旋线的切线与垂直于螺纹轴线平面的夹角，用来表示螺旋线倾斜的程度，如图 8-1 所示。

$$\tan\varphi = \frac{nP}{\pi d_2} \tag{8-1}$$

8）牙型角 α。轴向截面内，螺纹牙型相邻两侧边的夹角称为牙型角。

9）牙侧角 β。牙型侧边与螺纹轴线垂直面之间的夹角称为牙侧角。对于对称牙型 $\beta = \alpha/2$。

8.1.2 螺纹连接

螺纹连接的主要类型有螺栓连接、双头螺柱连接、螺钉连接和紧定螺钉连接。它们的结构尺寸和特点应用参看表 8-2。

表 8-2 螺纹连接类型、结构尺寸和应用场合

名称	结构	主要尺寸关系	特点应用
螺栓连接	普通螺栓连接 铰制孔螺栓连接 	螺纹余留长度 l_1 静载荷 $l_1 \geqslant (0.3 \sim 0.5)\,d$ 变载荷 $l_1 \geqslant 0.75d$ 铰制孔螺栓连接 l_1 尽可能小 螺纹伸出长度 $l_2 \approx (0.2 \sim 0.3)\,d$ 螺栓轴线到被连接件边缘的 $e = d + (3 \sim 6)$	被连接件的孔中不切制螺纹，螺栓与孔之间有间隙。这种连接的通孔加工精度低，结构简单，装拆方便，应用广泛 螺栓杆外径与螺栓孔内径具有同一基本尺寸，采用过渡配合。工作时受到挤压和剪切作用，承受横向载荷，用于载荷冲击大、对中性要求高的场合

名称	结构	主要尺寸关系	特点应用
双头螺柱连接		螺纹旋入深度 l_3，螺纹孔零件为： 钢或青铜 $l_3 \approx d$ 铸铁 $l_3 \approx (1.25 \sim 1.5)d$ 螺纹孔深度 $l_4 \approx l_3 + (2 \sim 2.5)P$ 钻孔深度 $l_5 \approx l_4 + (0.5 \sim 1)d$ l_1、l_2 同上	允许多次装拆而不损坏被连接零件，多用于较厚的被连接件或为了结构紧凑而采用盲孔的连接
螺钉连接		l_1、l_3、l_4、l_5、e 同上	将螺钉直接旋入被连接件螺纹孔中，不使用螺母，结构简单。这种连接不宜经常拆装，以免损坏被连接件螺纹孔，用于受力不大且不需经常拆卸的场合
紧定螺钉连接		$d \approx (0.2 \sim 0.3)d_{轴}$	旋入被连接件螺纹孔，以其末端顶住另一零件表面或嵌入凹坑中，用来固定两零件相对位置，并传递不大转矩

8.1.3 螺纹连接件

螺纹连接件称为螺纹紧固件。螺纹连接件的种类很多，大都已标准化。常见的螺纹连接件有螺栓、双头螺柱、螺钉、紧定螺钉、螺母、垫圈等。常见螺纹连接件的结构特点和应用情况见表8-3。

表 8-3 螺纹连接件的结构特点及应用

类型	图例	结构特点及应用
螺栓		螺栓广泛应用于可拆连接，分为普通螺栓和铰制孔螺栓。螺栓的头部形状很多，常用的有六角头和小六角头两种

类型	图例	结构特点及应用
双头螺柱	L_1—座端长度；L_0—螺母端长度	两端切制螺纹，旋入被连接件螺纹孔的一端称为座端，另一端称为螺母端
螺钉和	内六角圆柱头　　十字槽半圆头　　十字槽沉头	螺钉头部形状有内六角头、十字槽头等多种形式，以适应不同的拧紧程度，应用于不同的场合
紧定螺钉	锥端　　平端　　圆柱端　　圆尖端	紧定螺钉末端要顶住被连接件之一的表面或相应的凹坑，其末端具有锥端、平端、圆柱端、圆尖端等形状
螺母	圆螺母　　六角螺母	螺母的形状有圆形、六角形。圆螺母常用于对轴上零件的轴向固定。六角螺母有薄厚之分，薄螺母用于尺寸受到限制的地方，厚螺母用于经常拆装且易于磨损的地方
垫圈	平垫圈　　弹簧垫圈	垫圈作用：一是增加被连接件的支撑面积，减小接触处压强；二是避免拧紧螺母时擦伤被连接件表面

8.1.4　螺纹连接的预紧和防松

1. 螺纹连接的预紧

在生产实际中，绝大多数螺栓连接都是紧螺栓连接。所谓紧螺栓连接就是在装配时必须拧紧螺母，使螺纹连接在承受工作载荷前就受到预紧力的作用。

预紧的目的是为了增强连接的紧密性、可靠性和刚性；提高连接的防松能力，防止受载后被连接体间出现间隙或发生相对移动；同时对于受变载荷的螺纹连接还可提高其疲劳强度。

装配时预紧力的大小是通过拧紧力矩来控制的。对于 M10～M68 的粗牙普通螺纹，拧紧力矩 T 的经验公式为

$$T \approx 0.2 F' d \tag{8-2}$$

式中，F' 为预紧力（N）；d 为螺纹公称直径（mm）。

过大的预紧力可能会使螺栓在装配时或在工作中偶然过载时被拉断。对一般螺纹连接，可凭经验控制；对重要的螺纹连接，为了保证所需的预紧力，又不使连接螺栓过载，通常是利用控制拧紧螺母时的拧紧力矩来控制预紧力的，可采用测力矩扳手（如图 8-3 所示）或定力矩扳手（图 8-4）。

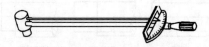

图 8-3　指针式测力矩扳手

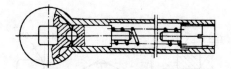

图 8-4　预置式定力矩扳手

2. 螺纹连接的防松

在温度不变和静载荷的作用下，连接螺纹的螺旋升角 φ 较小，满足自锁条件，螺纹连接不能自动放松，具有自锁性。但在冲击、振动、变载荷或温度变化较大时，螺旋副间的摩擦阻力就会出现减小或瞬时消失的现象，多次重复后，连接有可能自动松脱，引起连接失效，导致机器不能正常工作或者发生严重事故。因此在设计螺纹连接时，必须考虑螺纹的防松问题。

螺纹防松的实质就是防止螺旋副的相对移动。防松的措施很多，按工作原理不同，常见的防松方式有摩擦防松、机械防松、永久性防松三种。表 8-4 列举了常见的防松方法和原理。

表 8-4　常见的防松方法和原理

防松方式	防松原理	防松方法及特点		
摩擦防松	采用各种结构措施使螺旋副中的摩擦力不随连接的外载荷变化而变化，保持螺旋副间有较大的摩擦力	弹簧垫圈	对顶螺母	自锁螺母
		弹簧垫圈的材料为弹簧钢，装配后弹簧被压平，其反弹力使螺纹间保持压紧力和摩擦力。结构简单、使用方便，但在冲击振动的条件下，防松效果差，一般用于不重要的连接	两螺母对顶拧紧后，旋合段内螺栓受拉而螺母受压，使螺纹间始终保持一定的压力和摩擦力，防止螺纹连接松动。结构简单。用于平稳、低速、重载连接，轴向尺寸较大	螺母一端制成非圆形收口或开缝后径向收口。螺母拧紧后，收口胀开，箍紧螺栓，使旋合螺纹间横向压紧。结构简单，防松可靠，多次拆装而不降低防松能力
机械防松	利用便于更换的防松金属元件约束螺纹副，防止螺纹副的相对运动	开口销	止动垫圈	串联钢丝
		螺母拧紧后，将开口销插入螺母槽与螺栓尾部孔内，将开口销尾部扳开，阻止了螺栓于螺母的相对运动。防松可靠、安装困难，适用于冲击、振动较大的重要连接	螺母拧紧后，将止动垫圈的耳分别向螺母和被连接件侧面折弯贴紧，从而避免螺母转动而防松。结构简单、防松可靠，适用于连接部分可容纳弯耳场合	将钢丝依次穿入相邻螺钉头部孔内，两端拉紧打结，相互制约，达到防松目的。防松可靠，但装拆不便，适用于螺钉组的连接
永久性防松	螺母拧紧后，用冲点、焊接或胶粘剂等办法，使螺纹副转化为非运动副	冲点	焊接	粘合
		防松效果良好，都属于不可拆连接		

8.2 键连接和销连接

8.2.1 键连接

1. 键连接的类型

键连接主要用来实现轴和轴上零件之间的周向固定以传递转矩。有些类型的键还可实现轴上零件的轴向固定和轴向移动。

键有多种类型，都已标准化。设计时应根据各类键的使用要求、结构特点以及轴和轮毂的特点，选择键的类型，然后进行强度校核。

（1）平键连接

平键是应用最广的键，是齿轮、带轮等与轴连接的主要形式。平键以两侧面为工作面，工作时靠键槽与键的侧面接触传递扭矩，键的上表面与轮毂上键槽的底面留有间隙。平键连接具有结构简单、便于制造、装拆方便，轴与轴上零件的对中性好等特点，所以得到广泛的应用。一般多用于传动精度要求较高的场合，但它不能实现轴上零件的轴向固定。常用的平键按照用途分为普通平键、导向平键和滑键。

①普通平键。普通平键一般用于静连接，即轴与轮毂之间无相对移动的连接。按端部形状可分为圆头（A型）、方头（B型）、半圆头（C型）三种，如图8-5所示。圆头平键的键槽用指状铣刀加工，键在槽中固定良好，但轴上键槽引起的应力集中较大；方头平键的键槽用盘铣刀加工，轴的应力集中较小；半圆头平键用于轴端，但应用较少。图8-6是指钻铣刀和盘铣刀加工键槽示意图。

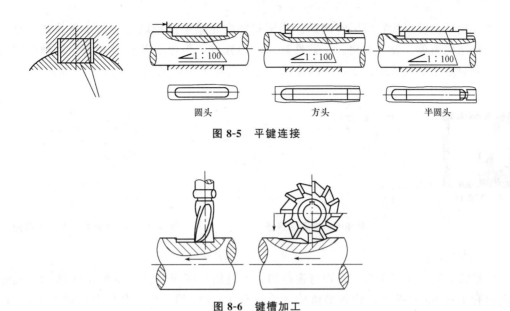

圆头　　　　　　方头　　　　　　半圆头

图8-5　平键连接

图8-6　键槽加工

②导向平键。导向平键一般用于动连接，即除了使轮毂周向固定外还需作轴向移动的场合，如图8-7所示。导向平键一般较长，须用螺钉固定在轴上，而与毂槽配合较松，轴上传动零件沿键可做轴向移动。为了便于拆卸，在键上加工有起键螺纹孔。变速箱的滑移齿轮就是采用导向平键进行连接的。

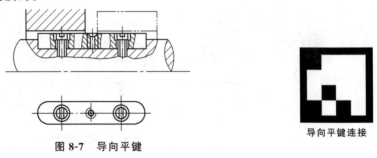

图8-7　导向平键

导向平键连接

③滑键。滑键一般用于轴向移动距离较大的场合，如图8-8所示。键固定在轮毂上，键随着轴上零件在键槽中做轴向移动。

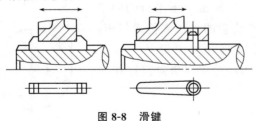

图8-8　滑键

（2）半圆键连接

半圆键连接的工作原理与平键连接相同，如图8-9所示。键的两侧面为工作面，键的上表面与轮毂上键槽的底面留有间隙。半圆键能在轮槽中摆动以适应毂上键槽的斜度。半圆键连接结构简单、装拆方便、工艺性好、对中性好，但由于其键槽较深，对轴的削弱较大，一般只适用于轻载或位于轴端的连接，尤其适用于锥形轴端，如图8-10所示。

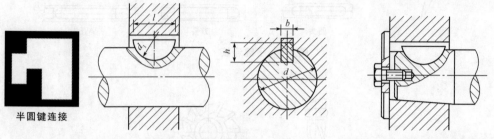

图8-9　半圆键连接　　　　　　图8-10　半圆键在锥形轴端应用

（3）楔键连接

楔键的上下面是工作面，分别与轮毂和轴上键槽的底面贴合，如图8-11所示。楔键的上表面有1∶100的斜度，轮毂键槽的底面也有1∶100的斜度。装配时把键打入键槽内，其工作面上产生很大的预紧力，工作时靠预紧力产生的摩擦力传递扭矩，并能承受轴向力。由于楔键在被打入键槽时，迫使轴和轮毂产生偏心，破坏了轴与轮毂的对中性，因此楔键连接仅适用于定心精度要求不高、载荷平稳和低速的连接。

楔键可分为普通楔键［图8-11（a）］和钩头楔键［图8-11（b）］两种。钩头楔键的钩头是为拆卸用的。

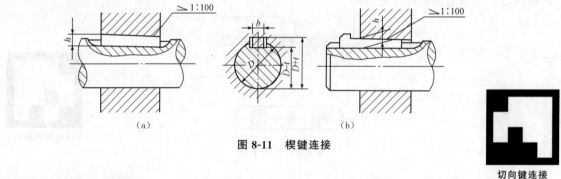

（a）　　　　　　　　　　　（b）

图8-11　楔键连接

（4）切向键连接

切向键是由一对楔键组成，装配时将两键楔紧，如图8-12（a）所示。切向键上下平行的两窄面是工作面，依靠与轴和轮毂的挤压来传递扭矩。当双向传递转矩时，需用两对切向键并分布成120°～130°，如图8-12（b）所示。切向键连接一般常用于重型机械中。

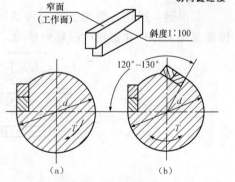

（a）　　　　　　（b）

图8-12　切向键连接

2. 平键连接的选择

（1）键的材料和失效形式

键的材料一般采用强度极限不小于600 MPa的碳素钢，通常用45钢。当轮毂用非铁金属或非金属材料时，键可用Q235或20钢。

平键连接的主要失效形式是工作面的压溃和磨损，在有严重过载时，可能出现键的剪断。由于键为标准件，其剪切强度足够，因此对用于静连接的普通平键主要失效形式是工作面的压溃；对用于动连接的导向平键和滑键主要失效形式是工作面的磨损。

（2）键的选择

键的选择包括键的类型选择和尺寸选择两方面。选择键的类型一般应考虑以下因素：对中性的要求，传递转矩的大小，轮毂是否需要沿轴向滑移及滑移距离的大小，键在轴的位置（端部或中部）等；选择键的尺寸一般应根据轴的直径查键的截面尺寸（$b \times h$），键的长度 L 根据轮毂的宽度确定，一般键长应略短于轮毂宽度并符合标准的规定。

3. 花键连接

花键连接是由周向均布多个键齿的花键轴和多个键槽的花键毂构成的连接，如图 8-13 所示。花键连接具有承载能力高、对中性好、导向性好、应力集中小等优点，但加工时需要专用设备，精度要求高，成本较高。

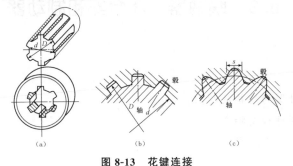

图 8-13 花键连接

（a）花键连接轴侧图；（b）矩形花键；（c）渐开线花键

花键联接

花键已标准化，按其剖面齿形分为矩形花键、渐开线花键等。矩形花键的齿侧为直线，加工方便，用热处理后磨削过的小径定心，定心精度高，稳定性好，因此应用广泛。渐开线花键的齿廓为渐开线，因此具有加工工艺性好、连接强度高、寿命长、定心精度高等优点，但加工小尺寸的花键拉刀时，成本较高。因此，它适用于载荷较大、定心精度要求高和尺寸较大的连接。渐开线花键的标准压力角为 30° 和 45°。

花键连接与平键连接相类似，它的工作面受到挤压（静连接）、磨损（动连接），齿根受到剪切和弯曲作用。挤压破坏、磨损是主要失效形式。因此，一般只进行挤压和耐磨性的条件性计算。

8.2.2　销连接

销连接主要用于固定零件之间的相互位置（定位销）；也可以用于轴和轮毂或其他零件的连接（连接销）并传递不大的载荷；有时也可以用作安全装置中的过载剪断零件（安全销）。销的常用材料为 Q235、35、45 钢。

常见的销可分为圆柱销、圆锥销、开口销、异形销等。销是标准件，使用时可根据工作要求选取。圆柱销利用微量过盈固定在铰制孔中，多次拆装后影响定位精度；圆锥销利用 1：50 的锥度装入铰制孔中，装拆方便，定位精度高，自锁性好，多次拆装对定位精度的影响较小，应用广泛，圆锥销的小端直径为公称值；带螺纹的销连接常用于盲孔（便于拆卸）和有冲击的场合（防止销脱出），如图8-14所示。开口销结构简单，工作可靠，装拆方便，主要用于连接的防松，不能用于定位。

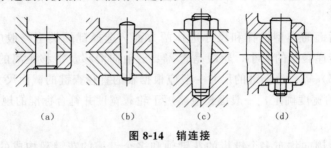

(a)   (b)   (c)   (d)

图8-14　销连接

8.3　联轴器、离合器和制动器

学习目标

1. 描述常用联轴器的结构及特点。
2. 叙述离合器的结构及特点。
3. 了解制动器的常用形式。

任务分析

　　联轴器和离合器都是用来连接两轴，使其一同回转并传递转矩的部件。联轴器连接的两轴，只有在机器停车后用拆卸方法才能使两轴分离。而离合器连接的两轴，在机器工作时就能使两轴接合或分离。制动器的主要功用是降低机械的运转速度或使其停止转动。

　　联轴器、离合器和制动器的种类繁多，大多已标准化、系列化，一般只需要根据工作要求正确选择它们的类型和尺寸。

相关知识

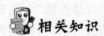

8.3.1　联轴器

1. 联轴器的性能要求和种类

　　联轴器主要用于轴与轴之间的连接，以实现传递不同轴之间的回转运动和动力。若要使两轴分离，必须通过停车拆卸才能实现。

　　联轴器所连接的两轴，由于制造及安装误差、承载后变形、温度变化和轴承损等原因，不能保证严格对中，使两轴线之间出现相对位移或偏斜，如图8-15所示。如果联轴器对各种位移没有补偿能力，工作中将会产生附加动载荷，使工作情况恶化。因此，要求联轴器具有补偿一定范围内两轴线相对位移量的能力。对于经常负载起动或工作载荷变化的场合，可采用具有起缓冲、减振作用的弹性元件的联轴器，以保护原动机和工作机不受或少受损伤。同时，还要求联轴器安全、可靠，有足够的强度和使用寿命。

联轴器根据各种位移有无补偿能力可分为刚性联轴器和挠性联轴器两大类。刚性联轴器不具有缓冲性和补偿两轴线相对位移的能力，要求两轴安装严格对中。但由于此类联轴器结构简单，制造成本较低，装拆、维护方便，能保证两轴有较高的对中性，传递转矩较大，应用广泛。挠性联轴器又可分为无弹性元件挠性联轴器和有弹性元件挠性联轴器，前一类只具有补偿两轴线相对位移的能力，但不能缓冲减振；后一类因含有弹性元件，除具有补偿两轴线相对位移的能力外，还具有缓冲和减振作用，但传递的转矩因受到弹性元件强度的限制，一般不及无弹性元件挠性联轴器。

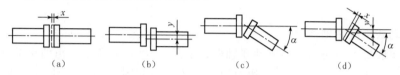

图 8-15　轴线间的相对位移

（a）轴向位移 x；（b）径向位移 y；（c）角度位移 α；（d）综合位移 x、y、α

2. 常用联轴器的结构和特点

各类联轴器的性能、特点可查阅有关设计手册。

（1）固定式刚性联轴器

1）凸缘联轴器。凸缘联轴器结构如图 8-16 所示，由两个带凸缘的半联轴器用螺栓连接而成，半联轴器与两轴之间用键连接。常用的结构形式有两种，其对中方法不同，图 8-16（a）所示为两半联轴器的凸肩与凹槽相配合而对中，用普通螺栓连接，依靠接合面间的摩擦力传递转矩，对中精度高。装拆时，轴必须做轴向移动。图 8-16（b）所示为两半联轴器用铰制孔螺栓连接，靠螺栓杆与螺栓孔配合对中，依靠螺栓杆的剪切及其与孔的挤压传递转矩，装拆时轴不须做轴向移动。

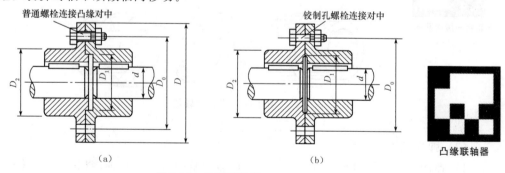

图 8-16　凸缘联轴器

凸缘联轴器结构简单、价格低廉、传递扭矩大、传力可靠、对中性好、装拆方便，但其不具有位置补偿功能，也不能缓冲减振，故只适用于两轴能严格对中、载荷平稳的场合。

2）套筒联轴器。套筒联轴器如图 8-17 所示，图 8-17（a）为键连接的套筒联轴器，图 8-17（b）为销连接的套筒联轴器。套筒的材料通常用 45 钢，适用于轴径小于 $60\sim70$ mm 的对中性较好的场合。其径向尺寸小、结构简单，可根据不同轴径自行设计制造，在仪器中应用较广。

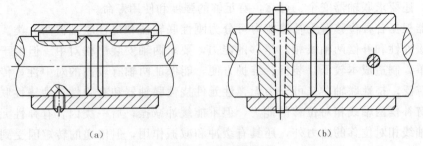

图 8-17 套筒联轴器

（2）移动式刚性联轴器

十字滑块联轴器属于移动式刚性联轴器，如图 8-18（a）所示，由两个端面开有凹槽的半联轴器 1、3，利用两面带有凸块的中间盘 2 连接，如图 8-18（b）所示，半联轴器 1、3 分别与主、从动轴连接成一体，实现两轴的连接。中间盘沿径向滑动补偿径向位移 y，并能补偿角度位移 α。若两轴线不同心或偏斜，则在运转时中间盘上的凸块将在半联轴器的凹槽内滑动；转速较高时，由于中间盘的偏心会产生较大的离心力和磨损，并使轴承承受附加动载荷，故这种联轴器适用于低速。为减少磨损，可由中间盘油孔注入润滑剂。半联轴器和中间盘的常用材料为 45 钢，工作表面淬火硬度为 48～58HRC。

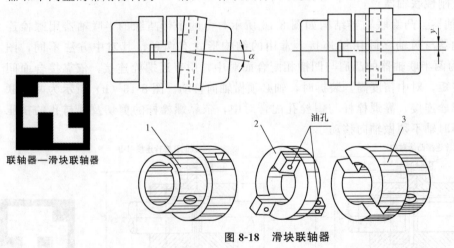

图 8-18 滑块联轴器

（3）弹性联轴器

1）弹性套柱销联轴器。弹性套柱销联轴器的结构与凸缘联轴器相似，如图 8-19 所示。不同之处是用带有弹性圈的柱销代替了螺栓连接，弹性圈一般用耐油橡胶制成，柱销材料多采用 45 钢。为补偿较大的轴向位移，安装时在两轴间留有一定的轴向间隙 c；为了便于更换易损件弹性套，设计时应留一定的距离 B。

弹性套柱销联轴器制造简单，装拆方便，成本较低，但容易磨损，寿命较短，适用于连接载荷平稳、需正反转或起动频繁的传动轴中的小转矩轴。

2）弹性柱销联轴器。弹性柱销联轴器（图 8-20）与弹性套柱销联轴器结构相似，只是柱销材料为尼龙，柱销形状一端为柱形，另一端制成腰鼓形，以增大角度位移的补偿能力。为防止柱销脱落，柱销两端装有挡板，用螺钉固定。

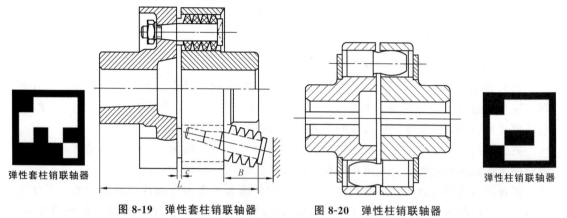

图 8-19　弹性套柱销联轴器　　　　图 8-20　弹性柱销联轴器

弹性柱销联轴器结构简单，能补偿两轴间的相对位移，并具有一定的缓冲、吸振能力，应用广泛，可代替弹性套柱销联轴器。但因尼龙对温度敏感的缘故，使用时受温度限制。

3）万向联轴器。如图 8-21 所示，它由两个叉形接头 1、3 和一个十字轴 2 组成。它利用中间连接件十字轴连接的两叉形半联轴器均能绕十字轴的轴线转动，从而使联轴器的两轴线能成任意角度 α，一般 α 最大可达 $35°\sim45°$。但 α 角越大，传动效率越低。万向联轴器单个使用时，当主动轴以等角速度转动时，从动轴作变角速度回转，从而在传动中引起附加动载荷。为避免这种现象，可采用两个万向联轴器成对使用，使两次角速度变化的影响相互抵消，达到主动轴和从动轴同步转动，如图 8-22 所示。各轴相互位置在安装时必须满足：①主动轴、从动轴与中间轴 C 的夹角必须相等，即 $\alpha_1 = \alpha_2$；②中间轴两端的叉形平面必须位于同一平面内，如图 8-23 所示。

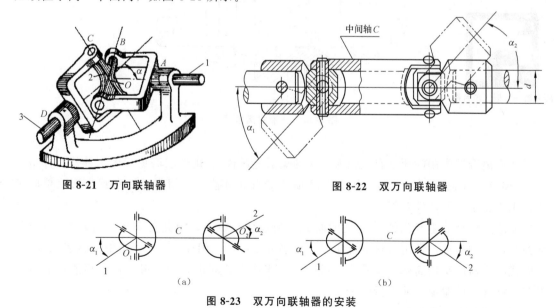

图 8-21　万向联轴器　　　　　　　图 8-22　双万向联轴器

图 8-23　双万向联轴器的安装

万向联轴器的材料常用合金钢制造，以获得较高的耐磨性和较小的尺寸。万向联轴器能补偿较大的角位移，结构紧凑，使用、维护方便，广泛用于汽车、工程机械等的传动系统中。

8.3.2 离合器

1. 离合器的性能要求及分类

离合器主要作用是在机器运转过程中实现两轴的分离与接合。其基本要求是：工作可靠，接合、分离迅速而平稳，操纵灵活、省力，调节和修理方便，外形尺寸小，重量轻；对摩擦式离合器，还要求其耐磨性好并具有良好的散热能力。

离合器的类型很多。按实现两轴分离与接合过程可分为操纵离合器和自动离合器；按离合的工作原理可分为嵌合式离合器和摩擦式离合器。

嵌合式离合器通过主、从动元件上牙形之间的嵌合力来传递回转运动和动力，工作比较可靠，传递的转矩较大，但接合时有冲击，运转中接合困难。摩擦式离合器是通过主、从动元件间的摩擦力来传递回转运动和动力，运动中接合方便，有过载保护性能。但传递转矩较小，适用于高速、低转矩的工作场合。

2. 常用离合器的结构和特点

（1）牙嵌式离合器

牙嵌式离合器如图 8-24 所示，是由两端面上带牙的半离合器 1、2 组成。半离合器 1 用平键固定在主动轴上，半离合器 2 用导向键 3 或花键与从动轴连接。在半离合器 1 上固定有对中环 5，从动轴可在对中环中自由转动，通过滑环 4 的轴向移动操纵离合器的接合和分离。滑环的移动可用杠杆、液压、气动或电磁吸力等操纵机构控制。

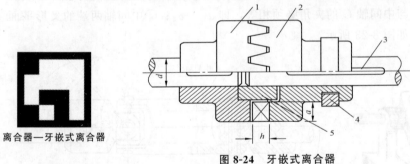

离合器—牙嵌式离合器

图 8-24　牙嵌式离合器

牙嵌离合器常用的牙型有三角形（小转矩低速场合）、矩形（磨损后无法补偿，冲击较大）、梯形（牙强度高，传递转矩大，磨损后能自动补偿，应用广泛）和锯齿形（单向工作，用于特定工作条件）等。

牙嵌式离合器主要失效形式是牙面的磨损和牙根折断，因此要求牙面有较高的硬度，牙根有良好的韧性，常用材料为低碳钢渗碳淬火到 $54\sim60$HRC，也可用中碳钢表面淬火。牙嵌式离合器的结构简单，尺寸小，接合时两半离合器间没有相对滑动，但只能在低速或停车时接合，以避免因冲击折断牙齿。

（2）圆盘摩擦离合器

摩擦离合器依靠两接触面间的摩擦力来传递运动和动力。按结构形式不同，可分为圆盘式、圆锥式、块式和带式等类型，最常用的是圆盘摩擦离合器。

圆盘摩擦离合器分为单片式和多片式两种，如图 8-25、图 8-26 所示。

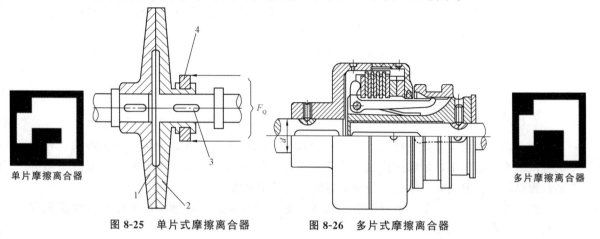

单片摩擦离合器

图 8-25　单片式摩擦离合器　　图 8-26　多片式摩擦离合器

多片摩擦离合器

单片式摩擦离合器由摩擦盘 1、2 和操纵滑环 4 组成。摩擦盘 1 与主动轴连接，摩擦盘 2 通过导向键 3 与从动轴连接并可在轴上移动。操纵滑环 4 可使两圆盘接合或分离。轴向压力 F_Q 使两圆盘接合，并在工作表面产生摩擦力，以传递转矩。单片式摩擦离合器结构简单，但径向尺寸较大，只能传递不大的转矩，因而也就有了过载保护的作用。但工作时有可能两摩擦盘之间发生相对滑动，不能保证两轴的精确同步。

多片式摩擦离合器也有使用电磁力操纵的，称为电磁操纵摩擦离合器。它的工作原理是：当离合器中的励磁线圈接通直流电后产生电磁力吸引衔铁，使两组摩擦片松开，离合器就处于分离状态。它可以实现远距离控制，动作迅速，没有不平衡的轴向力，在数控机床等自动机械中广泛应用。另外，还有一些由机械、气动或液动操纵的摩擦式离合器，其工作原理均与电磁操纵摩擦离合器相近。

（3）滚柱式超越离合器

图 8-27 所示为滚柱式超越离合器，图中星轮 1 和外环 2 分别装在主动件和从动件上，星轮和外环间的楔形空腔内装有滚柱 3，滚柱数目一般为 3～8 个。每个滚柱都被弹簧推杆 4 以不大的推力向前推进而处于半楔紧状态。

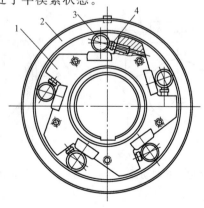

图 8-27　滚柱式超越离合器

星轮和外环均可作为主动件。现以外环为主动件来分析，当外环逆时针方向回转时，以摩擦力带动滚柱向前滚动，进一步楔紧内外接触面，从而驱动星轮一起转动，离合器处于接合状态；反之，当外环顺时针方向回转时，则带动滚柱克服弹簧力而滚到楔形空腔的宽敞部分，离合器处于分离状态。

定超越离合器尺寸小，接合和分离平稳，可用于高速传动，一般常用于汽车、机床等的传动装置中。

8.3.3 制动器

制动器主要用于降低正在运行着的机械或机构的转动速度或迫使机械停止转动，有时也有限制速度的作用，是保护机械安全正常工作，控制机械速度的重要零件。因而制动可靠、操纵灵活、散热好、体积小是制动器的一些基本要求。

制动器多数已标准化，可根据需要选择。常用的有块式制动器、内涨蹄式制动器和带式制动器。

1. 外抱块式制动器

外抱块式制动器结构如图 8-28 所示，它靠瓦块和制动轮间的摩擦力制动。当接通电源时，电磁线圈 2 产生吸力吸住衔铁 3，衔铁推动推杆 4 向右移动，在弹簧 6 的作用下左右两制动臂向外摆动，使瓦块 1 离开制动轮 7，机械可自由转动。切断电源时，电磁线圈释放衔铁，在弹簧 5 作用下，两制动臂收拢，使瓦块抱紧制动轮，实现制动。

2. 内涨蹄式制动器

内涨蹄式制动器分为单蹄、双蹄、多蹄和软管多蹄等。如图 8-29 所示为双蹄式制动器，制动蹄 1 上装有摩擦材料，通过销轴 2 与机架固联，制动轮 5 与所要制动的轴固联。制动时，压力油进入液压缸 6，推动两个活塞左右移动，在活塞推力作用下两制动蹄绕销轴向外摆动，并压紧在制动轮内侧，实现制动。油路回油后，制动蹄在弹簧 7 作用下与制动轮分离。

内涨蹄式制动器结构紧凑，散热条件、密封性和刚性均好，广泛用于各种车辆及结构尺寸受限制的机械上。

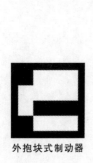

外抱块式制动器

图 8-28　外抱块式制动器

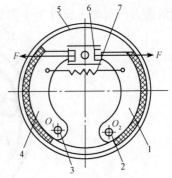

图 8-29　内涨蹄式制动器

3. 带式制动器

带式制动器分为简单、双向和差动三种。图 8-30 所示为简单带式制动器的结构。当杠杆受 F_Q 作用时，挠性带收紧而抱住制动轮，靠带与轮之间的摩擦力来制动。

带式制动器一般用于集中驱动的起重设备及绞车上，有时也安装在低速轴或卷筒上作为安全制动器用。

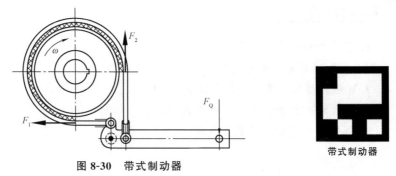

图 8-30　带式制动器

带式制动器

思考与练习

8-1　螺纹的基本参数有哪些？如何判断螺纹的旋转方向？

8-2　螺纹连接的基本类型有哪些？各有什么特点？应用于何种场合？

8-3　螺纹连接预紧的目的是什么？防松的实质是什么？

8-4　键连接有哪些基本形式？各有何特点？

8-5　销链接的作用有哪些？

8-6　联轴器和离合器的功用有何异同？各应用于何种场合？

项目九 带传动和链传动

本项目知识点

1. 带传动的组成、类型及特点。
2. 普通 V 带的结构及材料。
3. V 带传动的张紧、安装和维护。
4. 链传动的组成、类型、特点及应用。
5. 链传动的润滑、张紧及布置。

9.1 带传动概述

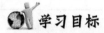 学习目标

1. 了解带传动的组成。
2. 叙述带传动的类型及特点。

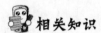 任务分析

带传动是机械传动中比较重要的一种传动形式，适用于远距离传动，在生产生活中得到广泛的应用，在汽车上也不例外，如发动机中曲轴通过传动带带动水泵、风扇、凸轮轴、发电机、空调压缩机等元件工作。本部分学生要重点掌握带传动的类型及其特点。

相关知识

9.1.1 带传动的组成

带传动是一种常用的机械传动装置。它主要由主动带轮 1、从动带轮 2 和张紧在两个带轮上的环形带 3 组成，如图 9-1 所示。

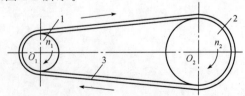

图 9-1 带传动的组成

9.1.2 带传动的主要类型

带传动按照传动原理可分为摩擦带传动和啮合带传动两大类。

1. 摩擦带传动

摩擦带传动主要是依靠带与带轮之间的摩擦力来传递运动和动力。按照带的截面形状可分为平带传动、V 带传动、多楔带传动、圆带传动等类型，分别如图 9-2 所示。

   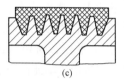

(a)   (b)   (c)   (d)

图 9-2　带传动的类型

带传动的类型

平带的横截面为扁平矩形，其工作面为内表面。常见的材料有橡胶帆布、棉布、锦纶等。普通平带一般用特制的金属接头或粘接接头将带接成环形，而高速平带无接头；V 带的横截面为梯形，其工作面为与轮槽相接触的两侧面，而 V 带与轮槽槽底不相接触。与平带相比，V 带的当量摩擦系数大，在拉力相同时，V 带传动的承载能力是平带传动的三倍多。因此，在机械中得到广泛的应用；多楔带以其扁平部分为基体，下面有若干等距纵向楔的传动带，其工作面为楔的侧面。换句话也可以说多楔带是若干 V 带的组合。多楔带兼具有平带的弯曲应力小和 V 带的摩擦力大等优点，常用于传递较大动力而又要求传动平稳、结构紧凑的场合；圆带横截面为圆形，一般用皮革或棉绳制成。圆带传动一般适用于传递较小功率的场合，如缝纫机、仪表、真空吸尘器的机械传动等。

2. 啮合带传动

啮合带传动主要依靠带上的齿或孔与带轮上的齿直接啮合来传递运动和动力，一般有同步带传动和齿孔带传动两种类型。

1）同步带传动。工作时，带工作面上的齿与轮上的齿相互啮合，以传递运动和动力，如图 9-3 所示。同步带传动可避免带与轮之间产生滑动，以保证两轮圆周速度同步。

2）齿孔带传动。工作时，带上的孔与轮上的齿相互啮合，以传递运动和动力，如图 9-4所示。这种传动同样可保证同步运动。

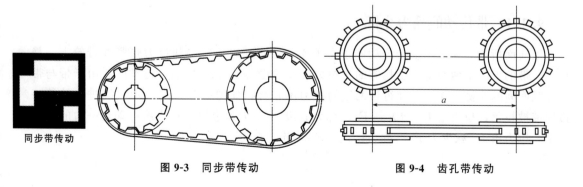

同步带传动

图 9-3　同步带传动　　　　图 9-4　齿孔带传动

9.1.3 带传动的特点

摩擦带传动具有以下特点：

1）带有弹性，能缓冲吸振，故传动平稳、噪声小。

2）过载时，带能发生打滑现象，不至于损坏从动零件，具有过载保护的作用。

3）结构简单，制造成本低，便于安装和维修。

4）带必须张紧在带轮上，故作用在轴上的压力比较大。

5）带与带轮之间存在弹性滑动，不能保证传动比恒定不变，降低传动效率。

摩擦带传动适用于传动平稳、对传动比要求不严格以及传动中心距较大的场合。

由于啮合带传动中的同步带传动能保证准确的传动比，其适应的速度范围广（$v \leqslant 50$ m/s），传动比大（$i \leqslant 12$），传动效率高（$\eta = 0.98 \sim 0.99$），传动结构紧凑，故广泛用于电子计算机、数控机床及纺织机械中。啮合带传动中的齿孔带传动，常用于放映机、打印机中，以保证同步运动。

9.2 带传动的工作性能分析

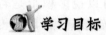

学习目标

1. 分析带传动的受力。

2. 了解带传动的应力。

3. 了解带传动的弹性滑动。

任务分析

通过带传动的工作性能分析，了解带传动的受力情况，为今后的安装、维护、预紧等奠定基础。本部分要注意培养学生的分析能力。

相关知识

9.2.1 带传动的受力分析

如前面所述，为了保证带传动能正常工作，带必须以一定的初拉力张紧在带轮上。静止时，带的上、下两边都承受相等的初拉力 F_0，如图 9-5（a）所示。传动时，由于带与带轮接触面间的摩擦力作用，使得带两边的拉力不相等，如图 9-5（b）所示。绕进主动轮一边的带被拉紧，拉力由 F_0 增大到 F_1，称为紧边，F_1 为紧边拉力；绕出主动轮一边的带被放松，拉力由 F_0 减少为 F_2，称为松边，F_2 为松边拉力。

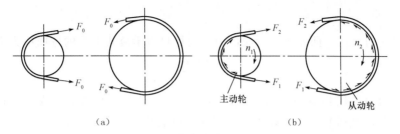

（a）   （b）

图 9-5　带传动的工作原理

设工作前后带的总长度不变，且认为带是弹性体，则带的紧边拉力的增加量 $F_1 - F_0$ 应等于松边拉力的减少量 $F_0 - F_2$，即

$$F_0 = \frac{1}{2}(F_1 + F_2) \tag{9-1}$$

两边拉力之差称为带传动的有效拉力 F。实际上有效拉力 F 是带与带轮之间的摩擦力的总和，在最大静摩擦力的范围内，带传动的有效拉力 F 与总摩擦力相等，也就是带所传递的有效圆周力，即

$$F = F_1 - F_2 \tag{9-2}$$

有效圆周力 F（N）、带速 v（m/s）和传递功率 P 之间的关系为

$$P = \frac{Fv}{1\ 000} \tag{9-3}$$

由式（9-3）可知，当带速一定时，传递的功率越大，所需要的圆周力也越大。在初拉力一定的情况下，带与带轮接触面间的摩擦力总是有限的。当带所能传递的圆周力超过该极限值时，带与带轮将发生明显的相对滑动，这种现象称为打滑。带打滑时，从动轮转速急剧下降，使传动失效，同时也加剧带的磨损，因此应避免打滑现象的发生。

9.2.2　带传动的应力分析

传动时，带的应力由以下三部分组成：

1. 紧边和松边产生的拉应力

紧边拉应力
$$\sigma_1 = \frac{F_1}{A} \tag{9-4}$$

松边拉应力
$$\sigma_2 = \frac{F_2}{A} \tag{9-5}$$

式中，A 为带的横截面积（mm^2）。

2. 离心力产生的拉应力

带在带轮上做圆周运动时，离心力只发生在带作圆周运动的部分，但由此引起的拉力却作用于全部带长，故它产生的离心拉应力

$$\sigma_C = \frac{qv^2}{A} \tag{9-6}$$

式中，q 为每米带长的质量（kg/m）；v 为带速（m/s）；A 为带的横截面积（mm^2）。

3. 弯曲应力

带绕过带轮时，因弯曲而产生弯曲应力。由材料力学公式得带的弯曲应力为

$$\sigma_b = \frac{2yE}{d} \tag{9-7}$$

式中，y 为带的中性层到最外层的垂直距离（mm）；E 为带的弹性模量（MPa）；d 为带径（mm）。显然，两带轮直径不相等时，带在两轮上的弯曲应力也不相等。

图 9-6 所示为带的应力分布情况，各截面应力大小用该处引出的径向线（或垂直线）的长短来表示。由图可知，在运转过程中，带经受变应力。最大应力发生在紧边与小轮的接触处，其值为

$$\sigma_{max} = \sigma_1 + \sigma_b + \sigma_c \tag{9-8}$$

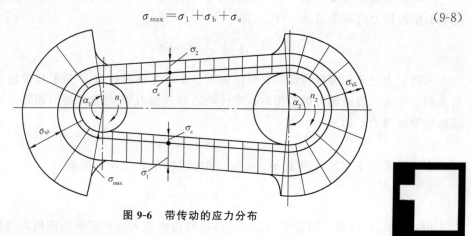

图 9-6 带传动的应力分布

9.2.3 带传动的弹性滑动

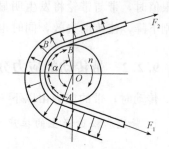

带在工作过程中，由于松、紧边拉力不等，故变形量也不相同。如图 9-7 所示，带的紧边自 A 点绕上主动带轮时，其拉力为 F_1，此时带的速度与带轮的圆周速度是相等的。当带由 A 点逐渐移动到 B 点时，带的拉力由 F_1 逐渐减至 F_2。由于拉力减少，带的弹性变形也相应地减少，即带轮等速地由 A 点转至 B 点时，带相应地由 A 点移至 B' 点，于是带与带轮间产生了相对滑动，使带的速度落后于带轮的圆周速度。同样的情况也发生于从动轮上，但恰好相反，即带的速度领先于从动轮的圆周速度。

图 9-7 带传动的弹性滑动

这种由于带两边拉力不相等致使两边弹性变形不同，从而引起带与带轮之间的滑动称为弹性滑动。弹性滑动是摩擦传动中不可避免的现象，而且随着所传递的圆周力的变化而变化。因此，从动轮的圆周速度 v_2 总是小于主动轮的圆周速度 v_1。从动轮的圆周速度的降低率可用弹性滑动系数 ε 来表示，即

$$\varepsilon = \frac{v_1 - v_2}{v_1} \times 100\% = \left(1 - \frac{d_2 n_2}{d_1 n_1}\right) \times 100\% \tag{9-9}$$

由此可得从动轮的转速为

$$n_2 = \frac{n_1 d_1 (1 - \varepsilon)}{d_2} \tag{9-10}$$

通常 V 带传动的滑动率较小，$\varepsilon=0.01\sim0.02$，在一般计算时可不予考虑。

9.3　普通 V 带和带轮的结构与材料

学习目标

1. 描述普通 V 带的结构。
2. 了解常用带轮的材料及结构。

任务分析

本部分重点介绍普通 V 带的结构及材料，通过学习要求学生掌握 V 带的组成及其结构，为后续汽车专业课程的学习奠定基础。

相关知识

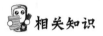
普通 V 带结构

9.3.1　普通 V 带的结构和标准

1. 普通 V 带的结构

普通 V 带结构如图 9-8 所示，由顶胶 1（拉伸层）、抗拉体 2（强力层）、底胶 3（压缩层）以及包布层 4 组成。拉伸层和压缩层均采用弹性好的胶料，分别承受传动时的拉伸和压缩；包布层采用橡胶帆布，可起到耐磨和保护的作用；V 带的拉

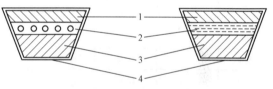
图 9-8　普通 V 带的结构

力基本由抗拉体承受，抗拉体一般有帘布结构和线绳结构两种。为了提高带的承载能力，强力层的材料已普遍采用化学纤维织物。

2. V 带的标准

普通 V 带已标准化，GB/T 11544—2012 规定，按照截面尺寸的不同，可分为 Y、Z、A、B、C、D、E 七种型号，其截面尺寸见表 9-1。

表 9-1　普通 V 带截面尺寸

带型	Y	Z	A	B	C	D	E
顶宽 b/mm	6.0	10.0	13.0	17.0	22.0	32.0	38.0
高度 h/mm	4.0	6.0	8.0	11.0	14.0	19.0	25.0
节宽 b_p/mm	5.3	8.5	11.0	14.0	19.0	27.0	32.0
中性层高 h_a/mm	0.95	2.10	2.75	4.10	4.80	6.90	8.20
楔形角 φ	40°						
q/(kg·m)	0.04	0.06	0.10	0.17	0.30	0.62	0.90

带在规定的张紧力下弯绕在带轮上时，在弯曲平面内保持原长度不变的周线称为节线，由全部节线组成的面称为节面，带的节面宽度称为节宽，用 b_p 表示。一般 V 带楔形角 $\varphi=40°$，相对高度 $h/b_p\approx0.7$。V 带安装在带轮上，和节宽相对应的带轮直径称为基准直径，用 d 表示。V 带在规定的张紧力下，带与带轮基准直径上的周线长度称为基准长度，用 L_d 表示，V 带的基准长度已标准化，如表 9-2 所示。

表 9-2　普通 V 带的基准长度及长度系数

基准长度 L_d/mm	长度系数 K_L							配合公差
	Y	Z	A	B	C	D	E	
200	0.81							
250	0.84							
280	0.87							
355	0.92							
400	0.96	0.87						
450	1.00	0.89						
500	1.02	0.91						
560		0.94						2
630		0.96	0.81					
710		0.99	0.82					
800		1.00	0.85					
900		1.03	0.87	0.81				
1 000		1.06	0.89	0.84				
1 120		1.08	0.91	0.86				
1 250		1.11	0.93	0.88				
1 400		1.14	0.96	0.90				
1 600		1.16	0.99	0.93	0.83			4
1 800		1.18	1.01	0.95	0.86			
2 000			1.03	0.98	0.88			
2 240			1.06	1.00	0.91			
2 800			1.11	1.05	0.95	0.83		8
3 150			1.13	1.07	0.97	0.86		
3 550			1.17	1.10	0.98	0.89		
4 000			1.19	1.13	1.02	0.91		
4 500				1.15	1.04	0.93	0.90	12
5 000				1.18	1.07	0.96	0.92	
5 600					1.09	0.98	0.95	
6 300					1.12	1.00	0.97	20
7 100					1.15	1.03	1.00	

基准长度	长度系数 K_L							配合公差
L_d/mm	Y	Z	A	B	C	D	E	
8 000					1.18	1.06	1.02	32
9 000					1.21	1.08	1.05	
11 200						1.14	1.10	
12 500						1.17	1.12	
1 4000						1.20	1.15	48
16 000						1.22	1.18	

9.3.2 普通 V 带轮的常用材料和结构

1. 普通 V 带轮的材料

带传动一般安装在传动系统的高速级,带轮的转速较高,故要求带轮有足够的强度。带轮常用铸铁制造,有时也采用铸钢、铝合金或非金属材料(塑料、木材等)。铸铁带轮(HT150、HT200)允许的最大圆周速度为 25 m/s;速度更高时,可采用铸钢或钢板冲压后焊接;塑料带轮的质量轻、摩擦系数大,常用于机床;铝合金材料一般应用于传递较小功率的场合。

2. V 带轮的结构和尺寸

带轮通常由轮缘、轮毂、轮辐(或辐板)三部分组成。轮缘是指带轮的外缘部分,其结构和尺寸见表 9-3;轮毂是指带轮与轴相配合的部分,通常带轮与轴用键连接,轮毂上开有键槽;轮辐(或辐板)是指轮缘与轮毂相连的部分,轮辐的结构形式随带轮的基准直径的不同而改变。常见的轮辐类型有实心式、辐板式、孔板式、椭圆轮辐式四种典型结构,如图 9-9 所示。对带轮结构形式的选择及设计可参阅有关机械设计手册。

表 9-3 普通 V 带带轮轮槽尺寸

槽形截面尺寸			型号						
			Y	Z	A	B	C	D	E
槽根高 h			4.7	7.0	8.7	10.8	14.3	19.9	23.4
槽顶高 h			1.6	2.0	2.7	3.5	4.8	8.1	9.6
槽边宽 f_{min}			6.0	7.0	9.0	11.5	16.0	23.0	28.0
槽间距 e			8.0	12.0	15.0	19.0	25.5	37.0	44.5
基准宽度 b_p			5.3	8.5	11.0	14.0	19.0	27.0	32.0
轮宽 B			$B=(z-1)e+2f$			(z 为轮槽数)			
轮缘厚度 δ			5.0	5.5	6.0	7.5	10.0	12.0	15.0
轮槽楔角	32°	基准直径	≤60	—	—	—	—	—	—
	34°		—	≤80	≤118	≤190	≤315	—	—
	36°		>60	—	—	—	—	≤475	≤600
	38°		—	>80	>118	>190	>315	>475	>600

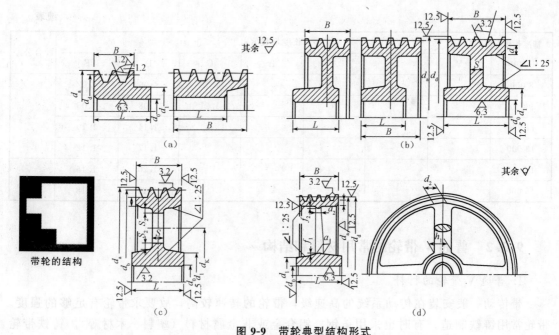

带轮的结构

图 9-9 带轮典型结构形式

(a) 实心轮；(b) 腹板轮；(c) 孔板轮；(d) 椭圆辐轮

普通 V 带两侧面间的夹角是 $40°$，带在带轮上弯曲时，由于截面形状的变化使带的楔角变小。为了使带轮槽楔角适应这种变化，使胶带紧贴轮槽两侧，国标规定普通 V 带轮槽楔角为 $32°$、$34°$、$36°$、$38°$。

9.4　普通 V 带传动的维护

学习目标

1. 了解带传动的失效形式。
2. 掌握 V 带传动的张紧、安装和维护。

任务分析

本部分主要介绍普通 V 带传动的维护，学生要重点掌握 V 带传动的张紧、安装和维护，为今后汽车总装和维护作业打好基础。

相关知识

9.4.1　带传动的失效形式

带传动的失效形式主要有两种：一种是打滑。由于有效圆周力超过带与带轮面之间的极限摩擦力，带在带轮面上发生明显的全面滑动，而使带不能正常传动；另一种是带的疲劳破坏。带在工作时的应力随着带的运转而变化，是交变应力。转速越高，带越短，单位时间内带绕过带轮的次数越多，带的应力变化就越频繁。长时期工作，当应力循环次数达到一定值时，传动带将会产生脱层、撕裂，最后导致疲劳断裂，从而使带传动失效。

9.4.2　V带传动的张紧、安装和维护

1. V 带传动的张紧

带在工作一段时间后会产生塑性变形而松弛，影响带传动的正常工作。为了保证带传动的传动能力，使带产生并保持一定的初拉力，必须对带进行定期检查与重新张紧。常见的带传动的张紧方式有以下两种方式：

（1）调整中心距

常见的通过调整中心距的张紧方法可分为定期张紧装置和自动张紧装置两大类。

摆架式定期张紧

在垂直或接近垂直的传动中，可以采用如图 9-10 所示的摆架式结构。电动机固定在摇摆架上，用旋动调节螺钉上的螺母来调节。在水平或倾斜不大的传动中，可采用如图 9-11 所示滑道式结构。电动机装在机座的滑道上，旋动调节螺钉推动电动机，调节中心距以控制初拉力，然后固定。自动张紧装置将装有带轮的电动机安装在摆动架上，利用电动机的自重张紧传动带，通过外载荷大小的变化而自动调节张紧力，如图 9-12 所示。

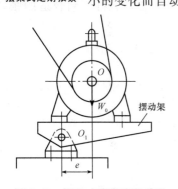

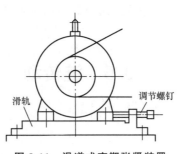

图 9-10　摆架式定期张紧装置　　图 9-11　滑道式定期张紧装置　　图 9-12　自动张紧装置

（2）采用张紧轮

采用张紧轮进行张紧，一般用于中心距不可调的情况。通常将张紧轮置于带的松边内侧且尽量靠近大带轮处，如图 9-13 所示。

滑道式定期张紧

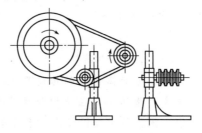

图 9-13　张紧轮张紧

自动张紧

2. V带传动的安装和维护

为了延长带的使用寿命，保证传动的正常运行，必须重视正确的使用和维护保养。

1）安装时，两带轮轴线应平行，两轮相对应轮槽的中心线应重合，否则会加速带的磨损，降低带的寿命。带传动的正确安装如图 9-14 所示。

2）安装 V 带时应按规定的初拉力张紧，也可凭经验，对于中等中心距的带传动，以按下 15 mm 为宜，如图 9-15 所示。

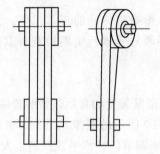

图 9-14　带传动的正确安装形式

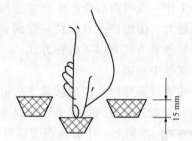

图 9-15　带的张紧程度

3）选用 V 带时要注意型号和长度，型号要和带轮轮槽尺寸相符合。新旧不同的 V 带不能同时使用。

4）装拆时不能硬撬，应先缩短中心距，然后再装拆胶带。装好后再调到合适的张紧程度。

5）带传动不需要润滑，使用中注意防止润滑油流入带与带轮的工作表面。

9.5　链传动

学习目标

1. 描述链传动的组成、类型、特点及应用。
2. 了解滚子链的结构。
3. 计算链传动的传动比。
4. 了解链传动的失效形式。
5. 掌握链传动的润滑、张紧及布置。

任务分析

链传动同带传动一样适用于远距离传动的传动形式，在汽车上用于曲轴和凸轮轴之间的传动。链传动的传动效率高于带传动，在维护和保养上与带传动有很大的不同，因此学生要重点掌握链传动的润滑、张紧维护知识，为今后汽车维护作业打好基础。

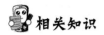 相关知识

9.5.1 链传动概述

1. 链传动的组成和类型

如图 9-16 所示，链传动由轴线平行的主动链轮 1、从动链轮 2、链条 3 以及机架组成，靠链节和链轮齿的啮合来传递运动和动力。

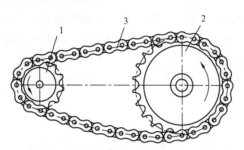

图 9-16　链传动的组成

按照用途的不同，链传动可分为传动链、起重链和牵引链。传动链主要用于一般机械传动；起重链和牵引链用于起重机械和运输机械。在传动链中，又分为短节距精密滚子链（简称滚子链）、短节距精密套筒链（简称套筒链）、齿形链和成形链四类，如图 9-17 所示。

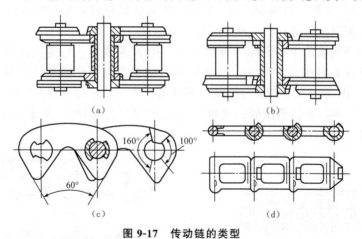

图 9-17　传动链的类型

(a) 滚子链；(b) 套筒链；(c) 齿形链；(d) 成形链

本节主要介绍滚子链的有关内容。套筒链的结构比滚子链简单，也已标准化，但因套筒较易磨损，一般只用于 $v<2$ m/s 的低速传动；齿形链传动平稳，振动与噪声较小，亦称为无声链，但因其结构比滚子链复杂，制造较难且成本高，一般多用于高速或运动精度要求较高的传动装置中；成形链结构简单、装拆方便，通常用于 $v<3$ m/s 的一般传动及农业机械中。

2. 链传动的特点和应用

链传动为具有中间挠性件的啮合传动，与带传动相比较，其主要特点是：

1）链传动无弹性滑动和打滑现象，能获得准确的平均传动比，但瞬时传动比不恒定。在工况相同时，链传动结构更为紧凑，传动效率较高。

2）链传动所需张紧力小，故链条对轴的压力较小。

3）链传动可在高温、油污、潮湿、泥沙等环境恶劣情况下工作。

4）链传动平稳性差，有噪音，磨损后易发生跳齿和脱链，急速反向转动的性能差。

链传动主要用于平均传动比要求准确，且两轴相距较远，工作条件恶劣，不宜采用带传动和齿轮传动的场合。目前，链传动所能传递的功率可达 3 600 kW，通常传递功率 $P \leqslant$ 100 kW；链速 v 可达 30～40 m/s，常用 $v \leqslant 15$ m/s；传动比 i 最大可达 15，一般取传动比 $i \leqslant 8$；效率 η 为 0.95～0.98。

9.5.2 滚子链

1. 滚子链的结构

滚子链结构如图 9-18 所示，由内链板 1、外链板 2、套筒 3、销轴 4 和滚子 5 组成。内链节由内链板与套筒组成，内链板与套筒之间为过盈配合连接；套筒与滚子之间为间隙配合，滚子可绕套筒自由转动。外链节由外链板和销轴组成，外链板和销轴之间也是过盈配合连接。内、外链板之间用销轴和套筒以间隙配合相连接，构成活动铰链。当链条啮入和啮出时，内外链节相对转动，滚子沿链轮轮齿滚动，减少轮齿与链条的磨损。内、外链板一般都制作成"8"字形，以减轻重量并保持链板各横截面的强度大致相等。链条的各零件由碳素钢或合金钢制成，并经热处理，以提高其耐磨性和强度。

链条上相邻两销轴的中心距称为链的节距，用 p 来表示，它是链传动最重要的参数。节距越大，链条各零件的尺寸越大，所能传递的功率也越大。滚子链可制成单排和多排，排距用 p_t 表示，图 9-19 所示双排链结构。多排链一般应用于传递较大功率，但由于受到制造和装配精度的影响，各排所受到的载荷大小往往不均匀。因此，多排链的排数不宜过多，一般不超过四排。

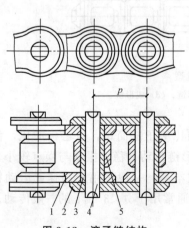

图 9-18 滚子链结构

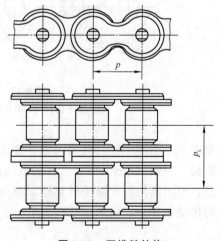

图 9-19 双排链结构

链条长度用链节数来表示。链节数最好取为偶数，以便链条连成环形时，链条一端的外链板刚好与另一端的内链板相接，接头处可用开口销［如图 9-20（a）所示］和弹簧夹［如图 9-20（b）所示］将销轴进行轴向固定并锁紧；当链节数为奇数时，则需采用过渡链节［如图 9-20（c）所示］。在链条受拉时，过渡链节还要承受附加的弯曲载荷，因此在设计时应尽量避免采用奇数链节数。

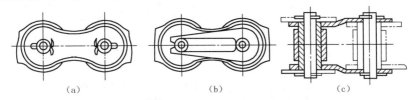

（a）   （b）   （c）

图 9-20 链节的接头形式

滚子链已标准化，标准为 GB/T 1243—2006，分为 A、B 两个系列，A 系列一般供设计使用，B 系列主要供维修使用。常用的 A 系列滚子链的主要参数和尺寸见表 9-4。表中的链号乘以 25.4/16 mm 即为节距 p 值。从表中可以看出，链号越大，链的尺寸就越大，承载能力越强。

表 9-4 A 系列滚子链主要参数和尺寸

链号	节距 p/mm	排距 p_t/mm	滚子外径 d_1/mm	内链节内宽 b_1/mm	销轴直径 d_2/mm	内链节 h_2/mm	极限拉伸载荷 Q/N	
							单排	双排
08A	12.70	14.38	7.9 2	7.85	3.98	12.07	13 900	27 800
10A	15.875	18.11	10.16	9.40	5.09	15.09	21 800	43 600
12A	19.05	22.78	11.91	12.57	5.96	18.10	31 300	62 600
16A	25.40	29.29	15.88	15.75	7.94	24.13	55 600	111 200
20A	31.75	35.76	19.05	18.90	9.54	30.17	87 000	174 000
24A	38.10	45.44	22.23	25.22	11.11	36.20	125 000	250 000
28A	44.45	48.87	25.40	25.22	12.71	42.23	17 0000	340 000
32A	50.80	58.55	28.58	31.55	14.29	48.26	22 3000	446 000
36A	57.15	65.84	35.71	35.48	17.46	54.30	281 000	562 000
40A	63.50	71.55	39.68	37.85	19.85	60.33	347 000	694 000
48A	76.20	87.83	47.63	47.35	23.81	72.39	500 000	1 000 000

常见的滚子链的标记规定为：链号－排数×链节数 标准国标代号。如 A 系列滚子链，节距 p＝19.05 mm，双排，链节数 68，其标记方法为：12A—2×68 GB/T 1243—2006。

2. 滚子链链轮

滚子链链轮是链传动的主要零件。链轮的齿形应易于加工，受力均匀，不易脱链，保证链条平稳、顺利地进入和退出啮合。

GB 1243—2006 规定了链轮的基本结构参数。链轮齿槽形状，如图 9-21 所示。

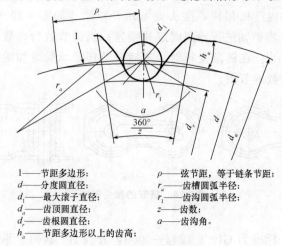

1——节距多边形； ρ——弦节距，等于链条节距；
d——分度圆直径； r_a——齿槽圆弧半径；
d_1——最大滚子直径； r_1——齿沟圆弧半径；
d_a——齿顶圆直径； z——齿数；
d_f——齿根圆直径； a——齿沟角。
h_a——节距多边形以上的齿高；

图 9-21　齿槽形状

链轮的主要尺寸计算公式为（d_1 为滚子直径，其值见表 9-4）。

分度圆直径
$$d = \frac{p}{\sin\left(\dfrac{180°}{z}\right)} \tag{9-11}$$

齿顶圆直径
$$d_a = p\left(0.54 + \cot\frac{180°}{z}\right) \tag{9-12}$$

齿根圆直径
$$d_f = d - d_1 \tag{9-13}$$

链轮端面齿形的其他尺寸和轴面齿形的结构尺寸的计算公式可查阅机械设计手册。

链轮的结构如图 9-22 所示。直径较小的链轮可制成实心式［图 9-22（a）］；中等直径的链轮可制成孔板式，如［图 9-22（b）］；直径较大的链轮可制成组合式结构，通过焊接、铆接或螺栓连接等方式装配在一起［图 9-22（c）、（d）］。

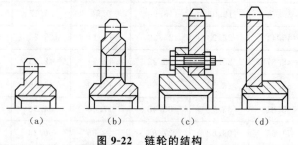

图 9-22　链轮的结构

链轮轮齿应有足够的接触强度和耐磨性，故齿面多经热处理，小链轮的啮合次数必大于大链轮的啮合次数，所受冲击力也大，因此所用材料一般优于大链轮，齿面硬度应较高。链轮常用的材料有碳素钢（如 Q235、Q275、45 钢等）、灰铸铁（HT200）和铸钢（ZG310—570）等。

9.5.3 平均链速和平均传动比

链条是由刚性链节通过销轴铰接而成。当链条与链轮啮合时，在啮合区的部分链将折成正多边形，此正多边形的边长相当于链节距 p（mm）。设 z_1、z_2 为主、从两链轮的齿数，n_1、n_2 为主、从两链轮的转速，链轮每转一周，链条所转过的链长为 zp，则链条速度（简称链速）为

$$v = \frac{z_1 p n_1}{60 \times 1\,000} = \frac{z_2 p n_2}{60 \times 1\,000} \tag{9-14}$$

链传动的平均传动比为

$$i = \frac{n_1}{n_2} = \frac{z_2}{z_1} \tag{9-15}$$

以上两个公式求得的链速和传动比都是平均值。实际上，由于链传动的多边形效应，即使主动链轮的角速度 ω_1 为常数，链条的瞬时速度和瞬时传动比也是变化的。

9.5.4 链传动的主要失效形式

链传动的主要失效形式有以下几种：

1）链板疲劳破坏。在传动中，由于松边和紧边的拉力不同，使得滚子链受到变应力作用。当经过一定的循环次数，链板会发生疲劳破坏。在正常润滑条件下，疲劳强度是限定链传动承载能力的主要因素。疲劳破坏是闭式链传动的主要失效形式。

2）链条铰链胶合。由于销轴与套筒在链条的内部，润滑条件最差。当润滑不当、链速过高或载荷较大时，销轴和套筒的工作表面会发生胶合。胶合限定了链传动的极限转速。

3）链条铰链磨损。链传动时，相邻链节间要发生相对转动，同时链条的销轴和套筒之间又要承受较大比压，使得链条磨损。铰链磨损后链节变长，容易引起跳齿或脱链。开式传动、环境条件恶劣或润滑密封不良时，极易引起铰链磨损，从而急剧降低链条的使用寿命。

4）链条过载拉断。在低速（$v < 0.6$ m/s）重载或严重过载的传动中，由于载荷超过链条的静力强度，使得链条被拉断。

5）套筒、滚子冲击疲劳破坏。链传动的啮合冲击首先由滚子套筒承受。在经历一定次数的冲击后，套筒、滚子会发生冲击疲劳破坏。这种失效形式多发生于中、高速闭式链传动中。

9.5.5 链传动的润滑和布置

1. 链传动的润滑

链传动的润滑能够减少磨损、缓和冲击、延长链条的使用寿命。常见润滑方式和原理见表 9-5。

表 9-5　链传动常见的润滑方式

润滑方式	人工润滑	滴油润滑	油浴润滑	飞溅润滑	压力润滑
润滑图示					
润滑原理	用刷子或油壶定期在链条松边内、外链板间隙中注油	用油杯通过油管向松边内外链板间隙处滴油	使链条从油槽中通过，浸油深度为 6～12 mm	甩油盘圆周速度大于 3 m/s 时，进行飞溅润滑	用喷油嘴向链条啮合入口处喷油，起冷却和润滑的作用

2. 链传动的布置

链传动布置时，链轮两轴线应平行，两链轮应位于同一平面内，一般易采用水平或接近水平的布置，中心连线与水平线的夹角一般小于 45°，并使松边在下方。

3. 链传动的张紧

链条在使用过程中会因磨损而逐渐伸长，为防止松边垂度过大而引起啮合不良、松边颤动和跳齿等现象，应使链张紧。常见张紧方法有调整中心距和采用张紧装置，张紧轮可用链轮也可用滚轮，一般设在松边外侧，如图 9-23 所示，利用弹簧自动张紧 [图 9-23（a）]；利用所挂重物自动张紧 [图 9-23（b）]；对于大中心距的链传动可采用压板张紧，如图 9-23（c）所示。

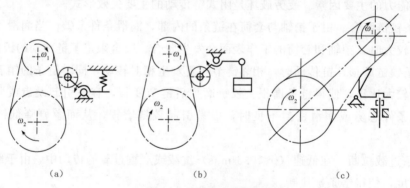

（a）　　　　　　　　　　（b）　　　　　　　　　（c）

图 9-23　链传动的张紧

思考与练习

9-1　带传动的常见类型有哪些？与平带相比较，V 带传动有哪些优点？

9-2　影响带传动的因素有哪些？

9-3　带传动的失效形式主要有哪些？

9-4　带传动与链传动张紧的目的是否相同？常用的张紧方法都有哪些？

9-5　与带传动相比较，链传动有哪些特点？

9-6　链传动的失效形式主要有哪些？

项目十　齿轮传动

1. 齿轮传动的特点、类型。
2. 渐开线标准直齿圆柱齿轮的主要参数和几何尺寸。
3. 斜齿轮的啮合特点、主要参数及尺寸计算。
4. 斜齿轮的啮合条件。
5. 圆锥齿轮传动的特点及应用。
6. 齿轮传动的几种失效形式。
7. 齿轮的常用材料。
8. 齿轮的润滑方式。

10.1　齿轮传动的特点和类型

学习目标

1. 叙述齿轮传动的特点。
2. 掌握齿轮传动的类型。

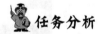
任务分析

　　齿轮传动时现代机械中应用最广的传动机构之一，在汽车的变速器、主减速器和差速器中都采用齿轮传动的形式。本部分主要介绍齿轮传动的特点和类型，学生要重点掌握齿轮传动的不同类型、特点，为今后汽车构造的学习奠定基础。

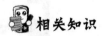
相关知识

10.1.1　齿轮传动的特点

　　齿轮传动是一种应用十分广泛的机械传动。与其他传动形式比较，齿轮传动能实现任意位置的两轴传动，具有结构紧凑、工作可靠、寿命长、传动比恒定、效率高（0.92～0.99）、速度（可达 300 m/s）和功率（10 万 kW 以上）的适用范围广等优点。主要缺点是制造和安装精度要求较高，制造工艺复杂，成本较高。

10.1.2 齿轮传动的类型

根据两齿轮轴线的相对位置及齿向的不同，齿轮传动的类型可分类如下：

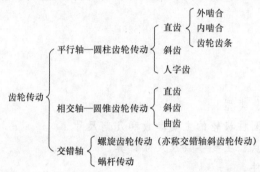

齿轮传动类型如图 10-1 所示。

外啮合直齿
圆柱齿轮传动

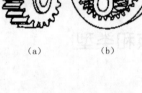
(a)　　　　　　(b)

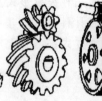
(c)

(d)　　　　　(e)

外啮合斜齿
圆柱齿轮传动

内啮合直齿
圆柱齿轮传动

  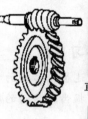
(f)　　　　(g)　　　　(h)　　　　(i)　　　　(j)

直齿圆锥齿轮传动

图 10-1　齿轮传动类型

(a) 外啮合直齿圆柱齿轮传动；(b) 内啮合直齿圆柱齿轮传动；(c) 齿轮齿条传动；
(d) 斜齿圆柱齿轮传动；(e) 人字齿轮传动；(f) 直齿圆锥齿轮传动；
(g) 斜齿圆锥齿轮传动；(h) 曲齿圆锥齿轮传动；(i) 螺旋齿轮传动；(j) 蜗杆传动

曲齿圆锥齿轮传动

齿轮齿条传动

10.2　渐开线标准直齿圆柱齿轮

蜗杆传动

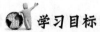
学习目标

1. 描述齿轮各部分名称。
2. 掌握渐开线标准直齿圆柱齿轮的主要参数和几何尺寸。
3. 了解齿轮传动的啮合条件。
4. 计算齿轮传动的中心距。

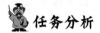
任务分析

本部分主要介绍标准直齿圆柱齿轮的基本参数及尺寸、齿轮传动啮合条件及中心距的计算，通过学习，要求学生重点掌握直齿圆柱齿轮的基本参数，能够计算中心距。

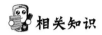
相关知识

10.2.1　齿轮各部分名称

如图 10-2 所示为渐开线直齿圆柱齿轮。轮齿顶部所在的圆称为齿顶圆，其半径用 r_a 表示，相邻两齿间的空间称为齿槽。齿槽底部所在的圆称为齿根圆，半径用 r_f 表示。图中标出了齿轮各部分的名称及其常用代号。若在齿顶圆和齿根圆之间任取一圆，设其直径为 d_K，则在该圆上，显然有齿距 $p_K = s_K + e_K$。

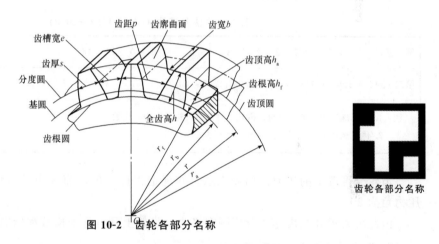

图 10-2　齿轮各部分名称

设 z 为齿数，则由图 10-2 可见，直径为 d_K 的圆的周长为 $z p_K$，同时又等于 πd_K，故

$$d_K = \frac{p_K}{\pi} z$$

由上式可知，不同圆上的比值 p_K/π 是不同的，而且其中还含有无理数 π；又由渐开线特性可知，不同直径圆周上，齿廓的压力角也不同。为了便于设计、制造和互换，取一个圆作为测量和计算的基准，这个圆称为分度圆，其直径用 d 表示。为了便于表达，分度圆上的齿厚、齿槽宽、齿距、压力角等分别用 s、e、p、α 表示。

10.2.2　主要参数和几何尺寸

1. 模数 m 和压力角 α

齿轮分度圆上的比值 p/π 规定为标准值（整数或有理数），称为模数，用 m 表示，单位为 mm。即

$$m = \frac{p}{\pi} \tag{10-1}$$

模数 m 是齿轮的一个重要参数。模数 m 越大，则轮齿的尺寸越大，轮齿所能承受的载荷也越大（图 10-3）。

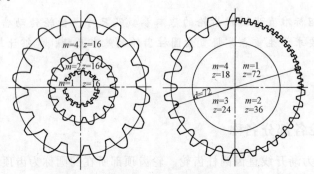

图 10-3　模数大小对轮齿尺寸的影响

齿轮的法向模数已经标准化，其值见表 10-1。

表 10-1　法向模数（GB/T 1357—2008）　　　　　　　　　　　　　　　　mm

第一系列	1　1.25　1.5　2　2.5　3　4　5　6　8　10　12　16　20　25　32　40　50
第二系列	1.125　1.375　1.175　2.25　2.75　3.5　4.5　5.5　(6.5)　7　9　11　14　18　22　28　35　45

注：1. 本标准适用于渐开线圆柱齿轮，对于斜齿轮是指法向模数。
　　2. 优先选用第一系列，括号内的数值尽可能不用。

齿轮分度圆上的压力角用 α 表示，并规定为标准值，简称为压力角。我国规定的标准压力角为 $20°$。

由此可将渐开线齿轮的分度圆定义为：齿轮上具有标准模数和标准压力角的圆。

2. 齿顶高系数 h_a^* 和顶隙系数 c^*

齿顶圆与齿根圆之间的径向距离称为全齿高，用 h 表示。

$$h = h_a + h_f \tag{10-2}$$

标准齿顶高 h_a 和齿根高 h_f 为

$$\left.\begin{array}{l} h_a = h_a^* m \\ h_f = (h_a^* + c^*)m \end{array}\right\} \tag{10-3}$$

式中，h_a^* 称为齿顶高系数，c^* 称为顶隙系数，我国规定 h_a^* 和 c^* 的标准值为

正常齿制　　　　　　　$h_a^* = 1$，　　　$c^* = 0.25$

短齿制　　　　　　　　$h_a^* = 0.8$，$c^* = 0.3$

顶隙 $c = c^* m$，是当一对齿轮啮合时，一齿轮齿顶与另一齿轮齿根之间的径向距离。顶隙不仅可避免传动过程中齿轮相互顶撞，并可储存润滑油，有利于齿轮传动。

3. 几何尺寸计算

当齿轮的模数 m、压力角 α、齿顶高系数 h_a^*、顶隙系数 c^* 均为标准值，且分度圆上齿厚 s 等于齿槽宽 e 时，称为标准齿轮。齿数 z、模数 m、压力角 α、齿顶高系数 h_a^* 和顶隙

系数 c^* 为渐开线直齿圆柱齿轮的五个基本参数。

标准直齿圆柱齿轮几何尺寸的计算公式见表 10-2。

表 10-2　标准直齿圆柱齿轮传动的几何尺寸

名　称	符　号	公　式
模　数	m	根据齿轮轮齿的强度计算后取标准值确定
压力角	d	选用标准值
分度圆直径	d	$d = zm$
齿顶高	h_a	$h_a = h_a^* m$
齿根高	h_f	$h_f = (h_a^* + c^*) m$
齿高	d_a	$h = h_a + h_f$
齿顶圆直径	d_a	$d_a = d + 2h_a = (z + 2h_a^*) m$
齿根圆直径	d_f	$d_f = d - 2h_f = (z - 2h_a^* - 2c^*) m$
基圆直径	d_b	$d_b = d \cos\alpha$
齿距	p	$p = \pi m$
齿厚	s	$s = \dfrac{\pi m}{2}$
齿槽宽	e	$e = \dfrac{\pi m}{2}$
基圆齿距 与法向齿距	p_b、p_n	$p_b = p_n = p \cos\alpha$
顶隙	c	$c = c^* m$
标准中心距	a	$a = \dfrac{1}{2}(d_1 + d_2) = \dfrac{m}{2}(z_1 + z_2)$

10.2.3　正确啮合条件

如图 10-4 所示为一对渐开线齿轮的啮合情况。由于两齿轮齿廓的啮合点是沿啮合线 $\overline{N_1 N_2}$ 移动的，故只有当两齿轮在啮合线上的齿距（称法向齿距）相等时，才能保证两齿轮的正确啮合。又由渐开线特性可知，齿轮的法向齿距等于齿轮基圆齿距，即

$$p_{b1} = p_{b2}$$

又因

$$p_b = \frac{\pi d_b}{z} = \frac{\pi d \cos\alpha}{z} = \pi m \cos\alpha$$

所以　　$p_b = p_1 \cos\alpha_1 = \pi m_1 \cos\alpha_1$；　$p_{b2} = p_2 \cos\alpha_2$ $= \pi m_2 \cos\alpha_2$

于是有　　　　　　$m_1 \cos\alpha_1 = m_2 \cos\alpha_2$

由于齿轮的模数和压力角都已标准化，所以要满足上式，则应使

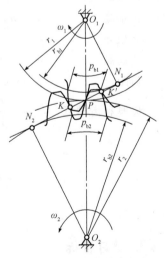

图 10-4　渐开线齿轮啮合传动

$$\left.\begin{array}{c} m_1 = m_2 = m \\ \alpha_1 = \alpha_2 = \alpha \end{array}\right\} \tag{10-4}$$

即一对渐开线直齿圆柱齿轮正确啮合的条件是：两轮的模数和压力角必须分别相等。

这样，一对齿轮的传动比公式可写为：

$$i_{12} = \frac{\omega_1}{\omega_2} = \frac{d'_2}{d'_1} = \frac{d_{b2}}{d_{b1}} = \frac{d_2}{d_1} = \frac{z_2}{z_1} \tag{10-5}$$

10.2.4　标准中心距

一对啮合传动的齿轮，为了避免反向空程，减少撞击和噪声，两轮的齿侧间隙应为零。标准齿轮正确安装，实现无侧隙啮合的条件是：$s_1 = e_2 = \pi m/2 = s_2 = e_1$，两轮的分度圆和节圆重合，此时的中心距称为标准中心距，用 a 表示：

$$a = r'_1 + r'_2 = r_1 + r_2 = \frac{m}{2}(z_1 + z_2) \tag{10-6}$$

例 10-1　某传动装置中有一对标准直齿圆柱齿轮（正常齿）。大齿轮已损坏，已知小齿轮的齿数 $z_1 = 24$，齿顶圆直径 $d_{a1} = 78$ mm，两齿轮传动的标准中心距 $a = 135$ mm。试计算这对齿轮的传动比和大齿轮的主要几何尺寸。

解　模数　　　　$m = \dfrac{d_{a1}}{z_1 + 2h_a^*} = \dfrac{78}{24 + 2 \times 1} = 3$（mm）

大齿轮齿数　　$z_2 = \dfrac{2a}{m} - z_1 = \dfrac{2 \times 135}{3} - 24 = 66$

传动比　　　　$i = \dfrac{z_2}{z_1} = \dfrac{66}{24} = 2.75$

分度圆直径　　$d_2 = z_2 m = 3 \times 66 = 198$（mm）

齿顶圆直径　　$d_{a2} = (z_2 + 2h_a^*)m = (66 + 2 \times 1) \times 3 = 204$（mm）

齿根圆直径　　$d_{f2} = (z_2 - 2h_a^* - 2c^*)m = (66 - 2 \times 1 - 2 \times 0.25) \times 3 = 190.5$（mm）

齿顶高　　　　$h_a = h_a^* m = 1 \times 3 = 3$（mm）

齿根高　　　　$h_f = (h_a^* + c^*)m = (1 + 0.25) \times 3 = 3.75$（mm）

全齿高　　　　$h = h_a + h_f = 3 + 3.75 = 6.75$（mm）

齿距　　　　　$p = \pi m = 3.14 \times 3 = 9.42$（mm）

齿厚和齿槽宽　$s = e = \dfrac{p}{2} = \dfrac{9.42}{2} = 4.71$（mm）

10.3　斜齿圆柱齿轮传动

学习目标

1. 描述斜齿轮的啮合特点。
2. 掌握斜齿轮的主要参数及尺寸计算。

3. 了解斜齿轮的啮合条件。

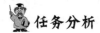

任务分析

与直齿圆柱齿轮相比斜齿轮具有一系列的优势，因此在变速器和主减速器中多采用斜齿轮。通过本部分内容学习，学生要掌握斜齿轮的啮合特点及主要参数。

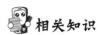

10.3.1 斜齿轮齿廓曲面的形成及其啮合特点

1. 齿廓曲面的形成

前面所述直齿圆柱齿轮的齿廓形成，是在垂直于齿轮轴线的端面内进行的。实际上，齿轮都有一定的宽度，如图 10-5 所示，直齿轮的齿廓曲面是发生面在基圆柱上作纯滚动时，发生面上与基圆柱母线 $\overline{NN}$ 平行的任一直线 $\overline{KK}$ 的轨迹，即为渐开线曲面。

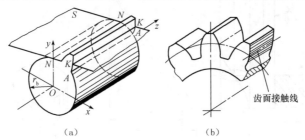

（a）　　　　　　　　　　（b）

图 10-5　直齿圆柱齿轮齿廓曲面的形成

斜齿圆柱齿轮齿廓的形成原理与直齿圆柱齿轮相似，所不同的是发生面上的直线 KK 与基圆柱母线 NN 成一夹角 β_b，如图 10-6 所示。当发生面沿基圆柱作纯滚动时，斜直线 KK 的轨迹为渐开螺旋面，即斜齿轮的齿廓曲面，它与基圆的交线 AA 是一条螺旋线，夹角 β_b 称为基圆柱上的螺旋角。齿廓曲面与齿轮端面的交线仍为渐开线。

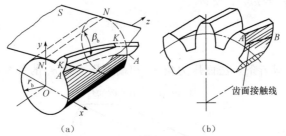

（a）　　　　　　　　　　（b）

图 10-6　斜齿圆柱齿轮齿廓曲面的形成

2. 啮合特点

由齿廓曲面的形成过程可以看出，直齿轮传动时，齿面接触线皆为等宽直线，且与齿轮轴线平行，如图 10-6（a）所示，两轮齿将沿着齿宽同时进入啮合或同时退出啮合，因而轮齿上所受载荷也是突然加上或突然卸掉，传动平稳性差，易产生冲击、振动和噪声，尤其高速传动。斜齿轮啮合时，齿面接触线是斜直线，且长度变化［图 10-6（b）］，即一对轮齿从开始啮合起，接触线由零逐渐变长，然后又由长变短，直至脱离啮合，因此轮齿上承受的载荷是逐渐变化的，所以传动平稳，冲击和噪声较小。此外，一对齿轮从进入到退出啮合，总接触线较长，重合度大，同时参与啮合的齿轮对数多，所以承载能力强。故斜齿轮适用于高速、大功率的齿轮传动。

10.3.2 斜齿轮参数与尺寸计算

1. 螺旋角

螺旋线的切线与圆柱母线所夹的锐角称为螺旋角。斜齿轮轮齿的倾斜程度通常用分度圆柱面上的螺旋角 β 表示，如图 10-7 所示，一般取 $\beta=8°\sim20°$。按其螺旋线旋向不同，斜齿轮有左旋和右旋之分（图 10-8）。

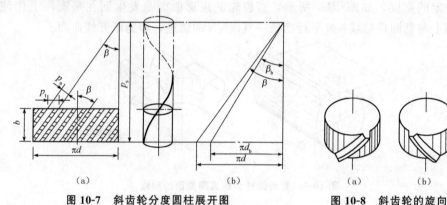

图 10-7 斜齿轮分度圆柱展开图　　图 10-8 斜齿轮的旋向

2. 模数

如图 10-7 所示为斜齿轮分度圆柱的展开图，法向齿距 p_n 与端面齿距 p_t 的关系为

$$p_n = p_t \cos\beta$$

因为 $p_n = \pi m_n$，$p_t = \pi m_t$，所以

$$m_n = m_t \cos\beta \tag{10-7}$$

3. 压力角

图 10-9 所示为一斜齿条，法面压力角 α_n 和端面压力角 α_t 的关系

$$\tan\alpha_n = \tan\alpha_t \cos\beta \tag{10-8}$$

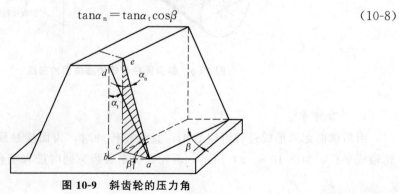

图 10-9 斜齿轮的压力角

4. 齿顶高系数和顶隙系数

斜齿轮的齿顶高和齿根高，无论从法面或端面上度量都是相同的，顶隙也是相同的，即

$$h_a = h_{an}^* m_n = h_{at}^* m_t \tag{10-9}$$

$$h_f = (h_{an}^* + c_n^*) m_n = (h_{at}^* + c_t^*) m_t \tag{10-10}$$

$$c = c_n^* m_n = c_t^* m_t \tag{10-11}$$

用刀具加工斜齿轮时，由于刀具是沿着螺旋线的方向进给的，因此，斜齿轮轮齿的法面齿形与刀具齿形相同，法面参数（m_n、α_n、h_{an}^*、c_n^*）与刀具参数相同，国标规定为同于直齿圆柱齿轮的标准值。

5. 几何尺寸计算

一对斜齿轮在端面上的啮合相当于直齿轮的啮合，故可将直齿轮几何尺寸计算公式应用于斜齿轮端面尺寸的计算，见表 10-3。

表 10-3　标准斜齿圆柱齿轮的几何尺寸

名　称	符　号	计 算 公 式 及 参 数 选 择
端面模数	m_t	$m_t = \dfrac{m_n}{\cos\beta}$，$m_n$ 为标准值
螺旋角	β	一般取 β 为 $8°\sim20°$
端面压力角	α_t	$\alpha_t = \arctan\dfrac{\tan\alpha_n}{\cos\beta}$，$\alpha_n$ 为标准值
分度圆直径	d	$d = m_t z = \dfrac{m_n z}{\cos\beta}$
基圆直径	d_b	$d_b = d\cos\alpha_t$
齿顶高	h_a	$h_a = h_{an}^* m_n$
齿根高	h_f	$h_f = (h_{an}^* + c_n^*) m_n$
齿　高	h	$h = h_a + h_f = (2h_{an}^* + c_n^*) m_n$
齿顶圆直径	d_a	$d_a = d + 2h_a$
中心矩	a	$a = \dfrac{d_1 + d_2}{2} = \dfrac{m_t}{2}(z_1 + z_2) = \dfrac{m_n(z_1 + z_2)}{2\cos\beta}$

斜齿轮传动的中心距与螺旋角 β 有关，当一对斜齿轮的模数、齿数一定时，可以通过改变螺旋角的方法来确定中心距。

例 10-2　在一对标准斜齿圆柱齿轮传动中，已知传动的中心距 $a = 150$ mm，齿数 $z_1 = 20$，$z_2 = 98$，法向模数 $m_n = 2.5$ mm。试计算这对齿轮的螺旋角 β 和大齿轮的分度圆直径 d、基圆直径 d_b、齿顶圆直径 d_a 和齿根圆直径 d_f。

解　　$\cos\beta = \dfrac{m_n(z_1 + z_2)}{2a} = \dfrac{2.5 \times (20 + 98)}{2 \times 150} \approx 0.983\,3$

$\beta \approx 10°28'31''$

$\tan\alpha_t = \dfrac{\tan\alpha_n}{\cos\beta} = \dfrac{\tan20°}{\cos10°28'31''} \approx 0.370\,2$

$\alpha_t = 20°18'53''$

$$d_2 = \frac{m_n z_2}{\cos\beta} = \frac{2.5 \times 98}{0.9833} = 249.16 \text{（mm）}$$

$$d_{b2} = d_2 \cos\alpha_t = 249.16 \times \cos 20°18'53'' = 233.66 \text{（mm）}$$

$$d_{a2} = d_2 + 2m_n = 249.16 + 2 \times 2.5 = 254.16 \text{（mm）}$$

$$d_{f2} = d_2 - 2.5m_n = 249.16 - 2.5 \times 2.5 = 242.91 \text{（mm）}$$

10.3.3　正确啮合条件与重合度

1. 正确啮合条件

一对斜齿圆柱齿轮的正确啮合，除像直齿轮一样保证两轮的模数和压力角分别相等外，还必须要求两轮的螺旋角相匹配。即

$$\left.\begin{array}{l} m_{n1} = m_{n2} = m_n \\ \alpha_{n1} = \alpha_{n2} = \alpha_n \\ \beta_1 = \pm\beta_2 \end{array}\right\} \tag{10-12}$$

2. 重合度

如图 10-10 所示，直齿轮传动的实际啮合线长度为 $\overline{B'B}$，斜齿轮传动的实际啮合线长度为 $\overline{A'A}$，比直齿轮的啮合线增长了 s，因此，斜齿轮传动的重合度为

$$\varepsilon = \overline{A'A}/p_t = \overline{B'B}/p_t + s/p_t = \varepsilon_\alpha + b\tan\beta/\pi m_t = \varepsilon_\alpha + \varepsilon_\beta \tag{10-13}$$

式中，ε_α——斜齿轮传动的端面重合度，大小与直齿轮传动的相同；

ε_β——斜齿轮传动的纵向重合度。

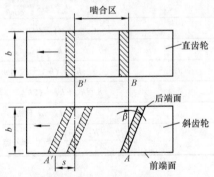

图 10-10　斜齿轮传动的重合度

斜齿轮传动的重合度随齿宽 b 和螺旋角 β 的增大而增大，故比直齿轮传动平稳，承载能力强。

10.4　直齿圆锥齿轮传动

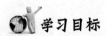学习目标

1. 描述圆锥齿轮传动的特点及应用。

2. 叙述直齿圆锥齿轮的主要参数。

3. 计算圆锥齿轮的传动比。

任务分析

本部分主要介绍圆锥齿轮特点、应用及直齿圆锥齿轮的主要参数，通过学习学生要了解圆锥齿轮在汽车中的应用。

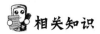相关知识

10.4.1 圆锥齿轮传动概述

圆锥齿轮用于传递两相交轴间的运动和动力，两轴交角可以是任意的，一般常用 $\sum = 90°$的传动，如图 10-11 所示。圆锥齿轮的轮齿均匀分布在一个截锥体上，从大端到小端逐渐收缩。与圆柱齿轮相对应，圆锥齿轮有分度圆锥、齿顶圆锥、齿根圆锥和基圆锥，其轮齿有直齿、斜齿和曲齿等形式。直齿圆锥齿轮的设计、制造和安装都比较简便，应用较广。曲齿圆锥齿轮传动平稳，承载能力高，常用于高速重载传动，如汽车、拖拉机的差速器中。

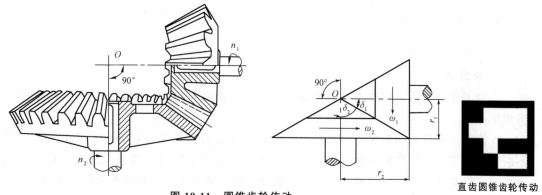

图 10-11　圆锥齿轮传动

直齿圆锥齿轮传动

10.4.2 直齿圆锥齿轮传动的主要参数

为了便于测量和计算，圆锥齿轮的参数以大端为标准，即规定大端模数为标准模数，大端压力角 $\alpha = 20°$，齿顶高系数 $h_a^* = 1$，顶隙系数 $c^* = 0.2$。

一对直齿圆锥齿轮传动，传动比为

$$i_{12} = \frac{n_1}{n_2} = \frac{z_2}{z_1} = \frac{d_2}{d_1} = \cot\delta_1 = \tan\delta_2$$

一对标准啮合的直齿圆锥齿轮传动的啮合条件是：两轮的大端模数和压力角必须分别相等。

10.5　齿轮的结构与润滑

学习目标

1. 描述齿轮传动的几种失效形式。
2. 叙述齿轮的常用材料。
3. 了解齿轮的结构。
4. 叙述齿轮的润滑方式。

任务分析

本部分主要介绍齿轮的失效形式、材料、齿轮的润滑等，通过学习学生要重点掌握轮齿的失效及齿轮的润滑，为今后汽车维修和保养作业奠定基础。

相关知识

10.5.1　失效形式

常见的轮齿失效形式有以下五种：

1. 轮齿折断

齿轮工作时，轮齿根部产生的弯曲应力最大，而且有应力集中，故轮齿折断常发生在齿根部分。

轮齿的折断有两种情况：一种是由于轮齿反复弯曲，在轮齿根部产生疲劳裂纹，裂纹不断扩展，最终发生疲劳折断（图 10-12）；另一种是由于短时过载或受到冲击载荷过大而发生的突然折断，称过载折断。在齿轮正常使用中，疲劳折断是轮齿折断的主要形式。

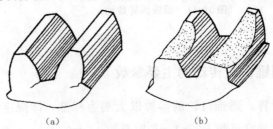

(a)　　　　　　　　(b)

图 10-12　轮齿折断

2. 齿面点蚀

齿轮传动时，轮齿啮合表面在法向力作用下，任一点所产生的接触应力由零（该点未进入啮合）增加到最大值（该点啮合时），即齿面的接触应力为脉动循环的接触应力。当这种应力超过材料的接触疲劳极限时，齿面表层就会产生细小的疲劳裂纹，裂纹随应力循环次数的增多而逐渐扩展，使表层金属微粒脱落而形成不规则的凹坑或麻点，这种现象称疲劳点蚀。

实践表明，疲劳点蚀一般出现在齿根表面靠近节线处，如图 10-13 所示。疲劳点蚀是闭式软齿面齿轮（硬度≤350HBS）传动的主要失效形式。

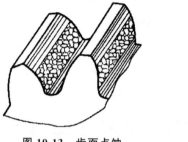

齿面点蚀

图 10-13　齿面点蚀

3. 齿面胶合

齿轮传动在低速重载时，由于齿面间压力大，不易形成油膜。在高速重载时，啮合区的温升使润滑油黏度降低，导致润滑失效，从而使两齿面金属直接接触，因瞬间高温而发生相互粘着现象，当两齿面继续滑动时，较软齿面的材料沿滑动方向被撕下形成沟痕，如图 10-14 所示，这种现象称为胶合。

提高齿面的抗胶合能力，可适当提高齿面硬度和降低表面粗糙度数值，对于低速传动应选用黏度较大的润滑油，对于高速传动采用抗胶合能力强的活性润滑油。

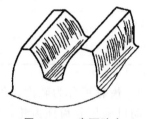

齿面胶合

图 10-14　齿面胶合

4. 齿面磨损

齿面磨损通常有两种情况：一种是由于灰尘、铁屑等进入啮合齿面引起的磨粒磨损；另一种是由于两齿面在相对滑动中互相摩擦引起的跑合磨损。开式传动中，磨粒磨损是主要失效形式。磨损不仅使轮齿失去正确的齿形，还会使齿根变薄，严重时会发生轮齿折断。

5. 齿面塑性变形

在重载下，齿面硬度较低的齿轮在很大的摩擦力作用下，会产生齿面材料的塑性流动，这种现象称为塑性变形。在严重过载和起动频繁的软齿面齿轮传动中，容易产生塑性变形。

10.5.2　齿轮的常用材料

齿轮常用材料有优质碳素钢、合金结构钢、铸钢、铸铁和非金属等，它们的牌号及力学性能见表 10-4。

表 10-4 齿轮常用材料及其力学性能

材料	牌号	热处理	力学性能			应用范围
			硬度 HBS	强度极限 σ_b/ MPa	屈服极限 σ_s/ MPa	
优质碳素钢	45	正火调质	170～210 220～250	580 650	290 360	一般传动
		表面淬火	48～55HRS	750	450	高速中载或低速重载，冲击很小
	50	正火	180～220	620	320	低速轻载
合金钢	40Cr 42SiMn	调质	250～280	750	550	高速中载无剧烈冲击
		表面淬火	50～55HRS	1000	850	
	20Cr	渗碳淬火	56～62HRS	800	650	高速中载承受冲击
	20CrMnTi	渗碳淬火		1100	850	
铸钢	ZG310－570	正火	160～210	570	320	中速中载大直径
	ZG340－640		170～230	650	350	
灰铸铁	HT200		170～230	200		低速轻载冲击很小
	HT300		190～250	300		
球墨铸铁	QT600－3	正火	220～270	600	420	低中速轻载小冲击
	QT500－5		147～240	500		

根据热处理后齿面硬度的不同，齿轮可分为软齿面齿轮（≤350HBS）和硬齿面齿轮（＞350HBS）。一般要求的齿轮传动可采用软齿面齿轮，由于小齿轮齿根较薄，受载齿数多，为使大小齿轮寿命接近，常使小齿轮的齿面硬度比大齿轮齿面硬度高出 30～50HBS。对于高速、重载或重要的齿轮传动，可采用硬齿面齿轮组合，齿面硬度可大致相同。

10.5.3 齿轮的结构

齿轮的结构设计，一般是在主要参数和几何尺寸确定之后进行，其结构形式与齿轮直径大小、材料、加工方法和生产批量等因素有关。设计时常按齿轮的直径大小选择合适的结构形式，再根据经验公式完成结构设计。

1. 齿轮轴

对于直径较小的钢制齿轮，当齿轮的顶圆直径 d_a 小于轴孔直径 d 的 2 倍，或圆柱齿轮齿根圆至键槽底部的距离 $\delta \leq 2.5m$（斜齿轮为 m_n）、圆锥齿轮的小端齿根圆至键槽底部的距离 $\delta \leq 1.6m$（m 为大端模数）时，应将齿轮与轴制成一体，称为齿轮轴，如图 10-15 所示。

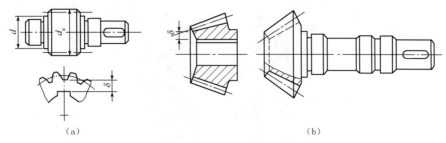

图 10-15　齿轮轴

2. 实心式齿轮

齿顶圆直径 $d_a \leqslant 200$ mm 的钢制齿轮，可采用实心式结构，常用锻造毛坯，如图 10-16 所示。

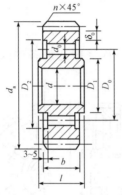

图 10-16　实心式齿轮

$D_1 = 1.6d$；$(1.2 \sim 1.5)\, d \geqslant l \geqslant b$；$\delta_0 = 2.5m$，但不小于 8 mm；

$D_0 = 0.5\,(D_2 + D_1)$；$d_0 = 10 \sim 20$ mm，当 $d < 10$ 时，可不必做孔；$n = 0.5m$

3. 腹板式齿轮

当齿顶圆直径 $d_a \leqslant 500$ mm 时，为了减轻重量和节约材料，常制成腹板式结构。齿轮锻造结构如图 10-17 所示，铸造结构如图 10-18 所示。

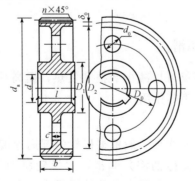

图 10-17　腹板式锻造齿轮

$D_1 = 1.6d$；$\delta_0 = (2.5 \sim 4)\, m$，但不小于 8 mm；$D_0 = 0.5\,(D_2 + D_1)$；

$d_0 = 0.25\,(D_2 - D_1)$；$c = (0.2 \sim 0.3)\, b$，不小于 10 mm；$(1.2 \sim 1.5)\, d \geqslant l \geqslant b$

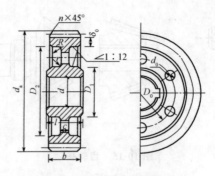

图 10-18 腹板式铸造齿轮

$D_1 = 1.6d$（铸钢）；$r \approx 0.5c$；$D_1 = 1.8d$（铸铁）；$n = 0.5m$；

$\delta_0 = (2.5 \sim 4)\ m$，但不小于 8mm；$D_0 = 0.5(D_2 + D_1)$；

$d_0 = (0, 25 \sim 0.35)(D_2 - D_1)$；$c = 0.2b$，但不小于 10 mm；$1.5d \geqslant l \geqslant b$

4. 轮辐式齿轮

当齿顶圆直径 $d_a > 500$ mm 时，因受锻造设备的限制，往往采用铸造的轮辐式结构，如图 10-19 所示。

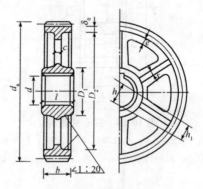

图 10-19 轮辐式齿轮

$D_1 = 1.6d$（铸钢）；$D_1 = 1.8d$（铸铁）；$h = 0.8d$；$h_1 = 0.8h$；

$c = h/5$；$s = h/6$，但不能小于 10 mm；$\delta_0 = (2.5 \sim 4)\ m$，但不小于 8 mm；

$e = 0.8\delta_0$；$(1.2 \sim 1.5)\ d \geqslant l \geqslant b$

10.5.4 齿轮传动的润滑

齿轮传动时良好的润滑不仅可以减少磨损和发热，提高承载能力，延长使用寿命，还可以起到散热、防锈和降低噪声等作用。

1. 常用润滑方式

对于闭式齿轮传动的润滑方式，一般根据齿轮的圆周速度来确定。当齿轮的圆周速度 $v \leqslant 12$ m/s 时，可采用浸油（又称油浴）润滑，大齿轮浸油深度约一个齿高，但不小于 10 mm，浸油过深会增大齿轮的运动阻力并使油温升高。多级齿轮传动时，若高速级大齿轮无法达到要求的浸油深度时，可采用带油轮将油带到未浸入油池内的轮齿齿面上［图 10-20（b）］。当齿轮圆周速度 $v > 12$ m/s 时，为避免搅油损失过大，常采用喷油润滑，用油泵将油喷到齿轮的啮合部位进行润滑。

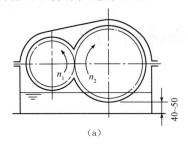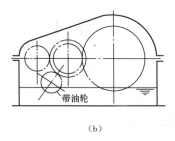

（a）   （b）

图 10-20　浸油润滑

对于开式齿轮传动的润滑，由于工作条件差，通常采用人工定期加注润滑油，低速时可用脂润滑。

2．润滑剂的选择

齿轮传动的润滑剂有润滑油和润滑脂两类。润滑油的选择，黏度是润滑油的主要性能指标，根据齿轮的材料和圆周速度由表 10-5 查得润滑油的运动黏度，再由黏度值确定润滑油的牌号（参看有关机械设计手册）。

表 10-5　闭式圆柱齿轮和锥齿轮减速器用齿轮油的黏度

运动黏度 (50℃) / (mm² · s⁻¹)　　齿轮的材料 ＼ 齿轮圆周速度/ (m · s⁻¹)	<0.5	0.5~1	1~2.5	2.5~6	6~12.5
生铁或青铜	182	109	83.5	60.8	45.2
钢（软齿面）	273	182	109	83.5	45.2
钢（其中之一为软齿面）	273	273	182	109	83.5
钢（硬度高于 350HBS）	459	273	273	182	109
渗碳钢和表面淬火钢	459	273	273	182	109

思考与练习

10-1　试比较两个模数不同的轮齿尺寸，说明模数大小的意义。

10-2　渐开线标准直齿圆柱齿轮的基本参数有哪些？

10-3　如果一对渐开线直齿圆柱齿轮能进行啮合传动，则必须满足什么条件？

10-4　满足正确啮合条件的一对直齿圆柱齿轮，一定能保证连续传动吗？

10-5　轮齿的失效形式有哪些？

项目十一　蜗杆传动

11.1　蜗杆传动的类型和特点

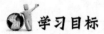

学习目标

1. 描述蜗杆传动的类型。
2. 叙述蜗杆传动的特点。

任务分析

蜗轮蜗杆传动也是一种主要的传动形式，在机械领域中应用广泛。本部分主要介绍蜗杆传动的类型和特点，通过学习学生要重点掌握蜗杆传动的特点。

蜗杆传动

相关知识

蜗杆传动由蜗杆和蜗轮组成（图 11-1），用于传递空间两交错轴间的运动和动力，通常两轴交错角 $\sum = 90°$。一般情况以蜗杆为主动件，作减速传动。

11.1.1　蜗杆传动的类型

根据蜗杆形状可分为圆柱蜗杆传动 ［图 11-2（a）］、环面蜗杆传动 ［图 11-2（b）］ 和锥面蜗杆传动 ［图 11-2（c）］ 三种类型。圆柱蜗杆加工方便，圆环面蜗杆承载能力强，环面蜗杆和锥面蜗杆的制造困难，安装精度要求高。圆柱蜗杆又分为阿基米德蜗杆和渐开线蜗杆。本章仅讨论应用最广的阿基米德蜗杆传动。

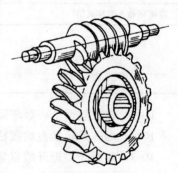

图 11-1　蜗杆传动

蜗杆形如螺杆，有单头和多头之分，也有左旋和右旋之分，一般常用右旋蜗杆。

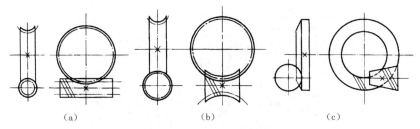

|(a)|(b)|(c)|

图 11-2　蜗杆传动的类型

11.1.2　蜗杆传动的特点

1）传动比大。在一般动力传动中，传动比为 5~80，分度机构中可达 1 000 以上，因而结构紧凑。

2）传动平稳。蜗杆齿是连续的螺旋齿，与蜗轮的啮合是连续的，故传动平稳，噪声小。

3）可以自锁。当蜗杆的导程角小于齿面间的当量摩擦角，蜗轮为主动件时，机构将自锁。

4）效率低。蜗杆传动时齿面间有较大的滑动速度，摩擦及磨损大，效率一般为 0.7~0.9，自锁的蜗杆传动效率小于 0.5。

5）制造成本较高。为了提高减摩性和耐磨性，蜗轮齿圈常用青铜制造。

11.2　蜗杆传动的主要参数和几何尺寸

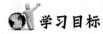学习目标

1. 叙述蜗杆传动的主要参数。
2. 了解蜗轮、蜗杆的主要尺寸。

任务分析

本部分主要介绍蜗杆传动的主要参数及蜗轮、蜗杆的主要尺寸，学生应该重点掌握蜗杆传动传动比和中心距的计算。

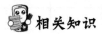相关知识

11.2.1　蜗杆传动的主要参数

图 11-3 所示的圆柱蜗杆传动，通过蜗杆轴线并垂直于蜗轮轴线的平面称为中间平面（主平面），在中间平面内，蜗杆与蜗轮的啮合相当于齿条与齿轮的啮合。因此，蜗杆传动的标准参数和基本尺寸在中间平面内确定，并沿用齿轮传动的计算关系。

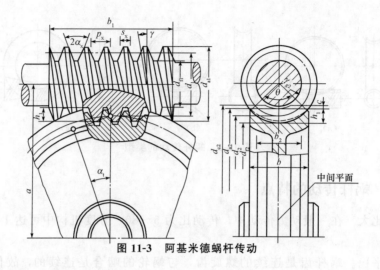

图 11-3 阿基米德蜗杆传动

1. 模数 m 和压力角 α

蜗杆与蜗轮啮合时，在中间平面内，蜗杆的轴向模数 m_{a1} 和轴向压力角 α_{a1} 应分别等于蜗轮的端面模数 m_{t2} 和端面压力角 α_{t2}，且等于标准值。模数标准值见表 11-1，压力角等于 20°。蜗杆传动的正确啮合条件为

$$\left.\begin{array}{c} m_{a1}=m_{t2}=m \\ \alpha_{a1}=\alpha_{t2}=\alpha \\ \gamma=\beta \end{array}\right\} \tag{11-1}$$

表 11-1 蜗杆传动的主要参数 (GB/T 10085—1988)

m/mm	d_1/mm	z_1	q	m^2d_1/mm³	m/mm	d_1/mm	z_1	q	m^2d_1/mm³
1	18	1	18.000	18	6.3	63	1, 2, 4, 6	10.000	2 500
1.25	20	1	16.000	31.25		112	1	17.778	4 445
	22.4	1	17.920	35	8	80	1, 2, 4, 6	10.000	5 120
1.6	20	1, 2, 4	12.500	51.2		140	1	17.500	8 960
	28	1	17.500	71.68	10	90	1, 2, 4, 6	9.000	9 000
2	22.4	1, 2, 4, 6	11.200	89.6		160	1	16.000	16 000
	35.5	1	17.750	142	12.5	112	1, 2, 4	8.960	17 500
2.5	28	1, 2, 4, 6	11.200	175		200	1	16.000	31 250
	45	1	18.000	281	16	140	1, 2, 4	8.750	35 840
3.15	35.5	1, 2, 4, 6	11.270	352		250	1	15.625	64 000
	45	1, 2, 4	14.286	447.5	20	160	1, 2, 4	8.000	64 000
	56	1	17.778	556		315	1	15.750	126 000
4	40	1, 2, 4, 6	10.000	640	25	200	1, 2, 4	8.000	125 000
	71	1	17.750	1136		400	1	16.000	250 000
5	50	1, 2, 4, 6	10.000	1250					
	90	1	18.000	2250					

2. 蜗杆分度圆直径 d_1 和导程角 γ

图 11-4 为蜗杆分度圆柱展开图，由图可得

$$\left.\begin{array}{l}\tan\gamma = \dfrac{z_1 p_{a1}}{\pi d_1} = \dfrac{z_1 m}{d_1}\\[3mm] d_1 = \dfrac{z_1 m}{\tan\gamma}\end{array}\right\} \tag{11-2}$$

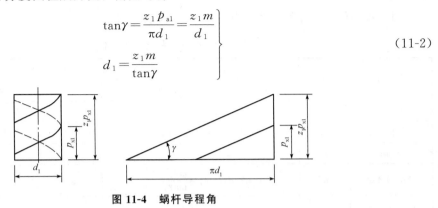

图 11-4　蜗杆导程角

由式（11-2）可知，同一模数的蜗杆，如果 $z_1/\tan\gamma$ 值不同，则分度圆直径就不同，而蜗杆的尺寸形状又必须与蜗轮滚刀相同，为了减少刀具的规格数量，规定蜗杆分度圆直径为标准值，见表 11-1。

蜗杆分度圆直径 d_1 与模数 m 之比，称为蜗杆直径系数，用 q 表示，即

$$q = d_1/m \tag{11-3}$$

3. 蜗杆头数 z_1 和蜗轮齿数 z_2

蜗杆头数 z_1（螺旋线数）常取为 1、2、4、6。要求传动比大或自锁时 $z_1 = 1$，但其传动效率较低。在动力传动中，为提高传动效率，常采用多头蜗杆，但制造困难。

蜗轮齿数 $z_2 = iz_1$，为了避免蜗轮发生根切以及影响蜗杆刚度，常取 $z_2 = 28 \sim 80$。z_1、z_2 的推荐值见表 11-2。

表 11-2　蜗杆头数 z_1、蜗轮齿数 z_2 推荐值

传动比 i	5～8	7～16	15～32	30～83
z_1	6	4	2	1
z_2	30～48	28～64	30～64	30～83

蜗杆传动的传动比为

$$i = \frac{n_1}{n_2} = \frac{z_2}{z_1} \tag{11-4}$$

4. 中心距

蜗杆传动的标准中心距为

$$a = \frac{1}{2}(d_1 + d_2) = \frac{m}{2}(q + z_2) \tag{11-5}$$

GB 10085—1988 中规定了中心距 a（mm）的标准系列为：40，50，63，80，100，125，160，(180)，200，(225)，250，(280)，315，(355)，400，450，500。

11.2.2 蜗杆传动的几何尺寸

圆柱蜗杆传动的几何尺寸计算见图 11-3 及表 11-3。

表 11-3 圆柱蜗杆传动的几何尺寸

名　称	符号	计　算　公　式 蜗杆	计　算　公　式 蜗轮
齿顶高	h_a	$h_{a1}=h_a^* m$	$h_{a2}=h_a^* m$
齿根高	h_f	$h_{f1}=(h_a^*+c^*)m$	$h_{f2}=(h_a^*+c^*)m$
齿高	h	$h=h_a+h_f$	
分度圆直径	d	$d_1=mq=\dfrac{mz_1}{\tan\gamma}$	$d_2=mz_2$
齿顶圆直径	d_a	$d_{a1}=d_1+2h_{a1}$	$d_{a2}=d_2+2h_{a2}$
齿根圆直径	d_f	$d_{f1}=d_1-2h_{f1}$	$d_{f2}=d_2-2h_{f2}$
顶隙	c	$c=c^* m=0.2m$	
蜗轮外圆直径	d_{e2}		$d_{e2}\leqslant d_{a2}+2m\ (z_1=1)$ $d_{e2}\leqslant d_{a2}+1.5m\ (z_1=2\sim3)$ $d_{e2}\leqslant d_{a2}+m\ (z_1=4\sim6)$
齿宽	b	$b_1\geqslant(11+0.06z_2)m\ (z_1=1,2)$ $b_1\geqslant(12.5+0.09z_2)m\ (z_1=3,4)$	$b_2\leqslant0.75d_{a1}\ (z_1\leqslant3)$ $b_2\leqslant0.67d_{a1}\ (z_1=4\sim6)$ 轮缘宽度 $B=b_2+(1\sim2)m$
蜗杆导程角	γ	$\gamma=\arctan\dfrac{mz_1}{d_1}$	
蜗轮螺旋角	β		$\beta=\gamma$
中心距	a	$a=\dfrac{1}{2}(d_1+d_2)=\dfrac{m}{2}(q+z_2)$	

11.3 蜗杆传动的结构及材料选择

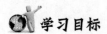 **学习目标**

1. 掌握蜗轮、蜗杆的结构。
2. 了解蜗轮蜗杆传动的失效形式。
3. 了解蜗轮蜗杆的材料选择。
4. 掌握蜗轮蜗杆的润滑方法。

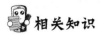 任务分析

通过学习，学生要重点掌握蜗轮、蜗杆的结构，了解蜗杆传动的失效形式，掌握相应的润滑方法，为今后汽车维护维修作业奠定基础。

相关知识

11.3.1 蜗杆的结构

蜗杆通常与轴做成一体，如图 11-5 所示，称为蜗杆轴。图 11-5（a）为铣制蜗杆，图 11-5（b）为车制蜗杆。

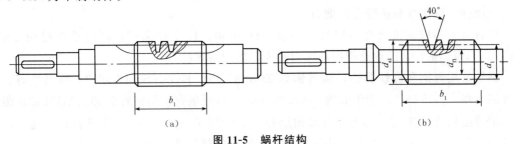

（a）　　　　　　　　　　　　　　　（b）

图 11-5　蜗杆结构

11.3.2 蜗轮的结构

蜗轮的结构形式分为整体式和组合式。

铸铁蜗轮或直径小于 100 mm 的青铜蜗轮做成整体式［图 11-6（a）］。

直径大的蜗轮，为了节约贵重金属，常采用组合式结构，齿圈用青铜，而轮芯用铸铁或铸钢制造。齿圈与轮芯的连接方式有三种：

1）齿圈压配式［图 11-6（b）］。齿圈与轮芯采用过盈配合。配合面处制有定位凸肩。为使连接更为可靠，结合面上加装 4～8 个螺钉，拧紧后切去螺钉头部。为避免将孔钻偏，应将螺孔中心线向较硬的轮芯偏移 2～3 mm。此结构用于尺寸不大或工作温度变化较小的场合。

2）螺栓连接式［图 11-6（c）］。蜗轮齿圈与轮芯用铰制孔螺栓连接。由于装拆方便，常用于尺寸较大或磨损后需要更换齿圈的场合。

3）组合浇注式［图 11-6（d）］。在铸铁轮芯上预制出榫槽，浇注上青铜轮缘后切齿。该结构适用于大批生产。

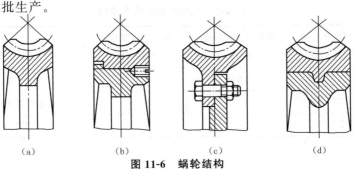

（a）　　　　　（b）　　　　　（c）　　　　　（d）

图 11-6　蜗轮结构

11.3.3　失效形式

蜗杆传动的失效形式和齿轮传动类似，主要有齿面疲劳点蚀、胶合、磨损及轮齿折断等。由于蜗杆传动齿面间的相对滑动速度较大，摩擦产生的热量多，故闭式蜗杆传动的主要失效形式是点蚀和胶合，开式传动的主要失效形式是齿面磨损和疲劳折断。又由于蜗杆齿为连续的螺旋齿，且蜗杆材料比蜗轮材料强度高，因而失效总是发生在蜗轮轮齿上，所以只需对蜗轮轮齿进行强度计算。

11.3.4　蜗杆蜗轮常用材料

由蜗杆传动的失效形式可知，蜗杆和蜗轮的材料不仅要有一定的强度，而且还要有良好的减摩性、耐磨性和抗胶合的能力。

蜗杆多采用碳钢或合金钢制造。一般蜗杆用 40、45 等碳素钢；高速重载时用 20Cr、20CrMnTi 等。蜗杆常经热处理提高齿面硬度，增加耐磨性。

蜗轮常用青铜和铸铁制造。锡青铜如 ZCuSn10Pb1 和 ZCuSn6Pb6Zn3，耐磨性好，抗胶合能力强，但价格高，用于高速（$v_s \leqslant 25$ m/s）重要场合；铝铁青铜 ZCuAl10Fe3，强度好，耐冲击且价格便宜，但抗胶合及耐磨性差，常用于 $v_s \leqslant 10$ m/s 的场合；低速（$v_s < 2$ m/s）、轻载、不重要的场合可用铸铁。蜗轮的常用材料见表 11-4。

表 11-4　蜗轮常用材料

蜗 轮 材 料	铸 造 方 法	滑动速度 $v_s/$（m·s^{-1}）
ZcuSn10Pb1	砂模、金属模	$\leqslant 25$
ZcuSn5Pb5Zn5	砂模、金属模、离心浇铸	$\leqslant 12$
ZCuAl10Fe3	砂模、金属模、离心浇铸	$\leqslant 10$
HT150；HT200	砂模	$\leqslant 2$

11.3.5　蜗杆传动的精度等级

国家标准对蜗杆传动规定了 12 个精度等级，1 级为最高，依次降低，12 级为最低。对于传递动力用的蜗杆传动，一般采用 6～9 级精度制造。设计时可根据蜗轮的圆周速度及使用条件查表 11-5 确定。

表 11-5　蜗杆传动的精度等级

精度等级	蜗轮圆周速度 $v_2/$（m·s^{-1}）	蜗杆齿面粗糙度 Ra/m	蜗轮齿面粗糙度 Ra/m	应 用 范 围
7	<7.5	$\leqslant 0.8$	$\leqslant 0.8$	中速动力传动
8	<3	$\leqslant 1.6$	$\leqslant 1.6$	速度较低或短期工作的传动
9	<1.5	$\leqslant 3.2$	$\leqslant 3.2$	不重要的低速传动或手动传动

11.3.6 蜗杆传动的润滑

由于蜗杆传动齿面间的滑动速度大，为提高传动效率，避免轮齿的胶合和磨损，蜗杆传动的润滑显得十分重要。

蜗杆传动一般用油润滑。润滑方式有浸油润滑和喷油润滑两种，可根据载荷类型、相对滑动速度查表 11-6 选定。采用浸油润滑时，对于下置的蜗杆传动，浸油深度约为一个齿高；对于上置的蜗杆传动，浸油深度约为蜗轮外径的 1/3。

表 11-6　蜗杆传动的润滑油黏度及润滑方式

滑动速度 $v_s/$ (m·s^{-1})	<1	<2.5	<5	$5\sim10$	$10\sim15$	$15\sim20$	>25
工作条件	重载	重载	中载	—	—	—	—
40℃黏度/ (mm^2·s^{-1})	900	500	350	220	150	100	80
润滑方式	浸油润滑			浸油或 喷油润滑	喷油润滑的油压/MPa		
					0.07	0.2	0.3

思考与练习

11-1　蜗杆传动有何特点？适用于什么场合？

11-2　蜗杆传动的主要失效形式有哪些？如何选择蜗杆和蜗轮的材料？

11-3　蜗轮的结构形式有哪些？各适用于什么场合？

11-4　如下图所示，试判断蜗杆传动中蜗轮（或蜗杆）的回转方向及螺旋方向。

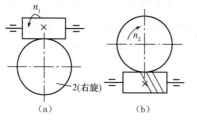

题 11-4 图

项目十二　汽车齿轮系

本项目知识点

1. 轮系的类型。
2. 定轴轮系结构及传动比的计算。
3. 行星轮系结构及传动比的计算。
4. 复合轮系结构及传动比的计算。

12.1　轮系的分类

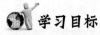
学习目标

1. 掌握轮系的分类。
2. 描述定轴轮系和行星轮系的结构。

任务分析

在实际机械领域中，为了满足生产上的多种要求，如变速、变向、获得大传动比等，常采用一系列互相啮合的齿轮组成的传动系统，称为齿轮系，简称轮系。在汽车变速器和其他机器的传动系统中广泛采用。通过学习，学生要掌握两种轮系的特点，能够区分两种轮系。

相关知识

轮系可以分为两大类：定轴轮系和行星轮系。

12.1.1　定轴轮系

轮系传动时，若各齿轮的轴线位置都是固定的，则该轮系称为定轴轮系。

由轴线互相平行的圆柱齿轮组成的定轴轮系，称为平面定轴轮系，如图 12-1 所示。由相交轴齿轮、交错轴齿轮等组成的轮系，则称为空间定轴轮系，如图 12-2 所示。

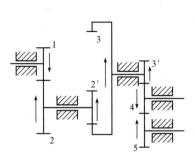

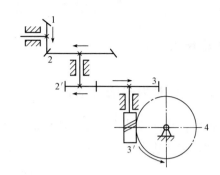

图 12-1　平面定轴轮系　　　　　　　　　图 12-2　空间定轴轮系

12.1.2　行星轮系

轮系传动时，若轮系中至少有一个齿轮的轴线绕另一个齿轮的固定轴线转动，则该轮系称为行星轮系，如图 12-3 所示。

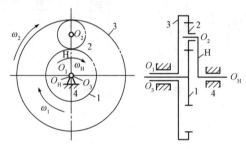

图 12-3　行星轮系

由定轴轮系和行星轮系或由两个以上的行星轮系组成的轮系，称为复合轮系。

12.2　定轴轮系的传动比计算

 学习目标

掌握定轴轮系传动比的计算。

🔧 任务分析

汽车手动变速器的齿轮系统都采用定轴轮系，通过本节的学习，要求学生掌握定轴轮系传动比的计算，为计算手动变速器各挡位传动比打好基础。

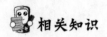相关知识

12.2.1 一对齿轮的传动比

一对齿轮传动的传动比，是指两轮的角速度（或转速）之比，如图 12-4 所示的一对圆柱齿轮传动，传动比为

$$i_{12} = \frac{\omega_1}{\omega_2} = \frac{n_1}{n_2} = \pm \frac{z_2}{z_1}$$

外啮合 ［图 12-4（a）］ 时，两轮转向相反，传动比 i_{12} 为负；内啮合 ［图 12-4（b）］ 时，两轮转向相同，传动比 i_{12} 为正，也可以用箭头在运动简图上表示。

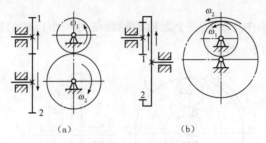

图 12-4 一对齿轮传动

（a）外啮合；（b）内啮合

非平行轴传动，传动比的大小仍由上式确定，对于图 12-5（a）所示的圆锥齿轮传动，其转向用画箭头的方法表示，对于如图 12-5（b）所示的蜗杆传动，蜗杆和蜗轮的转向可参阅 "左右手法则" 来确定。

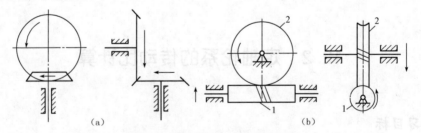

图 12-5 圆锥齿轮传动和蜗杆传动

（a）圆锥齿轮传动；（b）蜗杆传动

12.2.2 定轴轮系的传动比计算

轮系中首末两轮的角速度（或转速）之比，称为轮系的传动比。常用字母 i 表示，并在其右下角用下标表明其对应的两轮。例如，i_{15} 表示轮 1 和轮 5 的角速度之比。计算轮系传动比不仅要确定它的数值，而且要确定首末两轮的相对转动方向，这样才能完整表达输入轮和输出轮之间的运动关系。

如图 12-6 所示的定轴轮系中，设锥齿轮 1 为主动轮，蜗轮 5 为最末的从动轮，则该轮系的总传动比为 $i_{15}=\omega_1/\omega_5=n_1/n_5$。各对齿轮的传动比分别为：

$$i_{12}=\frac{\omega_1}{\omega_2}=\frac{z_2}{z_1} \qquad i_{2'3}=\frac{\omega_2{'}}{\omega_3}=\frac{z_3}{z_2{'}} \qquad i_{34}=\frac{\omega_3}{\omega_4}=\frac{z_4}{z_3} \qquad i_{4'5}=\frac{\omega_4{'}}{\omega_5}=\frac{z_5}{z_4{'}}$$

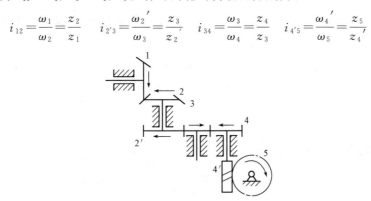

图 12-6　定轴轮系的传动比

将以上各式两边分别相乘，得：

$$i_{15}=i_{12}i_{2'3}i_{34}i_{4'5}=\frac{\omega_1}{\omega_2}\frac{\omega_2{'}}{\omega_3}\frac{\omega_3}{\omega_4}\frac{\omega_4{'}}{\omega_5}=\frac{\omega_1}{\omega_5}=\frac{n_1}{n_5}=\frac{z_2z_3z_4z_5}{z_1z_2{'}z_3z_4{'}}=\frac{z_2z_4z_5}{z_1z_2{'}z_4{'}} \tag{12-1}$$

式（12-1）表明：该定轴轮系的传动比等于各对啮合齿轮传动比的连乘积，其大小等于各对啮合齿轮中所有从动轮齿数的乘积与所有主动轮齿数的乘积之比。

轮系中含有空间齿轮传动，故只能用画箭头的方法确定其转向。

由图 12-6 可以看出，齿轮 3 同时与齿轮 2′ 和齿轮 4 相啮合。对于齿轮 2′ 而言，齿轮 3 是从动轮；对于齿轮 4 而言，它又是主动轮。齿轮 3 的作用仅仅是改变轮系的转向，并不影响传动比的大小，这种齿轮称为惰轮或过桥轮。

上述结论可以推广到定轴轮系的一般情形。若设 1 与 k 为首末两轮，则定轴轮系的传动比为：

$$i_{1k}=\frac{n_1}{n_k}=(-1)^m\frac{1\sim k \text{ 之间所有从动轮齿数的乘积}}{1\sim k \text{ 之间所有主动轮齿数的乘积}} \tag{12-2}$$

式中，m 为轮系中外啮合齿轮的对数。用 $(-1)^m$ 判断转向，只限于所有轴线都平行的定轴轮系。若轮系中包含有圆锥齿轮传动或蜗杆传动，其传动比的大小仍可用式（12-2）计算，但转向不再用 $(-1)^m$ 来判断，而只能用画箭头的方法在图上表示。

例 12-1 在图 12-1 所示的定轴轮系中，已知主动轴转速 $n_1=1\ 450$ r/min，各齿轮齿数为 $z_1=18$，$z_2=54$，$z_{2'}=19$，$z_3=78$，$z_{3'}=17$，$z_4=23$，$z_5=81$，试计算轮系的传动比 i_{15} 和齿轮转速 n_5。

解 由图 12-1 可以看出，该轮系为定轴轮系，按式（12-2）计算传动比

$$i_{15}=\frac{n_1}{n_5}=(-1)^3\frac{z_2z_3z_4z_5}{z_1z_2{'}z_3{'}z_4}=-\frac{54\times78\times81}{18\times19\times17}=-58.68$$

故

$$n_5=\frac{n_1}{i_{15}}=-\frac{1\ 450}{58.68}=-24.71 \text{（r/min）}$$

负号表明转向与 n_1 相反。

例 12-2 图 12-2 所示的轮系中，已知首轮转速 $n_1 = 800$ r/min 和转向，$z_1 = 16$，$z_2 = 32$，$z_{2'} = 20$，$z_3 = 40$，$z_{3'} = 2$（右旋），$z_4 = 40$，求蜗轮的转速 n_4 及各轮的转向。

解 由式（12-2）可得

$$i_{14} = \frac{n_1}{n_4} = \frac{z_2 z_3 z_4}{z_1 z_{2'} z_{3'}} = \frac{32 \times 40 \times 40}{16 \times 20 \times 2} = 80$$

$$n_4 = \frac{n_1}{i_{14}} = -\frac{800}{80} = 10 \ (\text{r/min})$$

各轮转向如图 12-2 中箭头所示。

12.3　行星轮系的传动比计算

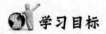
学习目标

1. 描述行星轮系的组成。
2. 了解行星轮系传动比的计算。

任务分析

在大部分的自动变速器中齿轮系统都采用行星齿轮变速系统。通过本部分的学习，要求学生能够了解行星轮系传动比的计算。

相关知识

12.3.1　行星轮系的组成

如图 12-3 所示的轮系中，轴线位置固定的齿轮 1、3 称为太阳轮；既绕自身轴线 O_2 回转，又随 H 杆绕着固定轴线 O_H 回转的齿轮 2（犹如天体中的行星，既自转也公转）称为行星轮；支承行星轮的构件 H 称为行星架。行星轮系主要由行星轮、行星架（系杆）和太阳轮（中心轮）组成。

行星轮系可分为两类：

（1）差动轮系

如图 12-7（a）所示，太阳轮 1 和 3 均转动，该机构的自由度：

$F = 3n - 2P_L - P_H = 3 \times 4 - 2 \times 4 - 2 = 2$，这种自由度为 2 的轮系称为差动轮系。

（2）简单行星轮系

如图 12-7（b）所示，内齿轮 3 固定。该机构的自由度：

$F=3n-2P_{\mathrm{L}}-P_{\mathrm{H}}=3\times3-2\times3-2=1$，这种自由度为 1 的轮系称为简单行星轮系。

由此可见，简单行星轮系只需一个原动件，轮系就具有确定的运动，而差动轮系则须有两个原动件，轮系的运动才能确定。

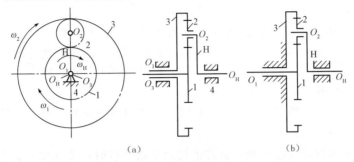

图 12-7　行星轮系及其分类

（a）差动轮系；（b）简单行星轮系

12.3.2　行星轮系的传动比

在行星轮系中，行星轮的运动不是绕固定轴线的简单运动，所以其传动比不能直接用求解定轴轮系传动比的公式来计算。但是，根据相对运动原理，可把行星轮系转化为定轴轮系，这样，就可以用讨论定轴轮系传动比计算的方法来讨论行星轮系的传动比计算。

在图 12-8（a）所示的行星轮系中，若给整个行星轮系加上一个与行星架 H 的转速 n_{H} 大小相等、方向相反的公共转速 $-n_{\mathrm{H}}$，则行星架 H 静止不动，而各构件之间的相对运动关系不发生改变，这样原来的行星轮系就转化为定轴轮系。该假想定轴轮系称为原行星轮系的转化轮系，如图 12-8（b）所示。转化轮系中各构件相对于行星架 H 的转速分别用 n_1^{H}、n_2^{H}、n_3^{H} 和 $n_{\mathrm{H}}^{\mathrm{H}}$ 表示，各构件转化前后的转速如表 12-1 所示。

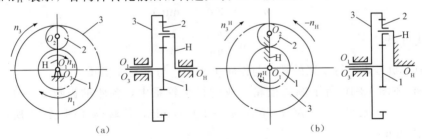

图 12-8　行星轮系及其转化轮系

（a）行星轮系；（b）转化轮系

表 12-1　转化前后轮系中各构件的转速

构　件	行星轮系中的转速	转化轮系中的转速
1	n_1	$n_1^{\mathrm{H}}=n_1-n_{\mathrm{H}}$
2	n_2	$n_2^{\mathrm{H}}=n_2-n_{\mathrm{H}}$
3	n_3	$n_3^{\mathrm{H}}=n_3-n_{\mathrm{H}}$
H	n_{H}	$n_{\mathrm{H}}^{\mathrm{H}}=n_{\mathrm{H}}-n_{\mathrm{H}}=0$

图 12-8 中转化轮系的传动比为

$$i_{13}^{H}=\frac{n_{1}^{H}}{n_{3}^{H}}=\frac{n_{1}-n_{H}}{n_{3}-n_{H}}=(-1)^{m}\frac{z_{2}z_{3}}{z_{1}z_{2}}=-\frac{z_{3}}{z_{1}} \tag{12-3}$$

式中，负号表示在转化机构中轮 1 和轮 3 的转向相反。

将式（12-3）推广到一般情况，若用 G、K 表示首末两轮，则转化轮系的传动比为

$$i_{GK}^{H}=\frac{n_{G}^{H}}{n_{K}^{H}}=\frac{n_{G}-n_{H}}{n_{K}-n_{H}}=(-1)^{m}\frac{G、K\ 间所有从动轮齿数的乘积}{G、K\ 间所有主动轮齿数的乘积} \tag{12-4}$$

应用式（12-4）时应注意：

（1）将 n_{G}、n_{K}、n_{H} 的已知值代入上式时，必须带有正负号。若假设某一转向为正时，其相反的转向则为负。

（2）若轮系中有圆锥齿轮传动，且首末轮的轴线平行时，传动比的大小仍可用式（12-4）计算，转向要用画箭头的方法来确定。

（3）$i_{GK}^{H}\neq i_{GK}$。i_{GK}^{H} 为转化机构中 G、K 两轮的转速比（即 n_{G}^{H}/n_{K}^{H}）；而 i_{GK} 是行星轮系中 G、K 两轮的绝对转速之比（即 n_{G}/n_{K}），其大小和正负号须按式（12-4）经计算后求出。

例 12-3 一差动轮系如图 12-9 所示，已知各轮齿数 $z_{1}=16$，$z_{2}=24$，$z_{3}=64$，当轮 1 和轮 3 的转速为 $n_{1}=100$ r/min，$n_{3}=-400$ r/min，其转向如图 12-9 所示。试求 n_{H} 和 i_{1H}。

解 由式（12-3）可知，

$$i_{13}^{H}=\frac{n_{1}-n_{H}}{n_{3}-n_{H}}=(-1)^{1}\frac{z_{3}}{z_{1}}$$

由题意可知，轮 1 与轮 3 转向相反。

将 n_{1}、n_{3} 及各轮齿数代入上式，得：

$$\frac{100-n_{H}}{-400-n_{H}}=-\frac{64}{16}=-4$$

解得：

$$n_{H}=-300\ （r/min）$$

由此式可得：

$$i_{1H}=\frac{n_{1}}{n_{H}}=-\frac{1}{3}$$

上式中的负号表示行星架的转向与齿轮 1 相反，与齿轮 3 相同。

例 12-4 在图 12-10 所示圆锥齿轮组成的行星轮系中，各轮的齿数 $z_{1}=48$，$z_{2}=48$，$z_{2}'=18$，$z_{3}=24$，已知 $n_{1}=250$ r/min，$n_{3}=100$ r/min，其转向如图 12-10 所示。试求行星架 H 的转速 n_{H}。

解： 转化轮系的传动比为

$$i_{13}^{H}=\frac{n_{1}^{H}}{n_{3}^{H}}=\frac{n_{1}-n_{H}}{n_{3}-n_{H}}=-\frac{z_{2}z_{3}}{z_{1}z_{2}'}=-\frac{48\times24}{48\times18}=-\frac{4}{3}$$

式中，负号表示在该轮系的转化轮系中，齿轮 1、3 的转向相反，通过图中虚线箭头来确定。将已知的 n_{1}、n_{3} 值代入上式，由于 n_{1}、n_{3} 的实际转向相反，故取 n_{1} 为正，n_{3} 为负，则

$$\frac{n_{1}-n_{H}}{n_{3}-n_{H}}=\frac{250-n_{H}}{-100-n_{H}}=-\frac{4}{3}$$

由此得

$$n_{H}=\frac{350}{7}\ （r/min）=50\ （r/min）$$

计算结果为正值，表明行星架 H 的转向与齿轮 1 相同，与齿轮 3 相反。

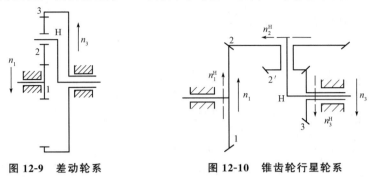

图 12-9　差动轮系　　　　　图 12-10　锥齿轮行星轮系

12.4　复合轮系的传动比计算

学习目标

1. 叙述复合轮系的组成。
2. 完成复合轮系传动比的计算。

任务分析

通过本部分学习，要求学生了解复合轮系的组成、应用及传动比的计算，注重培养学生的分析能力。

相关知识

复合轮系中既有定轴轮系又有行星轮系，或有多个行星轮系。其传动比的计算是建立在定轴轮系和单级行星轮系传动比计算基础上的。求解复合轮系的传动比，必须首先正确区分基本行星轮系和定轴轮系，分别按相应的传动比计算公式列出方程式，找出其相互联系，然后联立求解。即"划分轮系、分别计算、联立求解"的三步法。

准确地找出各个单一行星轮系是求解复合轮系问题的关键。其方法是：先找出具有变动轴线的行星轮，再找出支承行星轮的行星架及与行星轮相啮合且轴线位置固定的太阳轮。找出所有的行星轮系后，剩余的便是定轴轮系。

例 12-5　在图 12-11 所示的轮系中，各轮齿数为 $Z_1=20$，$Z_2=40$，$Z_2=20$，$Z_3=30$，$Z_4=80$。试计算传动比 i_{1H}。

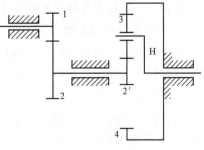

图 12-11　复合轮系

解　区分基本轮系。齿轮 3、$2'$、4 及行星架 H 组成行星轮系，齿轮 1 和 2 组成定轴轮系。

计算各基本轮系的传动比

定轴轮系的传动比为 $\qquad i_{12} = \dfrac{n_1}{n_2} = -\dfrac{z_2}{z_1} = -\dfrac{40}{20} = -2$

即 $\qquad\qquad\qquad\qquad n_1 = -2n_2$ $\qquad$ (a)

行星轮系的传动比为 $\qquad i_{2'4}^{H} = \dfrac{n_{2'} - n_H}{n_4 - n_H} = -\dfrac{z_4}{z_{2'}}$

代入给定数据，得 $\qquad \dfrac{n_{2'} - n_H}{0 - n_H} = -\dfrac{80}{20} = -4$

即 $\qquad\qquad\qquad\qquad n_{2'} = 5n_H$ $\qquad$ (b)

又 $\qquad\qquad\qquad\qquad n_2 = n_{2'}$ $\qquad$ (c)

联立式（a）、（b）、（c）求解得

$$i_{1H} = \dfrac{n_1}{n_H} = \dfrac{-2n_2}{\dfrac{1}{5}n_2} = -10$$

计算结果为负值，表明行星架 H 转向与齿轮 1 转向相反。

12.5　轮系的功用

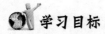 学习目标

1. 掌握轮系的作用。
2. 了解轮系的应用。

任务分析

本部分介绍轮系的作用，通过学习学生在掌握作用的同时了解轮系在机械领域中的应用。

相关知识

轮系广泛应用于各种机械设备中，其主要功用有以下几个方面。

1. 实现较远距离传动

当两轴间的距离较远时，若仅用一对齿轮传动，则不仅外廓尺寸大，制造安装不方便，且浪费材料。若改用轮系传动，就可克服这些缺点，如图 12-12 所示。

2. 获得大的传动比

一对齿轮的传动比一般不宜大于 5～7，定轴轮系和行星轮系均可获得较大的传动比。如例 12-1 中的定轴轮系，其 $i_{15} = 58.68$，例 13-5 中的行星轮系，其 $i_{H1} = 10\,000$。在传递功率与传动比相同的情况下，一般行星轮系的体积与重量远比定轴轮系要小和轻。

3. 实现变速与换向

主动轴转速、转向不变时，通过轮系中不同的齿轮啮合，可使从动轴获得不同的转速

或换向。如图 12-13 所示的汽车变速机构，该机构为一定轴轮系，轴Ⅰ为输入轴，轴Ⅱ为输出轴，4、6 为滑移齿轮，A－B 为牙嵌式离合器。该变速器可使输出轴得到四种转速：

一挡：齿轮 5、6 相啮合，而 3、4 和离合器 A、B 均脱离；

二挡：齿轮 3、4 相啮合，而 5、6 和离合器 A、B 均脱离；

三挡：离合器 A、B 相嵌合，而齿轮 5、6 和 3、4 均脱离；

倒挡：齿轮 6、8 相啮合，而 3、4 和 5、6 以及离合器 A、B 均脱离，由于惰轮 8 的作用，而改变了输出轴Ⅱ的转向。

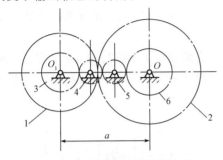

图 12-12　远距离两轴间的传动

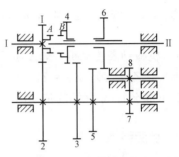

图 12-13　汽车变速机构

4. 运动的合成与分解

如图 12-14 所示轮系中，齿轮 1、3 的齿数相同。由式（12-4）可得出齿轮 1、3 和行星架 H 三构件转速之间的关系为 $2n_H = n_1 + n_3$，此式表明，由外部输入的 n_1 和 n_3 可以合成为 n_H 而实现运动的合成；同样，若将行星架 H 的转速按一定的比例分配到左右齿轮上，又可实现运动的分解。

图 12-15 所示的汽车后桥差速器就是运用差动轮系来实现运动的分解而达到汽车转弯的目的。当汽车直线行驶时，左右车轮转速相同，差动轮系中的齿轮 1、2、3 和 4 之间没有相对运动而构成一个整体；当汽车转弯时，这种差速器能将发动机传到齿轮 5 的运动按转弯半径大小分解为不同转速分别传递给左右两个车轮，以避免转弯时左右两轮对地面产生相对滑动，从而减轻轮胎的磨损。

$$\frac{n_1}{n_3} = \frac{r-L}{r+L}$$

联立上式，得

$$n_1 = \frac{r-L}{r}n_4 \qquad n_3 = \frac{r+L}{r}n_4$$

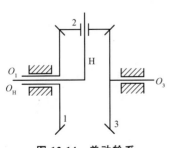

图 12-14　差动轮系

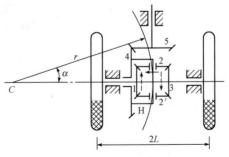

图 12-15　汽车后桥差速器

差速器广泛应用于汽车、飞机、船舶、农机、起重机以及其他机械的动力传动中。

思考与练习

12-1　轮系有哪些功用？

12-2　定轴轮系和行星轮系有何区别？

12-3　如图所示的轮系中，已知：$Z_1=15$，$Z_2=25$，$Z_{2'}=15$，$Z_3=30$，$Z_{3'}=15$，$Z_{4'}=2$（右旋），$Z_5=60$，$Z_{5'}=20$，$m=4$ mm，若 $n_1=500$ r/min，求齿条 6 线速度 v 的大小和方向。

12-4　机械钟表传动机构如图所示，已知各轮齿数为 $Z_1=72$，$Z_2=12$，$Z_{2'}=64$，$Z_2''=Z_3=Z_4=8$，$Z_{3'}=60$，$Z_{5'}=Z_6=24$，$Z_5=6$，试分别计算分针 m 和秒针 s 之间的传动比 i_{ms}、时针 h 和分针 m 之间的传动比 i_{hm}。

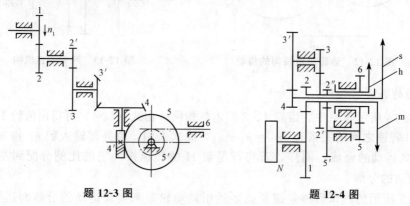

题 12-3 图　　　　　　　　　題 12-4 图

12-5　在图示的差动轮系中，已知各轮的齿数 $Z_1=15$，$Z_2=15$，$Z_{2'}=20$，$Z_3=60$，齿轮 1 的转速为 200 r/min，齿轮 3 的转速为 50 r/min，求行星架转速 n_H 的大小和方向。

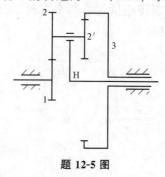

题 12-5 图

项目十三　轴

本项目知识点

1. 轴的类型。
2. 轴的材料选择。
3. 轴的结构设计要求。

13.1　轴的概述

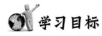学习目标

1. 叙述轴的类型。
2. 了解轴的材料选择。

任务分析

轴系零部件是机械的重要组成部分，其设计、使用是否合理将直接影响到整台机器的工作性能。本部分主要介绍轴的类型及材料选择，为后续的汽车专业课程奠定基础。

相关知识

轴是组成机器的重要零件之一，主要用来支承回转零件（如齿轮、带轮等），以传递运动和动力。

13.1.1　轴的类型

轴的类型很多，按所受载荷性质可分为传动轴、心轴和转轴。

1）传动轴只承受转矩而不承受弯矩或承受弯矩很小的轴，如汽车的传动轴（图 13-1）。

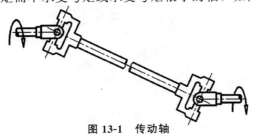

图 13-1　传动轴

2）心轴只承受弯矩的轴。它分为固定心轴，如自行车前轮轴［图 13-2（a）］，和转动心轴，如滑轮轴［图 13-2（b）］。

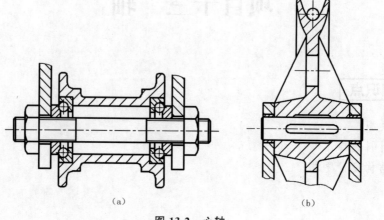

（a）　　　　　　　　　　（b）

图 13-2　心轴

3）转轴同时承受转矩和弯矩的轴，如减速器轴（图 13-3）。机器中大多数轴都属于这类。

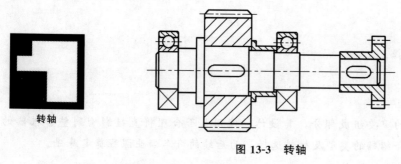

转轴

图 13-3　转轴

按轴线的形状不同可分为直轴（图 13-4）、曲轴（图 13-5）和挠性轴（图 13-6）。

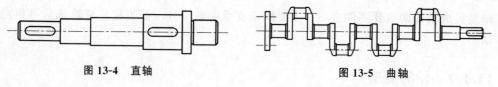

图 13-4　直轴　　　　　　　　　　图 13-5　曲轴

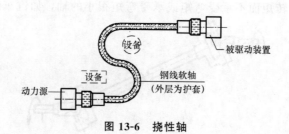

设备

被驱动装置

设备

钢线软轴
（外层为护套）

动力源

图 13-6　挠性轴

此外，轴还可分为光轴和阶梯轴等。

13.1.2 轴的材料

选择轴的材料时，首先考虑应具有足够的强度和刚度，同时还应考虑对应力集中的敏感性、工艺性及经济性等因素。常用的材料主要有碳素钢、合金钢，其次是球墨铸铁和高强度铸铁。

碳素钢有足够高的强度，比合金钢价廉，应力集中敏感性差，可以进行各种热处理（调质、正火、淬火等）及机械加工，材料来源方便，故应用最广。一般机器中的轴，采用35、40、45、50等优质中碳钢，其中以45钢经调质处理最为常用。对受力较小和不重要的轴也可采用碳素结构钢，如 Q235 A 和 Q275 A。

合金钢比碳素钢具有更高的机械性能和更好的淬透性，用于制造高速、重载的轴，或受力大而要求尺寸小、重量轻的轴，以及处于高温、低温或腐蚀介质中工作的轴。常用的合金钢有 20Cr、38SiMnMo、35SiMn、40MnB 等。但合金钢对应力集中较敏感，且价格较贵。在一般工作温度下，合金钢和碳素钢具有相近的弹性模量，所以采用合金钢并不能提高轴的刚度。

对于形状复杂的轴也可采用球墨铸铁和高强度铸铁，铸造工艺性好，具有吸振性好、强度较高、成本低等优点，但铸件质量不易控制。球墨铸铁和高强度铸铁的机械强度比碳钢低，易于得到较复杂的外形，耐磨性好，对应力集中敏感性低，故应用日趋增多。

轴的常用材料可参阅表13-1。

表 13-1 轴的常用材料及其主要机械性能

材料牌号	热处理	毛坯直径/mm	硬度/HBS	备注
Q235A	热轧或锻后空冷	≤100		用于不太重要及受载荷不大的轴
		>100~250		
45	正火	≤100	170~217	应用最广泛
		>100~300	162~217	
	调质	≤200	217~255	
20Cr	渗碳；淬火；回火	≤60	表面 56~62HRC	用于要求强度、韧性及耐磨性均较高的轴
40Cr	调质	≤100	241~286	用于载荷较大，而无很大冲击的重要轴
		>100~300		
40CrNi	调质	≤100	270~300	用于很重要的轴
		>100~300	240~270	
38SiMnMo	调质	≤100	229~286	性能接近 40CrNi，用于重要的轴
		>100~300	217~269	

材料牌号	热处理	毛坯直径/mm	硬度/HBS	备注
1Cr18Ni9Ti	淬火	≤100	≤192	用于高、低温及腐蚀条件下的轴
		>100～200		
38CrMoAlA	调质	≤60	293～321	用于要求高耐磨性，高强度及热处理变形很小的轴
		>60～100	277～302	
		>100～160	241～277	
QT600－3			190～270	用于制造外形复杂的轴

13.1.3 轴的设计基本准则

一般情况下，轴设计的基本准则应该满足以下两个要求：

1）具有足够的承载能力，即轴必须具有足够的强度和刚度，以保证能正常工作。

2）具有合理的结构，应使轴上零件定位和固定可靠且便于装拆，同时轴加工方便、成本降低。

13.2 轴的结构设计要求

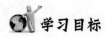 学习目标

了解轴结构设计要求。

任务分析

本部分介绍轴的结构设计要求，通过学习，要求学生了解轴的结构设计要求，对今后各总成结构、原理分析奠定基础。

相关知识

图 13-7 所示为一齿轮减速器轴，安装轮毂的部分①、④称为轴头，轴上被支承的部分③、⑦称为轴颈，连接轴颈和轴头的部分②、⑥称为轴身，轴上的环形部分⑤称为轴环。

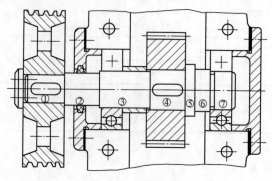

图 13-7 轴的结构

轴的结构设计就是合理地定出轴的各部分几何形状和尺寸，保证轴具有足够的强度和刚度。由于影响轴的结构因素很多，具体情况各异，所以轴没有标准结构。结构设计时，主要考虑以下几方面的问题。

1. 轴上零件的装配方案

为了便于轴上零件的装拆，常将轴做成阶梯形。如图 13-7 所示减速器高速轴，先将平键装在轴头上，从轴左端依次装入齿轮、套筒、左端轴承，然后从轴右端装入右端轴承，再将轴装入减速器箱体的轴承座孔中，装上左、右轴承盖，最后在左边轴端装入平键和带轮。为使轴上零件容易装拆，轴端和各轴段端都应有倒角。在满足使用要求的情况下，轴的形状和尺寸应力求简单，以便于加工。

2. 轴上零件的定位和固定

轴上的每个零件都应该有确定的工作位置，既要定位准确，又要固定牢靠。一般情况下，应在轴向和周向均加以固定。

(1) 轴上零件的轴向定位和固定

为防止轴上零件的轴向移动，常需轴向定位，常用的方法有以下几种：

1）轴肩或轴环。用于传递轴向力的轴肩，是最简单可靠的结构。为了保证轴上零件端面能靠紧轴肩（或轴环）定位面，轴肩（或轴环）的过渡圆角半径 r 必须小于轴上零件毂孔的圆角半径 r_1 ［图 13-8（a）］或倒角高度 C_1 ［图 13-8（b）］，轴肩（或轴环）的高度 h 应取（0.07 d＋3 mm）～（0.1 d＋5 mm），轴环宽度一般取 $b \approx 1.4h$。滚动轴承的定位轴肩尺寸，由轴承标准规定的尺寸确定。仅为加工和装配方便而设计的非定位轴肩，轴肩高度和过渡圆角半径没有严格的规定，一般可取轴肩高度 h＝1.5～2 mm，半径 $r \leqslant$（D－d）/2。

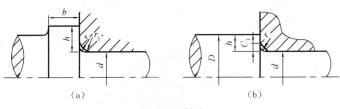

(a)　　　　　　　　　　　(b)

图 13-8　轴肩

2）套筒。当轴上两零件相距较近时，使用套筒来相对固定（图 13-9），为使轴上零件定位可靠，应使轴段长度比零件毂长短 2～3 mm。但套筒与轴配合较松，两者难以同心，不适宜用在高速转轴上。

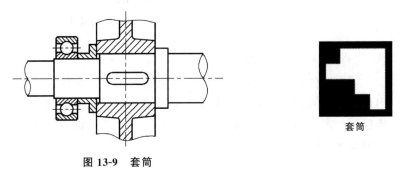

套筒

图 13-9　套筒

3）圆螺母。当轴上两个零件之间的距离较大，可采用圆螺母压紧零件端面来轴向固定（图13-10）。圆螺母定位装拆方便，能传递较大的轴向力。

4）轴端挡板。当零件位于轴端时，可以用轴端挡板与轴肩、轴端挡板与圆锥面相结合来双向固定零件。如图13-11所示，联轴器由轴端挡板与锥面固定。该方法简单可靠、装拆方便，常用于有冲击载荷的场合。

5）弹性挡圈。在轴上切出环形槽，将弹性挡圈嵌入槽中，利用它的侧面压紧被定位零件的端面（图

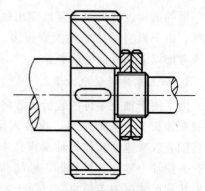

图13-10 圆螺母

13-12）。这种定位方法工艺性好、装拆方便，但对轴的强度削弱较大，常用于所受轴向力小而刚度大的轴。

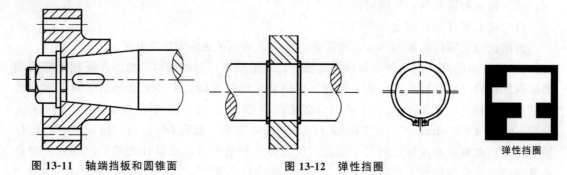

图13-11 轴端挡板和圆锥面   图13-12 弹性挡圈

6）紧定螺钉。这种定位方法常用于光轴（图13-13），结构简单，但只能承受较小的轴向力。

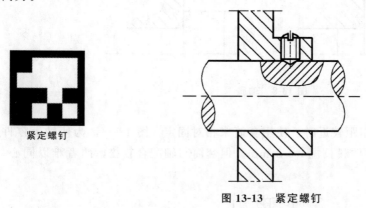

图13-13 紧定螺钉

（2）轴上零件的周向定位和固定

周向定位的目的是限制轴上零件绕轴线转动，这种定位通常是以轮毂与轴联接的形式出现。常用的周向定位和固定方法有：键连接、花键连接、销连接、成形连接及过盈配合连接等。定位和固定方法根据其传递转矩的大小和性质、零件对中精度的高低、加工难易等因素来选择。

3. 良好的制造工艺性

轴的结构应尽量简单，便于加工。当轴上有两个以上键槽时，应将键槽开在轴的同一母线上，以便一次装夹就能加工。同一轴上所有圆角半径、倒角尺寸尽可能一致，以减少换刀次数及装夹时间。

需要磨削的轴段，应留有砂轮越程槽 [图 13-14 (a)]；需要车螺纹的轴段，应留有退刀槽 [图 13-14 (b)]。

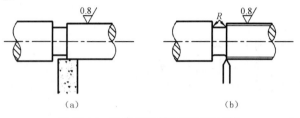

图 13-14　砂轮越程槽和螺纹退刀槽

退刀槽和砂轮越程槽

4. 减小应力集中

轴的截面尺寸突变会造成应力集中，相邻轴段的直径相差不宜过大，在直径变化处，尽量采用圆角过渡，圆角半径尽可能大。在重要的结构中，若增大定位轴肩过渡圆角半径有困难，可采用凹切圆角 [图 13-15 (a)]、过渡肩环 [图 13-15 (b)] 等结构，以增加轴肩处过渡圆角半径和减小应力集中。

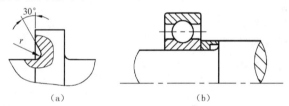

图 13-15　轴肩过渡结构

当采用紧定螺钉、弹性挡圈、圆锥销钉、圆螺母等定位时，需要在轴上加工出凹坑、环槽、横孔、螺纹，引起较大的应力集中，应尽量避免使用。

思考与练习

13-1　转轴、心轴和传动轴的定义。

13-2　轴的常用材料有哪些？如何选择？

13-3　说明 Q235A、45、38SiMnMo、40Cr 的适用场合。

13-4　若轴的材料采用 45 钢时刚度不足，改为合金钢是否合适？为什么？

13-5　进行轴的结构设计时，应考虑哪些问题？

项目十四 轴承

本项目知识点

1. 滑动轴承的结构、材料及润滑。
2. 滚动轴承的构造、类型、特点及代号。
3. 滚动轴承的失效形式。
4. 轴系的轴向定位、调整。
5. 轴承的拆装、密封及润滑。

14.1 滑动轴承

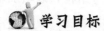
学习目标

1. 了解滑动轴承的结构。
2. 掌握滑动轴承材料的选择。
3. 掌握滑动轴承的润滑方式。

任务分析

轴承是机器中用来支承轴及轴上回转零件的一种重要部件，用以保证轴的旋转精度，减少轴与支承间的摩擦和磨损，获得更高的传动效率。根据工作时的摩擦性质不同，轴承分为滑动轴承和滚动轴承两大类。本部分主要介绍滑动轴承，要求学生掌握滑动轴承的润滑方式，为今后维护作业打好基础。

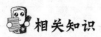
相关知识

14.1.1 概述

在滑动轴承中，轴颈与轴瓦间为面接触的滑动摩擦，如图 14-1（a）所示，根据摩擦的状态，滑动轴承分为液体摩擦滑动轴承和非液体摩擦滑动轴承。

液体摩擦滑动轴承在轴颈与轴瓦的摩擦表面间有充足的润滑流体，而且在二者的表面形成了润滑油膜，轴颈与轴瓦表面完全被流体隔开［图 14-1（b）］，摩擦状态为液体摩擦，摩擦在流体内部进行，避免了磨损，因此摩擦系数非常小，寿命长，常用于高速、高精度、重载等场合，如汽轮机、精密机床、大型电机、轧钢机等机器中。但形成流体摩擦的滑动轴承，设计、制造成本以及维护费用比较高，在起动、停车等情况下难于实现液体摩擦。

当轴颈与轴瓦的工作表面没有完全被润滑油隔开时，在这种状态下工作的轴承称为非液体摩擦滑动轴承［图 14-1（c）］。这种轴承由于部分凸起的金属表面直接接触，磨损是不可避免的，摩擦系数比较大，效率也比较低，但结构简单，制造精度要求较低，安装维护方便。在一般转速或载荷不大、精度要求不高的场合使用，如破碎机、水泥搅拌机、剪床等机器中，常采用这种轴承。

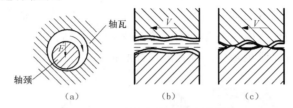

图 14-1　滑动轴承原理及摩擦状态

滑动轴承工作平稳可靠、噪声低，轴承工作面上的润滑油膜具有减振、抗冲击和消除噪声的作用。虽然在许多机器上，滚动轴承取代了滑动轴承，但是，在某些条件下，例如对轴的回转精度要求特别高，承受强冲击、特大载荷，径向尺寸受限制，需要剖分式的结构时，以及低速重载的场合，具有无可比拟的优越性。

滑动轴承按其所能承受载荷的方向不同，可分为径向滑动轴承（主要承受径向载荷）和推力滑动轴承（主要承受轴向载荷）。

14.1.2　滑动轴承的结构

1. 径向滑动轴承的主要类型

（1）整体式滑动轴承

整体式滑动轴承如图 14-2 所示，由轴承座 1、轴套 2 组成，轴承座用双头螺柱与机座连接，顶部设有油孔 3，这种轴承结构简单，成本低。但安装或维修时，轴或轴承座必须轴向移动，而且轴套磨损后，轴承的径向间隙无法调整，使轴的旋转精度降低，振动增大，只能更换轴套。整体式滑动轴承多用于轻载、低速、间歇工作的场合。

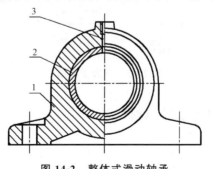

整体式滑动轴承

图 14-2　整体式滑动轴承

（2）剖分式滑动轴承

如图 14-3 所示为剖分式滑动轴承，由轴承座 1、轴承盖 2、剖分轴瓦 3（内附轴承衬）、双头螺柱 4（调整垫片）等组成，轴瓦内表面有油沟，油通过油孔 5、油沟流向轴颈表面。根据不同的径向载荷方向，剖分面一般是水平的，或者是倾斜的。在轴承座和轴承盖的剖分面上制有定位止口，便于安装时对心。剖分面可以放调整垫片，在安装或磨损时调整轴承间隙。这种轴承装拆方便，轴瓦磨损后间隙可调整，故应用较广。

（3）调心式滑动轴承

当轴承的宽度 B 与轴颈直径 d 之比大于 1.5，轴的变形较大或者轴承与轴颈难于保证同心时，一般采用调心式滑动轴承，如图 14-4 所示。调心式滑动轴承，其轴瓦外表面作成球面形状，与轴承座的球状内表面相配合，在轴弯曲时，轴瓦可以自动调整位置以适应轴颈产生的偏斜，从而可以避免轴颈与轴瓦的局部磨损。

部分式滑动轴承

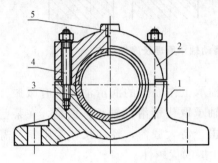

图 14-3　剖分式滑动轴承

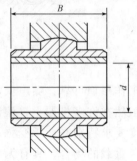

图 14-4　调心式滑动轴承

调心式（自位式）滑动轴承

2. 推力滑动轴承的主要类型

推力滑动轴承，其轴颈形状如图 14-5 所示，实心端面止推轴颈工作时轴心与边缘磨损不均匀，端面上离轴心越远速度越大，磨损也较快，使端面压力分布不均匀，轴心部分压强极高，所以极少采用。空心端面止推轴颈和环状轴颈工作情况较好，采用较多。载荷较大时，可采用多环轴颈，它还能承受双向轴向载荷。

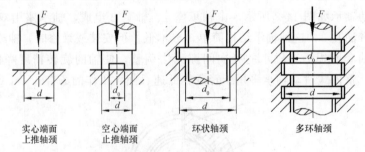

实心端面　　空心端面　　环状轴颈　　多环轴颈
上推轴颈　　止推轴颈

图 14-5　推力滑动轴承

14.1.3　轴瓦结构和滑动轴承材料

1. 轴瓦和轴承衬

常用的轴瓦分为整体式和剖分式两种结构。整体式轴瓦通常称为轴套，如图 14-6 所示。剖分式轴瓦由上、下两半瓦组成，一般下轴瓦承受载荷，上轴瓦不承受载荷，如图 14-7所示。

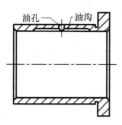
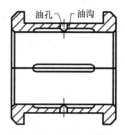

图 14-6　整体式轴瓦　　　　　　　图 14-7　剖分式轴瓦

为了综合利用各种金属材料的特性，常在轴瓦表面浇铸一层或两层的合金作为轴承衬，称为双金属轴瓦或三金属轴瓦。为了使轴承衬与轴瓦结合牢固，可在轴瓦内表面或侧面上制出一些沟槽，如图 14-8 所示。

图 14-8　轴瓦的沟槽形状

2．油孔和油沟

为了使润滑油流到轴瓦的整个工作表面，要在轴瓦上开出油沟和油孔。油孔用来供应润滑油，油沟则用来输送和分布润滑油，粉末冶金制成的轴套不开油沟。油孔和油沟的开设原则是：①油孔和油沟应开在非承载区，以保证承载区油膜的连续性，降低对承载能力的影响。图 14-9 所示为常见的油沟形式；②油沟和油室的轴向长度应较轴瓦长度稍短，大约应为轴瓦长度的 80％，以免油从油沟端部大量流失。

图 14-9　油沟形式（非承载区轴瓦）

3．轴承材料

轴瓦和轴承衬的材料统称为轴承材料。滑动轴承的主要失效形式是轴瓦或轴衬的过度磨损，及胶合、疲劳破坏等，失效形式与轴承材料、润滑剂等直接相关，选择轴承材料时应综合考虑以下因素：

1）足够的抗压、抗冲击和抗疲劳性能；

2）良好的减摩性、耐磨性和磨合性，抗粘着磨损和磨粒磨损性能好；

3）良好的顺应性、嵌藏性；

4）良好的工艺性、导热性、耐腐蚀性和润滑性（润滑性是指材料对润滑剂的亲和力，即在材料表面形成均匀附着油膜的能力）。

但是任何一种材料不可能同时具备上述性能，因而设计时应根据具体工作条件，按主要性能来选择轴承材料。常用的轴承材料及其性能见表14-1。

表 14-1　常用的轴承金属材料及其性能

| 轴承材料 | | 最大许用值 | | | | 轴颈硬度/HBS | 应用范围 |
名称	代号	$p/$ MPa	$v/$ (m·s^{-1})	$pv/$ [MPa·(m·s^{-1})]	$t/℃$		
锡基轴承合金	ZSnSb11Cu6	25	80	20	150	130~170	用于高速、重载的重要轴承，变载荷时易疲劳，价格贵
	ZSnSb8Cu4	20	60	15			
铅基轴承合金	ZPbSb16Sn16Cu2	12	12	10	150	130~170	用于中速中载、变载但冲击轻微的轴承
	ZPbSb15Sn5Cu3	5	6	5			
锡青铜	ZCuSn10P1	15	10	15	280	300~400	用于中速重载及受变载荷的轴承
铝青铜	ZCuAl10Fe3	15	4	12	280	200	用于润滑充分的低速重载轴承
铅青铜	ZCuPb30	25	12	30	280	300	用于高速、重载轴承，能承受变载和冲击
黄铜	ZCuZn16Si4	12	2	10	200	200	用于低速、中载轴承
	ZCuZn38Mn2Pb2	10	1	10			用于高速中载轴承，强度高、耐腐蚀，表面性能好
灰铸铁	HT150	4	0.5	—	150	200~230	用于低速轻载的不重要的轴承，价廉
	HT200	2	1				

此外，还可利用其他金属材料及粉末冶金材料，以及塑料、橡胶、木材、石墨等非金属材料。

14.1.4　滑动轴承的润滑

滑动轴承润滑的主要目的是减少摩擦和磨损，同时可以起到冷却、吸振、防尘和防锈等作用。

1. 润滑剂

（1）润滑油

润滑油是滑动轴承最常用的润滑剂，它的主要物理性能指标是黏度。黏度是润滑油抵抗变形的能力，是选择润滑油最重要的参考指标，具体选用滑动轴承常用润滑油的牌号可参照表14-2。

表 14-2　滑动轴承常用润滑油选择（工作温度 10～60℃）

轴颈圆周速度 v/ (m·s^{-1})	轻载 $p<3$ MPa		中载 $p=3\sim7.5$ MPa		重载 7.5 MPa$<P<$30 MPa	
	运动黏度 v_{40}/ (mm^2·s^{-1})	适用油牌号	运动黏度 v_{40}/ (mm^2·s^{-1})	适用油牌号	运动黏度 v_{40}/ (mm^2·s^{-1})	适用油牌号
0.3～1.0	45～75	L—AN46、L—AN68	100～125	L—AN100	90～350	L—AN100 L—AN150 L—CKD220 L—CKD320
1.0～2.5	40～75	L—AN32、L—AN46 L—AN68	65～90	L—AN68 L—AN100		
2.5～5.0	40～55	L—AN32、L—AN46				
5.0～9.0	15～45	L—AN15、L—AN22 L—AN32、L—AN46				
＞9	5～23	L—AN7、L—AN10 L—AN15、L—AN22				

（2）润滑脂

润滑脂是用矿物油、各种稠化剂（如钙、钠、锂、铝等金属皂）和水调和而成，其主要物理性能指标是稠度。具体选用润滑脂见表 14-3。

表 14-3　滑动轴承润滑脂选择

轴承压强 p/MPa	轴颈圆周速度 v/ (m·s^{-1})	最高工作温度 t/℃	润滑脂牌号
＜1.0	≤1.0	75	3 号钙基脂
1.0～6.5	0.5～5.0	55	2 号钙基脂
1.0～6.5	≤1.0	100	2 号锂基脂
≤6.5	0.5～5.0	120	2 号钠基脂
＞6.5	≤0.5	75	3 号钙基脂
＞6.5	≤0.5	110	1 号钙钠基脂

此外，在高温、高压、防止污染等一些特殊情况下，可采用固体润滑剂和气体润滑剂。

2. 润滑方式

润滑剂的供应方式分为连续式和间歇式两种，具体可由下列公式求得的 k 值确定。

$$k=\sqrt{pv^3} \tag{14-1}$$

式中，p 为轴颈的平均压强（MPa）；v 为轴颈的圆周速度（m/s）。

滑动轴承润滑方式及装置选择见表 14-4。间歇式供油装置如图 14-10 所示，针阀式注油杯如图 14-11 所示，油芯式油杯如图 14-12 所示，油环式润滑如图 14-13 所示。

表 14-4　滑动轴承润滑方式及装置的选择

系数 k	≤2	2~16	16~32	>32
润滑方式	间歇式	连续式		
润滑装置	旋盖式油杯（脂） 压注油杯（脂，油） 旋套式油杯（油）	针阀式注油杯， 油芯式油杯	油环、飞溅、 浸油润滑	压力循环润滑

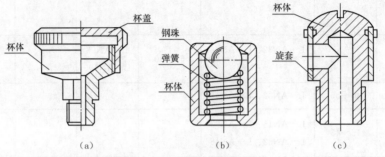

图 14-10　几种间歇供油装置
（a）旋盖式油杯；（b）压配式压注油杯；（c）旋套式油杯

针阀式油杯

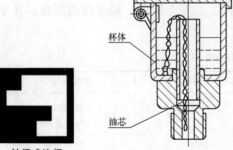

图 14-11　针阀式注油杯

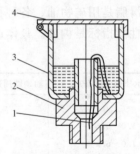

图 14-12　油芯式油杯
1—油芯；2—接头；3—杯体；4—盖

油杯润滑

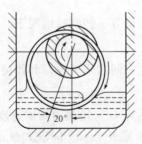

图 14-13　油环润滑

14.2 滚动轴承

学习目标

1. 了解滚动轴承的构造。
2. 叙述滚动轴承的类型及特点。
3. 识别滚动轴承代号。
4. 掌握滚动轴承的失效形式。

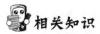

任务分析

滚动轴承是标准化、系列化程度很高的部件，具有结构紧凑，摩擦阻力小，启动灵活，互换性好，效率高等特点，在机械中得到了广泛应用。一般机械设计中主要根据工作条件选用合适的滚动轴承类型和型号进行组合结构设计。通过学习，要求学生掌握滚动轴承的类型、特点，能够识别轴承代号，为今后汽车维修作业奠定基础。

相关知识

14.2.1 滚动轴承的构造

滚动轴承通常由内圈 1、外圈 2、滚动体 3 和保持架 4 组成，典型结构如图 14-14 所示。内圈装在轴颈上，外圈装在机座或零件的轴承孔内，通常情况下，内圈与轴一起转动，外圈保持不动。工作时内外圈相对转动，滚动体在内外圈间的凹槽形滚道内滚动，保持架将滚动体均匀地隔开，以减少滚动体之间的摩擦和磨损。滚动体是滚动轴承的核心零件。为适应某些使用要求，有的轴承可以无内圈或无外圈，或带防尘、密封圈等结构。

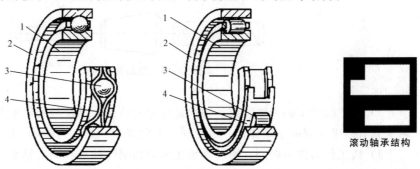

滚动轴承结构

图 14-14 滚动轴承的构造

滚动轴承的内外圈和滚动体的材料要求有高的强度、良好的耐磨性和冲击韧性，一般用含铬合金钢制造，如 GCr15、GCr15SiMn 等，保持架一般用低碳钢板冲压而成，也有的采用铜合金（如黄铜）或塑料保持架。

14.2.2 滚动轴承的类型及特点

滚动轴承按结构特点的不同有多种分类方法。

1) 滚动轴承按其所能承受的载荷方向可分为向心轴承和推力轴承,如表 14-5 所示。

表 14-5 各类轴承的公称接触角

轴承类型	向心轴承		推力轴承	
	径向接触轴承	向心角接触轴承	推力角接触轴承	轴向接触轴承
公称接触角	$\alpha=0°$	$0°<\alpha\leqslant45°$	$45°<\alpha<90°$	$\alpha=90°$
图例 (以球轴承为例)				

　　滚动体与外圈接触处的法线与轴承半径方向之间所夹的锐角 α,称为滚动轴承的公称接触角。它是滚动轴承的一个重要参数,公称接触角越大,轴承的轴向承载能力越大。

　　2) 按照滚动体的形状,滚动轴承可分为球轴承和滚子轴承。球轴承的滚动体为球体,与内、外圈是点接触,运转时摩擦损耗小,承载和抗冲击能力弱;而滚子轴承的滚动体为滚子,与内、外圈是线接触,运转时摩擦损耗大,但承载和抗冲击能力强。滚子的主要形状有圆柱形、鼓形、螺旋形、圆锥形和滚针形等,如图 14-15 所示。

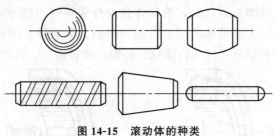

图 14-15 滚动体的种类

　　3) 按照滚动体的列数,滚动轴承又可分为单列轴承、双列轴承及多列轴承。其中多列轴承具有多于两列的滚动体,并承受同一方向载荷。如三列轴承、四列轴承。

　　4) 按工作时能否调心,滚动轴承还可分为刚性轴承和调心轴承。有时为了适应轴的偏斜,轴承外圈滚道表面制成球面形的,允许内外圈轴线不精确对中,使轴承能自动调心。

常用滚动轴承的主要类型、尺寸系列代号及性能特点见表 14-6。

表 14-6　常用滚动轴承的主要类型及性能特点

轴承名称 类型及代号	结构简图及 承载方向	极限 转速比	允许 偏斜角	主要应用和特点
调心球轴承 10000		中	2°～3°	主要承受径向载荷，也可以承受较小的轴向载荷，能自动调心，适于多支点轴、轴的刚性较小以及难于精确对中的支承
调心滚子轴承 20000		低	1°～2.5°	与调心球轴承的特性基本相似，径向承载能力较大
圆锥滚子轴承 30000		中	2′	能同时承受径向载荷和单向的轴向载荷，当接触角 α 较大时，也可以承受纯单向轴向载荷。承载能力高于角接触球轴承，但极限转速稍低，一般应成对使用，对称安装，内、外圈可分离，装拆方便
推力球轴承 51000		低	不允许	只能承受单向轴向载荷，滚动体与套圈多半可以分离，高速时钢球离心力大，磨损发热严重。只适用于轴向载荷大，转速不高的场合
双向推力球轴承 52000		低	不允许	能承受双向轴向载荷。其他性能特点与推力球轴承相似

轴承名称 类型及代号	结构简图及 承载方向	极限 转速比	允许 偏斜角	主要应用和特点
深沟球轴承 60000		高	$8'\sim16'$	主要承受径向载荷，内外圈的滚道较深，故能承受一定的双向轴向载荷，结构简单，价格便宜，应用广泛
角接触球轴承 70000		较高	$2'\sim10'$	可以同时承受径向载荷和单向轴向力，接触角有 α 为 15°、25°、40°三种，α 越大，轴向承载能力越高，一般成对使用，对称安装
圆柱滚子轴承 N0000		较高	$2'\sim4'$	主要用于承受较大的径向载荷，一般不能承受轴向载荷，具有较大的承载和抗冲击能力，支承刚性好，外圈或内圈可以分离，或不带内圈或外圈，适于要求径向尺寸较小的场合
滚针轴承 NA0000		低	不允许	有较大的径向承载能力，不能承受轴向载荷，径向尺寸小、结构紧凑

注：1. 极限转速指滚动轴承在一定载荷和润滑条件下的最高转速。

2. 极限转速比是指同一尺寸系列 0 级公差的各类轴承脂润滑时的极限转速与 6 类深沟球轴承脂润滑时的极限转速之比。高、中、低的含义为：高为深沟球轴承极限转速的 90%～100%；中为深沟球轴承极限转速的 60%～90%；低为深沟球轴承极限转速的 60% 以下。

14.2.3 滚动轴承的代号

由于滚动轴承类型和尺寸规格繁多，为便于生产和使用，滚动轴承采用了国际通用的字母加数字混合代号编制，来表示轴承结构、尺寸、公差等级、技术性能等特征。国家标准 GB/T 272—1993 规定了滚动轴承代号的构成方法，通常由前置代号、基本代号和后置代号三部分组成，一般印或刻在轴承套圈的端面上。

表 14-7　滚动轴承代号的构成

前置代号	基本代号				后置代号							
	类型代号	尺寸系列代号		内径代号	内部结构代号	密封与防尘代号	保持架及材料代号	特殊轴承材料代号	公差等级代号	游隙代号	多轴承配置代号	其他代号
分部件代号		宽度系列代号	直径系列代号									
字母	字母或数字	一位数字	一位数字	两位数字	字母（或加数字）							

1. 基本代号

基本代号表示轴承的基本类型、结构和尺寸，共由五位数字或字母组成（尺寸系列代号如有省略，则为 4 位），是轴承代号的基础。包括以下三部分内容：

1）类型代号。用数字或字母表示，其表示方法见表 14-8。

表 14-8　滚动轴承的类型代号

代号	轴承类型	代号	轴承类型
0	双列角接触球轴承	7	角接触球轴承
1	心球轴承	8	推力圆柱滚子轴承
2	调心滚子轴承和推力调心滚子轴承	N	圆柱滚子轴承
3	圆锥滚子轴承	U	外球面轴承
4	双列深沟球轴承	QJ	四点接触球轴承
5	推力球轴承	NA	滚针轴承
6	深沟球轴承		

2）尺寸系列代号。尺寸系列代号由轴承的宽度系列代号（推力轴承指高度）和直径系列代号组成，表示轴承在结构、内径相同的条件下具有不同的外径和宽度。基本代号右起第四位表示宽度系列，代号有 0、1、2、3、4、5、6 等，宽度尺寸依次递增。宽度系列为 0 系列时，对多数轴承在代号中可以不标出。基本代号右起第三位表示直径系列，代号有 0、1、2、3、4 等，外径尺寸依次递增。各直径系列之间的尺寸对比如图 14-16 所示。

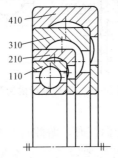

图 14-16　滚动轴承的直径系列尺寸对比

3）内径代号。内径代号为基本代号右起第一、二位数字表示，如表 14-9 所示。

表 14-9　轴承内径代号

轴承内径/mm	表示方法				举例	
					轴承代号	内径/mm
10～17	内径代号	00	01	02	03	6301	12
	轴承内径	10	12	15	17		
20～495	内径代号 04～99，代号乘以 5，即为内径 d				N2208	40
22，28，32 1～9（整数） 0.6～10（非整数） 大于 495	代号直接用公称内径尺寸毫米表示，加"/"与尺寸系列代号隔开。				612/32	32
					603/8	8
					718/3.5	3.5
					203/510	510

2. 前置代号

前置代号用字母表示，位于基本代号的左边，表示轴承的分部件，如 NU 表示内圈无挡边的圆柱滚子轴承。

3. 后置代号

后置代号用字母和数字表示，内容很多。下面介绍几个常用的代号。

1）内部结构代号。反映同一类轴承的不同内部结构，用字母表示，紧跟在基本代号后面。如接触角 α 为 15°、25°和 40°的角接触球轴承，分别用 C、AC、B 表示。

2）公差等级。轴承的公差等级分为 6 个级别，按照 2 级、4 级、5 级、6 级、6X 级、0级的次序，精度依次由高至低，其代号分别为/P2、/P4、/P5、/P6、/P6X、/P0。0 级为普通级，代号可省略标注。

3）游隙代号。游隙是指轴承内外圈沿半径方向或轴向的相对最大位移量，如图 14-17所示。径向游隙组别分 6 个组别，由小到大依次为 1 组、2 组、0 组、3 组、4 组、5 组，对应的代号为/C1、/C2、/C0、/C3、/C4、/C5，其中，0 组是常用的基本游隙组别，轴承代号中不标。旋转精度要求高时选用小的游隙组，高温下工作应采用大的游隙组。

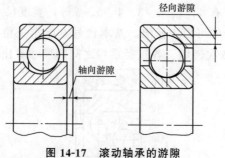

图 14-17　滚动轴承的游隙

当公差等级和游隙组别代号同时标注时，游隙代号前的"/"可省略。其他项目组在配置、噪声、摩擦力矩、润滑等方面特殊要求的代号参见标准 GB/T 272—1993，或厂家的说明。

例 14-1 试说明轴承代号 30210，6308/P52，73224AC 的含义。

30210：3—圆锥滚子轴承；0—宽度系列为 0；2—直径系列为 2；10—内径 50 mm，公差等级为 0 级，径向游隙为 0 组，均未标出。

6308/P52：6—深沟球轴承；宽度系列为 0 省略；3—直径系列为 3；08—内径 40 mm；公差等级为 5 级，径向游隙为 2 组。

73224AC：7—角接触球轴承；3—宽度系列为 3；2—直径系列为 2；24—内径 120 mm；公称接触角 α＝25°；公差等级为 0 级，径向游隙为 0 组，均未标出。

14.2.4 滚动轴承的类型选择

正确选择轴承类型，应在对各类轴承的性能特点充分了解的基础上，结合具体的工作条件进行。选择滚动轴承时主要考虑以下因素：

1) 载荷的大小、方向及性质。承受较大载荷时应选用滚子轴承，而中等载荷和轻载则选用球轴承。承受纯轴向载荷时，可选择推力轴承；承受纯径向载荷时，可选择深沟球轴承、圆柱滚子轴承或滚针轴承等；当承受径向载荷和轴向载荷都比较大时，应选用角接触轴承。在有冲击载荷时宜选用滚子轴承。

2) 轴承的转速。高速时应优先选用球轴承，在一定的条件下，高速轴承适宜选用轻和特轻系列。保持架的材料与结构对轴承转速影响较大，实体保持架比冲压保持架允许的转速高。

3) 调心性能。当两轴孔的轴心偏差较大，或轴工作时变形过大，宜选用调心轴承。但调心轴承需成对使用，否则将失去调心作用。圆柱滚子轴承和滚针轴承不允许角偏差，尽量避免使用。

4) 考虑拆装。轴承在径向安装空间受限时，宜选轻和特轻系列，或滚针轴承；在轴向安装空间受限时，宜选窄系列；在轴承座不是剖分而必须沿轴向装拆以及需要频繁装拆轴承时，可选用内外圈可分离的轴承，如圆锥滚子轴承等。

5) 经济性能。在满足使用要求的情况下，应尽量选用价格低廉的轴承。一般球轴承比滚子轴承便宜，精度低的轴承比精度高的便宜。

14.2.5 滚动轴承的失效形式

在一般机械设备传动系统中，由于滚动轴承的失效而造成整个传动系统的损坏所占的比例很大。滚动轴承的失效形式主要为疲劳点蚀、塑性变形及磨损。

(1) 疲劳点蚀

轴承在安装正确、润滑充分以及使用维护良好的正常工作状态下，滚动体和内外圈滚道表面受循环变应力的作用。当表面接触变应力的循环次数达到一定后，在滚动体和内、外圈滚道表面上就会出现疲劳点蚀。疲劳点蚀使轴承的工作温度上升，振动、噪声加剧，回转精度随之下降，失去正常工作能力。疲劳点蚀是轴承的主要失效形式。

(2) 塑性变形

在过大的静载荷和冲击载荷作用下，滚动体和套圈滚道接触处受到的局部应力超过材料的屈服极限，在滚动体或套圈滚道上会产生不均匀的塑性变形凹坑，引起振动、噪声、运转精度降低，使轴承工作失效。对于摆动、转速很低或重载、大冲击工作条件下的滚动轴承，塑性变形是主要的失效形式。

（3）磨损

当轴承在使用不当、润滑不良、密封效果差的工作条件下，易使轴承出现过度磨损，导致轴承游隙加大，运动精度降低，振动和噪声增加。

此外，轴承还可能因套圈断裂、保持架损坏而报废。

14.3　轴承的组合设计

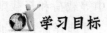
学习目标

1. 了解轴系的轴向定位。
2. 了解轴向位置的调整。
3. 掌握轴承的拆装。
4. 掌握轴承的密封和润滑。

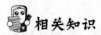
任务分析

为了保证轴承的正常工作，除合理选择轴承类型、型号外，还要正确解决轴承的安装、固定、调整、配合、润滑和密封等问题，也就是要合理地进行轴承的组合设计。通过学习重点掌握轴承的拆装、密封及润滑，为今后课程学习和维修作业奠定基础。

相关知识

14.3.1　轴系的轴向定位

轴的位置是靠轴承来定位的，为保证轴系部件能正常传递轴向力且不发生窜动，保证工作温度变化时，轴系部件能够自由伸缩，以免产生过大的附加应力，在轴上零件固定的基础上，必须合理地设计轴系支点的轴向固定结构。根据轴承的不同结构形式，常见的双支点轴向固定方式有以下三种：

1. 两端单向固定

如图 14-18 所示，普通工作温度下的短轴，支点常采用深沟球轴承（或圆锥滚子轴承、角接触球轴承）两端单向固定的方式，两端轴承各限制一个方向的轴向位移，分别承受一个方向的轴向力。考虑到轴工作受热有少量伸长，一般在轴承安装时端盖与轴承外圈留有 0.25～0.4 mm 的轴向间隙，间隙量常用一组垫片或调整螺钉来调整。这种支承形式结构简单，但只适用于跨距较小（跨距≤350 mm）和温度变化不大的轴。

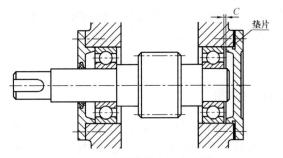

图 14-18　两端单向固定支承

2. 一端双向固定，一端游动

当轴的跨距较长（如＞350 mm）或工作温度变化较大时，可采用一端（固定端）轴承内、外圈均双向固定，由单个轴承或轴承组承受双向轴向载荷，另一端（游动端）轴承自由轴向游动的支点结构。轴承外圈与轴承端盖的间隙可较大，且外圈与轴承座孔之间为动配合，以便轴伸缩时能在座孔中自由游动，如图 14-19 所示。

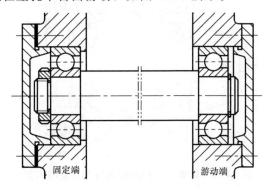

图 14-19　一端双向固定，一端游动

为避免松脱，在采用深沟球轴承时，游动端轴承内圈需做轴向固定（常采用弹性挡圈）；采用圆柱滚子轴承时，游动端轴承外圈要双向固定，靠滚子与外圈间的游动来保证轴的自由伸缩。

3. 两端游动

图 14-20 为人字齿轮传动的高速轴，为了自动补偿轮齿两侧螺旋角的误差，防止轮齿卡死或轮齿两侧受力不均匀，采用能左右双向游动的轴，即两端游动的轴系结构。图中两端都选用圆柱滚子轴承，由于内、外圈具有可分离特性，轴系可以左右轴向移动。为确保轴系有确定位置，与其相啮合的另一低速轴系必须两端固定，以便两轴都得到轴向定位。

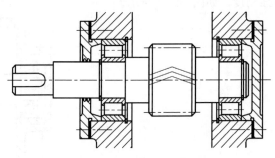

图 14-20　两端游动支承

从以上三种定位方式看出，轴承组合的轴向定位都是通过轴承内圈和轴间的锁紧，轴承外圈和轴承座孔间的固定实现的。轴承内圈的轴向固定方法根据轴向载荷的大小及转速高低选用，常常是一端用轴肩定位，另一端采用轴用弹性挡圈、轴端挡板、圆螺母及止动垫圈等方法固定。轴承外圈的轴向定位采用孔用弹性挡圈、轴承端盖、凸肩等方法固定。

14.3.2　轴向位置的调整

轴承装入座孔时，需要调整轴承的间隙和轴上零件的工作位置，这些都要求轴及轴承的轴向位置应能调整。常用的调整轴承间隙的方法如图 14-18 所示，通过增减端盖和箱体间的垫片厚度来调整轴承的间隙。此外，还可以采用可调压盖等方式来实现轴向位置的调整。

轴承组合位置调整的目的之一，是为了使轴上的零件具有准确的轴向工作位置，如调整蜗轮中间平面使其通过蜗杆的轴线，调整圆锥齿轮传动的锥齿轮位置使锥顶重合于一点。如图 14-21 所示，将两个轴承放在一个套杯中，轴承组合可以随套杯做轴向移动，通过增减套杯与箱体之间的垫片数目进行套杯轴向位置调整，从而使锥齿轮达到最好的啮合位置。

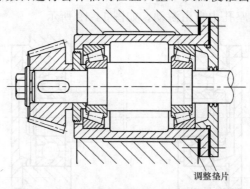

调整垫片

图 14-21　圆锥齿轮轴承组合轴向位置的调整

14.3.3　提高轴承系统的刚度和同轴度

轴承正常工作要求轴具有一定的刚性，而且也要求轴承孔座具有足够的刚性，以免轴或轴承孔座产生过大的弹性变形，造成轴承内、外圈轴线相对偏斜，使滚动体滚动受阻，降低轴承的旋转精度和使用寿命。因此，轴承座孔壁应有足够的厚度，并可采用加强肋来增强刚度，如图 14-22 所示。

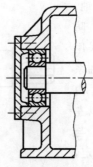

图 14-22　用加强肋增强轴承座孔的刚度

对轴承预紧也可以提高工作刚度。预紧就是在轴承安装时在内、外圈之间施加一定的轴向力，使滚动体和内外圈之间产生预变形，以消除轴承内部游隙。预紧的方法有：在外圈（或内圈）之间加金属垫片、磨窄套圈及内外圈分别安装长度不同的套筒等，如图14-23所示。

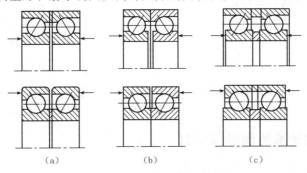

图 14-23 滚动轴承的预紧方法

(a) 加金属垫片；(b) 磨窄套圈；(c) 内外套筒

同一轴上的轴承座孔必须保证同轴度，以免轴承内外圈轴线产生过大偏斜而影响轴承寿命。为此，两端轴承尺寸应尽可能相同。当同一轴上装有不同外径尺寸的轴承时，可采用套杯结构安装外径较小的轴承，如图14-24所示，套杯外径与较大尺寸轴承的外径相等，使两轴承座孔尺寸相同，能够一次镗出。

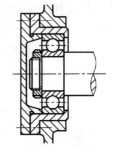

图 14-24 使用套杯的轴承座孔

14.3.4 配合和装拆

1. 滚动轴承的配合

滚动轴承是标准件，其内孔和外径均为基准公差。因此，轴承内圈与轴的配合采用基孔制，轴承外圈与轴承座孔的配合采用基轴制，在配合中不必标注。

选择轴承的配合时主要考虑轴承内、外圈所承受的载荷大小、方向和性质，轴承的转速和使用条件等。一般轴承内圈旋转，外圈不旋转。当载荷较大或有冲击、振动，转动圈的转速很高，工作温度变化很大时，内圈与轴选用过盈配合，常用 n6、m5、m6、k6 等。对游动端的轴承，要求外圈在运转中轴向游动，或经常拆装的场合，外圈与座孔选用间隙配合，常用 J7、H7、G7 等。

2. 滚动轴承的安装和拆卸

滚动轴承的内圈通常与轴颈配合较紧，安装时为了不损伤轴承及其他零件，对于中、小型轴承可用手锤敲击装配套筒，如图14-25所示。对于尺寸较大的轴承，一般可用压力法，将轴承的内圈用压力机压入轴颈；有时为了便于安装，可先将轴承放在温度为80℃～100℃的热油中预热，然后进行安装。

拆卸轴承一般可用压力机或拆卸工具（图14-26）。为拆卸方便，设计时应使轴上定位轴肩的高度小于轴承内圈的高度，或在轴肩上预先开槽，以便有足够的空间位置安放拆卸工具。

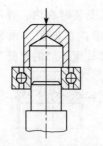

图 14-25　用手锤安装轴承

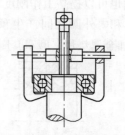

图 14-26　轴承的拆卸

14.3.5　滚动轴承的润滑与密封

1. 滚动轴承的润滑

滚动轴承润滑的主要目的是为了减少摩擦与磨损，同时也有冷却、吸振、防锈和减小噪声的作用。与滑动轴承的润滑类似，滚动轴承的常用润滑材料有润滑油、润滑脂，在某些特殊的工作条件下采用固体润滑剂。

滚动轴承的具体润滑方式可根据速度因数 dn 值来确定，d 为轴承内径（mm），n 为工作转速（r/min）；dn 值间接地反映了轴颈的圆周速度。表 14-10 给出了油润滑和脂润滑的 dn 值。

表 14-10　滚动轴承润滑方式的 dn 值界限　［$\times 10^4 \mathrm{mm} \cdot (\mathrm{r} \cdot \min^{-1})$］

轴承类型	脂润滑	油润滑			
		油浴、飞溅	滴油	喷油	喷雾
深沟球轴承	16	25	40	60	＞60
调心球轴承	16	25	40	—	—
角接触球轴承	16	25	40	60	＞60
圆柱滚子轴承	12	25	40	60	＞60
圆锥滚子轴承	10	16	23	30	—
调心滚子轴承	8	12	—	25	—
推力球轴承	4	6	12	15	—

脂润滑主要用于速度较低的轴承。脂润滑的优点是结构简单，润滑脂不易流失，便于密封和维护。润滑脂的装填量一般不超过轴承内空隙的 1/3～1/2，以免因润滑脂过多而引起轴承发热，影响轴承正常工作。

当滚动轴承转速很高，或者在高温条件下工作时，宜采用油润滑。浸油润滑时油面不应高于最下方滚动体的中心。

2. 滚动轴承的密封

轴承的密封是防止润滑剂的流失，同时也为了阻止灰尘、水分等杂物进入轴承。密封方法的选择与润滑剂的种类、工作环境、温度以及密封处的圆周速度等有关，一般密封的形式分为接触式和非接触式两大类。

1）接触式密封多用于转速较低的场合，常用的有毛毡圈密封和密封圈密封。图 14-27

所示为毛毡圈密封，在轴承端盖上的梯形断面槽内装入毛毡圈，使其与轴在接触处径向压紧达到密封，常用于轴颈速度 $v \leqslant 4 \sim 5$ m/s 的脂润滑结构。图 14-28 所示为密封圈密封，在轴承端盖的凹槽中，放置用耐油橡胶等材料制成的皮碗。安装时密封唇应朝向密封的部位，密封效果比毛毡圈好，密封处轴颈的速度 $v \leqslant 10$ m/s。接触式密封轴颈接触部分表面粗糙度值 Ra 宜小于 1.6 μm。

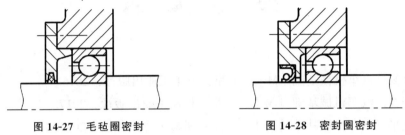

图 14-27　毛毡圈密封　　　　　　图 14-28　密封圈密封

2）非接触式密封没有与轴的接触摩擦，多用于速度较高的情况，常用的有油沟密封和迷宫式密封。如图 14-29 所示为油沟密封，在油沟内填充润滑脂，端盖与轴颈间留有 0.1～0.3 mm 的间隙，油沟密封结构简单，适用于轴颈速度 v 为 5～6 m/s。如图 14-30 所示为迷宫式密封，这种密封为静件与转动件之间制成几道弯曲的缝隙，缝隙宽度为 0.2～0.5 mm，缝中填满润滑脂。这种方式对油润滑和脂润滑都很有效，当环境比较脏时，密封效果可靠。

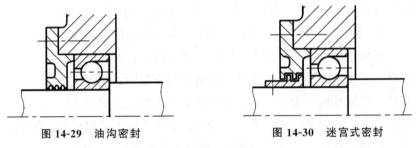

图 14-29　油沟密封　　　　　　图 14-30　迷宫式密封

思考与练习

14-1　滑动轴承常见的结构型式有哪些？各有什么特点？

14-2　在滑动轴承的轴瓦上开设油孔和油沟应注意哪些问题？

14-3　滑动轴承的主要失效形式有哪些？

14-4　对滑动轴承材料的性能有哪些方面的要求？

14-5　滑动轴承常用的润滑方式有哪些？选用时应考虑哪些因素？

14-6　说明下列滚动轴承的类型名称、内径尺寸、直径系列和结构特点：

30208　　51316　　6308　　7318C/P5　　N316/P4

14-7　滚动轴承支承的轴向固定典型结构形式有哪几种？各适用于什么场合？

参 考 文 献

［1］贾永峰. 汽车机械基础［M］. 北京：电子工业出版社，2016.

［2］卢晓春. 汽车机械基础［M］. 北京：机械工业出版社，2017.

［3］高建平. 汽车机械基础［M］. 北京：机械工业出版社，2015.

［4］王芳. 汽车机械基础［M］. 北京：机械工业出版社，2017.

［5］蔡光新. 汽车机械基础［M］. 北京：高等教育出版社，2015.

［6］金旭星. 汽车机械基础［M］. 北京：人民邮电出版社，2016.

［7］简玉麟. 汽车机械基础［M］. 北京：机械工业出版社，2017.

［8］刘林昌. 汽车机械基础［M］. 陕西：西安交通大学出版社，2015.

［9］李亚杰. 汽车机械基础［M］. 北京：人民邮电出版社，2016.

［10］黄东. 机械基础［M］. 北京：北京理工大学出版社，2016.

［11］孙红. 机械基础［M］. 北京：国防工业出版社，2008.

［12］夏奇兵. 机械基础［M］. 北京：机械工业出版社，2019.

［13］吴新跃. 机械基础［M］. 北京：国防工业出版社，2016.

［14］李爱农. 工程材料及应用［M］. 武汉：华中科技大学出版社，2018.

［15］沈莲. 机械工程材料［M］. 北京：机械工业出版社，2016.

［16］周超梅. 汽车工程材料［M］. 北京：机械工业出版社，2013.

［17］封金祥. 机械工程材料［M］. 北京：北京理工大学出版社，2016.